국민과의 창설과 '국사'교육

역사교육연구총서 05

국민과의 창설과 '국사'교육

일제강점 말기 조선인의 역사교육

초판 1쇄 발행 2023년 12월 5일

지은이 김보림

펴낸곳 서울대학교출판문화원
주소 08826 서울 관악구 관악로 1
도서주문 02-889-4424, 02-880-7995
홈페이지 www.snupress.com
페이스북 @snupress1947
인스타그램 @snupress
이메일 snubook@snu.ac.kr
출판등록 제15-3호

ISBN 978-89-521-3154-6 94900
978-89-521-1849-3 (세트)

역사교육연구총서 05

국민과의 창설과 '국사'교육

일제강점 말기 조선인의 역사교육

김보림 지음

서울대학교출판문화원

책머리에

1990년대 초반, 양희은의 〈아침이슬〉보다 서태지와 아이들의 댄스곡이 대학의 캠퍼스를 압도하는 한국 사회의 과도기를 거치면서 30여 년의 세월이 흘렀다. 늘 과도기에 낀 세대라는 인식과 함께 1980년대 소위 운동권 세대와 2000년대 완전히 새로운 밀레니엄 세대의 중간에서 '나는 어떤 역사를 해야 하나'라는 고민이 자연스럽게 내 연구의 많은 부분을 차지했다.

한국 역사는 세계 유례 없는 500년 역사의 한 왕조와 고도화된 성리학 사상, 양반이라는 독특한 지배 구조가 근대의 변혁기까지 유지되었다. 일제강점기는 이러한 조선왕조와 현대라는 중간 지점에서 왜곡되고 자율성이 침해된 시기로 자리 잡는다.

일제강점기는 늘 중간에 낀 세대였고 격정과 열정이 함께했던 나의 삶과 비슷하기에 내 연구의 주제로 관심을 두었는지도 모르겠다.

일제강점기는 빼앗으려는 일제와 지키려는 조선인들의 처절한 싸움의 시기였다. 조선인의 교육에 대한 욕구를 빼앗기 위해 일제는 때로는 강압책을 쓰기도 했고 때로는 회유책을 쓰기도 했다.

일제의 교육 장악은 특히 조선인의 역사를 삭제하거나 일본사에 끼워 넣어 주체적인 역사 자체를 없애려는 데 주력하는 모습으로 나타난다. 1940년대로 치달을 당시 일본 내 교육이 '국민' 형성을 주목적으로 했다면, 같은 시기 조선에서는 '국민' 형성과 함께 조선 역사의 말살이 교육의 주목적이었다. 서로 다른 공간의 횡적인 비교를 통해 동화주의의 공통점과 식민정책의 차별이 더욱 분명해질 수 있다. 이 책의 주제인 국민학교 국민과 창설의 의미는 이처럼 일본과 조선 내의 상황을 함께 비교해 살펴보아야 한다.

이 책에서는 일제강점 말기 역사교육의 특징을 살펴본다. 특히 국민학교 체제가 성립되면서 '교과목' 체제에서 '교과 및 과목' 체제로 전환이 이루어졌음에 주목해 이 시기의 '교과 및 과목' 체제와 국민과 도입의 의미, 내용, 그것이 역사교육에 미친 영향을 분석한다. 같은 시기 일본 내 국민과와 식민지 조선에서의 국민과는 그 운용과 체제, 내용 등에서 차이가 나타난다. 왜냐하면 비록 국민과가 식민지 조선과 일본에서 동시에 창설된 교과였지만 그 목적은 철저히 달랐기 때문이다.

이 책은 다음과 같이 서론과 결론을 포함한 7개 장과 1개의 보론으로 구성되어 있다.

제1장. 서론
제2장. 일본에서 국민학교 개편과 교과의 설치
제3장. 일본에서 국민과 목표와 '국사'교육의 실제
제4장. 조선에서 국민학교 국민과 도입과 운용
제5장. 조선에서 국민과 '국사'교육의 이론
제6장. 조선에서 국민과 '국사'교육의 실제
제7장. 결론

보론. 조선에서 중등학교 국민과 도입과 '국사'교육

제2장에서는 일본에서 국민과 설치 과정에 대해 논한다. 이를 위해 소학교에서 국민학교로 개편되는 과정과 '종합교육' 구상의 유래 및 교과 설치의 배경을 살펴본다.

또한 1941년 개편된 국민학교의 교육목표가 기존 소학교의 교육목표와 어떤 점이 다른지 구체적으로 살펴본다. 한 국가의 교육목표에는 교육의 이념과 의도가 담겨 있는바, 교육목표의 변화를 살펴보는 것은 국민학교령이 꾀한 바가 무엇이었는지를 밝힐 수 있는 단서를 제공한다.

국민과의 목표와 방향 및 그 특징에서는 국민과를 설치한 이유와 의도가 무엇이었는지, 그리고 국민과에서의 '국사'가 타과목과 어떻게 관련되는지를 고찰함과 동시에 여타의 교과에 비해 국민과가 왜 중핵적인 위치를 점하고 있는지 그 이유를 살펴본다. 국민과 '국사'를 논하는 경우, 검토의 대상을 과목으로서의 국민과 '국사'에 한정하는 것은 불가능하다. 당시 국민과 '국사' 이외의 과목을 통해서도 행해졌던 '국사'교육에 유념해야 한다. 따라서 이 시기 '국사'교육을 논할 때에는 수신, 국이, 지리 등 다른 국민과 과목을 함께 검토하는 것이 필수적이다.

제3장에서는 국민과의 목표와 국민과 '국사'의 특징 및 그 실제를 알기 위해 국민과 과목인 수신, 국어, 지리와의 관련성과 교과서 내용, 수업지도안 등을 분석한다.

한편 국민과 '국사'교육의 실제에서는 국민학교에서 사용된 역사 교과서의 편제와 내용을 분석하고 실제 수업지도안을 살펴본다. 교과서에는 일반적으로 교육정책이 반영된다. 특히 이 책에서 다루고자 하는 것은 교사의 자율성보다는 국가의 통제가 더 강조되던 시기의 '국사'교육이므로 교과서에 의해 수업의 성격이 만들어지는 부분도 크다. 따라서 교과서의 내용을 분석하여 국가가 지향한 것이 무엇이었는지 파악하는 것은 중요하다. 마지막으로 실제 수업에 사용된 수업지도안을 살펴봄으로써 당시 수업의 모습을 파악해 보고자 하였다.

이상, 제2장과 제3장에서처럼 일본 내에서의 국민과 설치와 운용을 살펴보는 것은 조선에서 일제강점 말기 행해진 '국사'교육의 실체를 알기 위한 연구의 기초로서 일본에서 행해진 역사교육의 실체와 비교할 수 있기 때문에 중요하다.

제4장에서는 조선에서의 국민과 도입과 운영에 관해 통감부 이후부터 국민과 도입 이전까지의 교과목 체제와 운용, 국민학교 및 국민과 도입 배경, 과정, 특징을 '황국신민의 연성(錬成)'이라는 교육정책으로 간주해 살펴보고, 국민과 운용의 실제를 그 식민지적 변용의 특징과 실제 국민과 타 과목의 운용 및 관련성으로 구분해 분석한다.

특히 국민학교 제도가 실시되기 직전의 제3차 조선교육령은 보다 구체적으로 검토하는데, 이는 국민학교 제도가 여러 면에서 이 시기의 교육을 확장, 발전시킨 것으로 간주할 수 있기 때문이다. 또한 동시에 일본의 국민학교 제도가 조선에 도입되는 과정을 구체적으로 살펴보고 일본의 국민학교 목표 및 그 운용상의 차이를 고찰한다. 그 차이를 확인하는 것은 일본이 의도한 교육목표를 밝혀내는 데 유용할 것이다.

국민학교 및 국민과 도입 배경, 그 과정과 특징을 살펴보기 위해, 먼저 도입의 경위와 국민학교 및 국민과 실시 직전의 교육령인 제3차 조선교육령과의 연관성, 일본에서와 조선에서의 교과 설치상 차이점, 국민학교와 국민과의 목표 등을 살펴보아 조선에서의 국민과 도입이 '황국신민의 연성' 강화라는 국민학교 교육의 특질하에 실시되었음을 밝히고자 한다.

국민과 운영의 면에서는 국민과의 목표, 교수방침, 교육과정상의 특징을 일본의 국민과와 비교하면서 그 식민지적 변용의 특징을 살펴본다. 또한 조선어 과목이 폐지되어 가는 과정, 그리고 일본 국민과와 '국사' 외 과목인 수신, 국어, 지리의 특징과 역사 교재를 살펴보고 이 시기 국민과 교과서 정책을 함께 논의한다.

앞서 설명한 국민과의 특성에 대한 논의를 바탕으로 제5장에서는 국민과 '국사'교육의 논리를, 제6장에서는 '국사'교육의 내용과 실제를 분석한다.

제5장에서는 통감부 이후 일제의 교육정책과 함께 '국사'교육의 변천을 살펴보면서 '동화'정책의 기조와 그 안의 차별정책을 검토한다.

국민과 '국사'교육의 논리에서는 국민과 '국사'교육의 목표, 교재의 내용 등을 살펴보고 그 구성 논리가 궁극적으로 '황국신민의 연성'을 실현하는 데 있음에 착안하여 교재의 배열 방법, 교수방침 등의 특징을 밝혀 조선에서 국민과 '국사'교육의 특징을 고찰한다.

제6장에서는 '국사'교육의 내용과 실제를 다루며, 조선에서의 '국사' 교과서의 종류와 그 특징, 일본에서의 '국사' 교과서와

의 차이, 이전 역사 교과서와의 공통점과 차이를 밝힌다. 또한 실제 수업의 내용을 소개하고 분석해 '내선일체'의 강화가 그 특징임을 드러낸다.

역사 교과서 내용의 분석은 조선과 일본이 관련된 부분을 중심으로 한다. '내선일체'를 목표로 하는 역사 교과서에서는 한일관계 부분의 왜곡이 가장 컸기 때문이다. 분석 주제는 '진구황후(神功皇后)의 신라원정', '임나일본부설(任那日本府說)', '전쟁 관련', '한국강점 관련' 등으로 한정했다. 이러한 한일관계의 내용을 어떻게 지도했는지를 알아보기 위해 당시의 수업지도안과 교사용 지도서를 참고로 분석한다.

민족 분단과 미군정 통치라는 불완전한 광복의 상황에서 일제강점기의 왜곡된 역사를 정립할 시간이 부족했다. 그 결과 사회과라는 미국적 교과 내에 역사교육이 존치되었다. 이는 일본이나 한국에서 군정을 시행한 미군정의 목표가 미국식 민주주의 국가 건설이며 이것을 대변한 것이 사회과였기 때문이기도 했다. 이로 인해 사회과 속의 역사교육이 현대사를 통해 정치적인 영향을 받는 문제점이 깊이 뿌리내리게 되었다. 이처럼 1940년대 일제강점 말기 역사교육-민족 분단과 미군정하의 사회과교육-현재 역사교육의 많은 문제가 하나의 큰 흐름으로 연관을 맺고 있다. 1940년대 '국민' 형성을 목표로 창설된 '국민과'와 당시의 소위 '국사'교육의 실체를 담은 이 책이 광복 이후 현대에 이르는 우리 역사교육이 가진 문제의 원류를 살펴보는 데 의미 있는 자료가 되길 바란다.

이 책이 나오기까지 많은 분들의 도움이 있었다. 몇 년 전부터 서울대학교 역사교육과의 교수님들과 서울대학교출판문화원이 '역사교육연구총서'를 출판하여 역사교육 학계의 토양을 더 비옥하게 해 주신 것에 깊이 감사드린다. 이러한 노력이 없었다면 이 책은 세상에 나오지 못했을 것이다. 또한 총서를 기획하시고 편안한 마음으로 책을 낼 수 있도록 독려해 주신 유용태 선생님과 양호환 간행위원장님을 비롯한 간행위원님들께 감사한 마음을 전한다.

지도교수이신 김태웅 선생님은 늘 할 수 있다는 자신감을 주시는 연구의 멘토셨다. 아직도 제자들에게 귀중한 사료들을 매일매일 이메일을 통해 공유해 주시는 모습은 제자들의 귀감이다. 또한 학부 시절부터 연구자의 길을 걷기까지 삶의 멘토셨던 故 윤세철 선생님은 즐거운 마음으로 역사를 공부할 수 있도록 동기를 심어 주셨다. 지금도 옆에 계신다면 말없이 환한 미소를 보여 주시며 이 책의 출간을 축하해 주실 것 같다. 그리고 늘 내게 역사교육의 새로운 도전 의식을 안겨 주는 제자들에게도 감사함을 전한다.

마지막으로 딸이 밥은 먹고 다니는지 늘 걱정이신, 세상에서 가장 존경하는 어머니 최경애 여사와 영원한 나의 스승이자 벗인 언니 김다인께 감사와 사랑을 전하고 싶다.

2023년 10월

청주의 연구실에서 김보림

차례

표/그림 차례

제1장

서론

일제는 1910년 대한제국을 무력으로 강점한 뒤, '일시동인(一視同人)', '일선동조론(日鮮同祖論)', '내선일체(內鮮一體)'를 구호로 내세우며 조선인을 일본인으로 만들려 했다. 이는 동화정책의 본질이요 우리 문화와 민족성의 말살을 의미했다.

일제의 이러한 정책은 여러 방면에서 두루 조직적으로 취해졌는데, 그중 교육정책이 두드러졌다. 특히 역사교육은 조선의 주체적 역사를 부정하고 한민족의 문화를 말살하는 주요 수단이었다. 이러한 정책은 태평양전쟁 발발을 전후해 더욱 강화되었다. 조선인을 전쟁에 동원하는 것이 교육의 최우선 목표였고 이를 수용하면서 나아가 신념화하는 자세와 사유의 함양이 가장 큰 과제였다. 전쟁을 수행하기 위해 조선인의 자발적인 전쟁 참여와 가치관의 변화가 가장 시급했기 때문이다. 이러한 분위기 속에서 일제는 1941년 기존의 '소학교'를 '국민학교'로 개칭하고 수신, 국어(일본어), 국사(일본사), 지리(일본지리)를 '국민과'로 통합하는 교육과정상의 개편을 실시했다. 일제는 국민학교와 국민과 등의 교과편제를 조선과 일본에서 동시에 개편하고 있었다. 이렇게 교육 개편을 조선과 일본에서 동시에 착수한 것은 일제 통치 기간 중 최초의 일이었다. 일제강점 말 '동화'정책의 기조는 최정점에 달하고 있었다.

일제의 이러한 정책으로 인해 우리의 근대적 역사교육의 모습은 제자리를 찾지 못하고 왜곡될 수밖에 없었다. 따라서 이 시기 일제의 국민학교 도입 배경과 국민과의 목표 및 그 시행에 대한 파악은 우리 근대 교육의 기본 문제를 이해하는 데 필수적이다. 이는 일제강점 말기 일제가 행한 교육정책을 이해하는 데에도 매우 중요한 부분이다.

또한 이 시기의 역사교육을 살펴보는 것은 해방 후 현재에 이르는 우리 교육·문화·사상에 직결되는 지점을 연구한다는 점에서도 대단히 중요하다. 일제에 의한 국민학교 실시기인 1941~1945년은 일제 치하 35년 중 비교적 짧은 5년간을 점하고 있으나, 이 시기는 바로 해방 이후와 직결되며 그후 일제강점기 교육 잔재 일소(一掃)를 위한 교육방침을 세웠던 미군정시기와 연결된다는 점에서 중요하다.

미군정의 사회과 교육이 일제강점기 역사교육의 어떠한 부분을 청산하려고 했으며, 어떠한 부분에서 그 청산이 불완전했는가를 살펴보려 할 때, 지금까지는 피상적인 분석에 끝나는 경우가 많았다. 왜냐하면 바로 그 선행작업이 되어야 할 일제강점 말기의 역사교육에 대한 분석이 철저하지 못했기 때문이었다. 즉, 청산의 대상에 대한 분석이 철저하지 못했기 때문에 현재의 일제 청산이 불완전하다는 분석 결과조차 피상적인 것에 그쳤다.

또한 남북한 역사교육의 상이(相異), 일본의 역사 교과서 왜곡, 사회과교육과 역사교육의 갈등 등 현재 우리가 당면한 역사교육에 관한 제 문제는 이 시기에 대한 적절한 분석을 통해야만 그 해답이 분명해질 수 있을 것이다. 즉, 일제강점기 잔재의 청산 등이 구호로만 끝나지 않기 위해서는 해방 이후와 직결되는 이 시기의 역사교육을 본격적으로 다룰 필요가 있다. 그러므로 이 시기의 교육과정, 교육내용, 교수방법 등에 대한 연구가 보다 구체적으로 이루어져야 할 것이다.

그간 국내에서 일제하 국민학교 실시기의 교육과 역사교육의 실태에 대한 가장 일반적인 연구는 제4차 조선교육령이 공포되기까지 교육정책, 교육과정, 교육내용, 교수방법 등의 변천을 해명하는 작업의 일부로서 역사교육을 논하는 것이다.

이러한 일반적인 연구형태를 검토주제 중심으로 분석하면 크게 두 가지 계열로 구분할 수 있다.

첫째, 교육정책사나 교육제도사로서 일제강점기를 전체적으로 개괄하는 연구 속에서 일제강점 말기의 역사교육이 간략히 언급되는 형태다.[1] 이러한 연구에서는 4차례 조선교육령의 실시 배경과 특징만을 설명하고 있어 일제강점 말기의 구체적인 역사교육의 내용과 함께 수업의 실제를 알기는 어렵다. 또한 일제강점기

1 김종화, 「일제의 대한식민지 교육에 관한 고찰」, 건국대학교 석사학위논문, 1981.
박정의, 「일제 강점하 한국의 식민지 교육정책」, 전남대학교 석사학위논문, 1982.
鄭在哲, 『日帝의 對韓國植民地教育政策史』, 一志社, 1985.
홍문종, 『조선에서 일본 식민지 교육정책 1901-1945』, 학지사, 2003.
김성애, 「일제강점기 식민지교육정책의 추이」, 인제대학교 석사학위논문, 2007.
김한종, 「조선총독부의 교육정책과 교과서 발행」, 『역사교육연구』 9, 2009.
박소연, 「한국 중등 세계사 교육의 변천과 특징」, 고려대학교 박사학위논문, 2021.

교육정책 연구에서 본격적으로 역사교육의 정책과 내용에 초점을 맞춘 연구가 있다.[2] 그러나 이러한 연구에서는 교육정책과 제도하에서 역사교육을 살펴보고 있어 역사교육 교수방법 등의 구체적인 모습까지를 살펴보기에는 역시 한계가 있다.

둘째, 역사 교육과정 내용의 변화와 특징을 분석하는 형태다.[3] 이러한 연구에서는 주로 역사 교과서 분석을 연구방법으로

---

2 이원식, 「日帝의 教育政策과 歷史教育」, 연세대학교 석사학위논문, 2003.
장신, 「한말 · 일제강점기의 교과서 발행제도와 역사 교과서」, 『역사교육』 91, 2004.
권오현, 「황국신민화 교육정책과 역사교육의 변화」, 『사회과교육연구』 18(4), 한국사회교과교육학회, 2011.

3 유봉호, 「일본식민지정책하의 초중등학교 교육과정 변천에 관한 연구」, 중앙대학교 박사학위논문, 1983.
최양호, 「日帝 統治期 韓國에 있어서의 初等歷史教育課程研究」, 『역사교육』 48, 1990.
이명화, 「일제 총독부 간행 역사 교과서와 식민사관」, 『역사비평』 15, 1991.
김흥수, 『한국역사교육사』, 대한교과서주식회사, 1992.
權伍鉉, 「朝鮮總督府下における歷史教育內容史研究: 國民意識形成の論理を中心に」, 廣島大學博士學位論文, 1999.
박범희, 「일제시대 초등학교 역사 교과서 내용분석-普通學校國史와 初等國史를 중심으로」, 한국교원대학교 석사학위논문, 2000.
박현옥, 「일제하 역사 교과서와 식민지 지배 이데올로기-보통학교국사와 초등국사를 중심으로」, 중앙대학교 석사학위논문, 2007.
구난희, 「일제하 천황 인식 형성과 역사 교과서의 천황서술-1930년대 이후 역사교과서를 중심으로」, 『역사교육연구』 12, 한국역사교육학회, 2010.
권오현, 이전, 「일제강점기 『국사지리』교과서의 지리 내용에 동원된 국민의식 형성 논리에 대한 고찰」, 『문화 역사 지리』 24(1), 한국문화역사지리학회, 2012.
박찬교, 「조선총독부 편찬 『심상소학국사보충교재』의 편찬 배경과 역사 인식」, 『역사교육연구』 24, 한국역사교육학회, 2016.
차유미, 「일제강점기 〈國史〉의 敍事 고찰-『普通學校國史』와 『初等國史』를 중심으로」, 전남대학교 석사학위논문, 2016.
요시다 유코, 「일제강점기 한일 국정교과서에 나타난 '忠'에 관한 연구: 수신·일어·역사 교과서를 중심으로」, 전남대학교 박사학위논문, 2020.

삼고 있으며 1910년대부터 1945년에 이르는 시기를 제4차에 걸친 조선교육령의 시기로 구분해 각각의 특질을 분석한다. 일제강점 초기에는 민족의 차별화와 우민화 정책을 교육의 방침으로 삼았고 1919년 3·1운동 이후에는 점차 '일시동인'의 융화정책을 강조하며 1930년대 후반부터 '내선일체'를 표방한 '황국신민화' 정책으로 그 교육방침이 변화되어 가는데, 역사교육의 내용도 그러한 방침에 따라 변화되는 특질이 있다고 보는 것이다. 국민학교 실시기의 역사교육 내용도 이러한 변화와 특질 속의 일부분으로 서술되어 있다.

그 밖에 이러한 개괄적인 연구와 달리 이 책과 같이 일제강점 말기인 1940년대 역사교육 사상과 정책 등에 집중해 보다 본격적으로 역사교육의 양상을 고찰하는 연구가 있다.[4] 그런데 이 범주에서는 일제강점기의 황국신민화 정책에 대한 사상적 측면에서의 연구는 활발히 진행되고 있으나 이 시기 교육의 실태를 구체적으로 보여 주는 연구는 부족한 편이다. 교육의 왜곡 현상이 가

---

4 宮田節子, 최원규 편, 「'內鮮一體'의 구조」, 『일제말기 파시즘과 한국사회』, 청아출판사, 1988.
具姬眞, 「日帝 强占 後半期(1930-1945) '皇民化'敎育論」, 『韓國近現代의 民族問題와 新國家建設』, 知識産業社, 1997.
宮田節子, 이영희 역, 『조선민중과 황민화 정책』, 일조각, 1997.
정태준, 「국민학교 탄생에 나타난 천황제 사상교육」, 『일어교육』 23, 1997.
김경미, 「'황민화' 교육정책과 학교교육: 1940년대 초등교육 '국사' 교과를 중심으로」, 『동방학지』 124, 연세대학교 국학연구원, 2004.
이명화, 「일제 황민화교육과 국민학교제의 시행」, 『한국독립운동사연구』 35, 독립기념관 한국독립운동연구소, 2010.
유철, 김순전, 「황국신민 양성을 위한 역사교육-1944년 조선총독부편찬 『초등국사(初等國史)』를 중심으로」, 『日本語敎育』 79, 한국일본어교육학회, 2017.

장 심각했던 1940년대 일제강점 말기에 관한 연구가 심히 부족한 현 상황에서 당시 국민과 설치와 운용을 구체적으로 분석하고 '국사'교육의 실태를 살펴보는 것은 반드시 필요하다.

한편, 일본에서는 이 시기 일본에서의 역사교육을 다룬 연구와 조선에서의 역사교육을 다룬 연구, 일본과 식민지 조선에서의 역사교육을 비교하는 연구로 구분해 연구가 진행되어 왔다. 일본에서의 역사교육을 다룬 연구는 많은 결과가 축적되어 있는데, 그중 요시다 다로(吉田太郎)의 『역사교육내용방법론사(歴史教育内容方法論史)』[5]와 가이고 도키오미(海後宗臣)의 『역사교육의 역사(歴史教育の歴史)』[6]가 독보적이다. 특히 요시다 다로의 저서에서는 메이지 시기 이후 역사교육 자료들을 이용해 역사교육의 내용과 방법을 추적하고 교과서뿐 아니라 다양한 수업지도안과 교사용 지도서까지 소개한다.

마츠시마 에이이치(松島榮一),[7] 와카모리 다미오(和歌森民男),[8] 이바라키 사토시(茨木智志)[9]는 국민학교 시기의 일본 역사교육을 집중적으로 연구했다. 한편, 이소다 가즈오(磯田一雄)[10]는 일본뿐

---

5 吉田太郎, 『歴史教育内容方法論史』, 明治圖書, 1968.

6 海後宗臣, 『歴史教育の歴史』, 東京大學出版部, 1969.

7 松島榮一, 『歴史教育の歴史と社會科』, 青木書店, 2003; 「「國民學校」における歴史教育-「初等科國史」の取り扱いを中心として」, 『國民教育』 第7号, 1971年 冬季.

8 和歌森民男, 「國民科の中の國史教育」, 『講座歴史教育: 歴史教育の歴史』, 弘文堂, 1982.

9 茨木智志, 「國民學校初等科の國民科國史教科書初等科國史に對する基礎的考察」, 『歴史教育史研究』 1号, 歴史教育史研究會, 2003.

10 磯田一雄, 「皇民化教育と植民地の國史教科書」, 大江志乃夫 外編, 『近代日本と植民地 4, 統合と支配の論理』, 岩波書店, 1993; 「皇民化教育と植民地の國史教科書」, 『岩波講座4: 近代日本と植民地』, 岩派書店, 1993; 「戰前期日本の「國史」教育と植

아니라 조선에서의 역사교육을 연구해 많은 연구 성과를 냈다.

이러한 선행 연구를 근간으로 삼아 일제강점 말기의 역사교육 내용과 방법을 전체적으로 살펴보려는 이 책의 연구대상 및 방향은 다음과 같다.

첫째, 1940년대 국민학교령의 실시와 그 배경, 국민과 설치의 목표와 원칙, 국민과 속의 '국사'교육 실태 등을 제도와 내용의 측면에서 종합적으로 검토한다. 일제강점 말기의 '역사교육'에 대한 교육정책, 교육과정, 교육내용, 교육방법의 실태를 올바로 해명하기 위해서는 그 정책·제도·내용이 총체로서 규명되어야 하기 때문이다. 구체적으로는 '국사'교육의 교육정책, 교육과정(교과목 특성, 매주 수업시수 등), 교육내용(교재 내용과 배열원칙, 교과서 내용 등), 교육방법(교사용 지도서, 수업지도안과 수업의 실제 등) 등을 종합적으로 검토한다. 이러한 종합적인 시각에서 살펴보지 않는다면 현재까지도 영향을 미치고 있는 1940년대 '국사'교육의 전체상과 그 특질이 명확해질 수 없다.

'역사교육'이라고는 하지만 그 실체는 현재 통상의 역사교육과는 전혀 다르다. 당시 '역사교육'에서 국사교육이란 일본사 교육이었으며 우리의 역사가 가르쳐지지 못한 교육이다. 즉 국사는 일본사였다. 따라서 이 책에서는 이를 '국사'교육으로 표기한다.

당시 수업 양상을 살펴보려고 하는 연구 방향에 맞추어 최근

民地」, 佐藤秀夫, 山本武利 編, 『日本の近·現代史と歴史教育』, 築地書館, 1996; 『「皇國の姿」を追って-教科書に見る植民地教育文化史』, 皓星社, 1999; 「太平洋戰爭期における朝鮮の教育內容研究の現狀と課題」, 槻木瑞生 外, 『科學研究費補助金基盤研究 (B)(1)研究報告書』, 2001. 3.

다양한 관점으로 일제강점기의 역사수업 실제를 다룬 연구가 진행되고 있다.[11] 김봉석은 『조선의 교육연구(朝鮮の教育研究)』에 나타난 역사과 수업지도안과 수업후기를 중심으로 역사수업을 분석했다.[12] 또한 그의 다른 논문에서는 1930년대 초 『조선의 교육연구』에 게재된 재조 일본인 교사의 수업지도안과 논문을 중심으로 실제 역사수업의 모습을 연구했다.[13] 두 편의 논문 모두 당대 수업지도안 분석을 통해 수업의 구체적인 모습을 살펴본 점에서 의미가 있으나, 당시 수업 모습을 교육과정 및 교육정책과 연계하거나 교사용 지도서를 분석하는 등까지는 이르지 못했다.

한편, 이은홍은 그의 논문에서[14] 에비 미치타카(蝦道隆)의 수업관, 집필 교재, 논설문, 수업지도안과 교수안 등을 분석했다. 에비 미치타카는 1929년부터 1934년까지 경성사범학교 훈도로 줄곧 지내다가 이후 1941년까지 부산고등소학교를 시작으로 각종 심상소학교 등의 훈도로 근무했던 인물이다. 이 논문을 통해 일제강점기의 대표적인 초등 역사교사이자 교수법 전문가인 에비 미치타카의 자료를 추적하면서 일제강점기 역사수업의 한 면모를

---

11 李明熙, 「1930年代 韓國에서 日本人 教師들의 初等歷史教育 實踐」, 『日本學報』 59, 韓國日本學會, 2004. 6.
유철, 김순전, 「일제강점말기 저학년에게 교수된 역사, 지리교육의 실상 고찰」, 『대한일어일문학회 학술대회 발표논문 요지집』 4, 대한일어일문학회, 2017 참조.

12 김봉석, 「『朝鮮の教育研究』에 나타난 일제강점기 초등 역사수업 실천」, 『사회과교육』 46, 2007.

13 김봉석, 「1930년대 전반기 재조 일본인 교사의 역사교육인식과 수업실천 양상」, 『역사문화연구』 42, 2012.

14 李垠泓, 「일제강점기 에비 미치타카(蝦道隆)의 역사교육관과 초등 역사수업」, 『역사교육』 157, 역사교육연구회, 2021.

알 수 있다.

고쿠분 마리(國分麻里)는 그의 연구에서[15] 1928년부터 1931년까지 재조 일본인 교사 3명의 향토사 교수에 대한 인식을 검토했다. '국사'수업이 아닌 향토사수업에만 초점을 맞추어 당대 '국사' 수업의 실제를 보기에는 한계가 있으나, 향토사 수업의 실제뿐 아니라 당대 교사의 인식까지도 조명했다는 점에서 의미가 있다.

그러나 이러한 연구 성과에도 불구하고, 국내외 역사교육에 관한 연구는 1920년대와 1930년대에 대부분 집중되어 있어 1940년대 국민학교와 국민과 역사 교육과정하에서 어떠한 역사수업 양상이 일어났는지를 알기에는 한계가 있다.

둘째, 일본 내의 국민과 '국사'교육 그리고 1938년 제3차 조선교육령 시기와의 연관을 횡적 비교와 종적 변화에서 각각 분석한다.

우선 횡적 비교에서는 조선과 일본의 '국사'교육을 상호 관련 속에서 파악하고자 한다. 기존 연구에서는 조선 내 '국사'교육의 특이성을 고찰할 때, 일본 내 '국사'교육과의 연관성에 충분히 주목하지 못했다. 다만 김경미는 조선총독부의 『초등국사』(1940·1941) 교과서와 일본 문부성의 『초등과 국사』(1943) 교과서를 비교하면서, 조선총독부의 교과서는 조선인 아동의 일본에 대한 복종의 당위성을 확보하는 데, 일본 문부성의 교과서는 일본인 아동에게 해외 진출(침략)의 정당성을 인식시키는 데 초점을 맞추

15 國分麻里, 「1930年前後の植民地朝鮮における鄕土史教授: 教師の認識と授業內容を手がかりとして」, 『中等社會科教育研究』 25, 2006.

고 있다고 분석했다.[16] 이 연구는 일제강점기 같은 시기의 일본과 조선의 역사교육 내용을 비교해 그 식민지적 특징을 탐색했다는 데 큰 의미가 있으나, 구체적인 수업실천의 장면을 비교 분석하지는 못했다.

이 책은 당시 한반도 내에 있었던 일본인 학생들을 대상으로 하지 않고, 조선인 학생들의 '국사'교육과 일본 내 일본인 학생들의 '국사'교육이라는 횡적 비교를 목적으로 한다. 왜냐하면 당시 한반도 내 일본인 학생들의 교육은 일본 내 일본인 학생들의 교육과 크게 다르지 않게 시행되었기 때문이다.

한편, 일본 내에서는 여타 구미에서와 같이[17] 교과에 대한 통합논의가 학문적인 관점에서 오래전부터 있었으나 1941년 도입된 국민과는 그 학문적 연구 성과와는 다르게 군국주의 목표를 가지고 변질된 모습의 교과였다. 이 책에서는 국민과 '국사' 과목이 조선에서는 어떠한 변용 과정을 거쳐 일본 내에서와 차이를 나타

---

16 김경미, 「1940년대 조선의 "국사"교과서와 일본의 국사 교과서」, 『한국교육사학』 28(2), 교육사학회, 2006, p. 16.

17 19세기 말에 창설된 전미교육협회(National Education Association: NEA) 10인위원회와 미국역사학회(American Historical Association: AHA) 7인위원회에서는 역사 교과 중심의 중등학교 사회과 교육과정을 제시하고 있다. 두 위원회는 모두 대학 준비만을 위해서가 아니라 공교육으로서 역사과의 중요성을 주장했고 역사과는 인간사의 이해와 현명한 공민 정신 함양에 긴요하다고 인정했다. 그런데 1916년 전미교육협회의 사회과위원회에서 「중등 교육에서의 사회과」라는 보고서를 통해 사회과라는 교과의 창설을 주장했다. 이 보고서가 등장한 이래 역사과 중심의 교과과정은 쇠퇴하기 시작했다. 그 후 이 보고서의 제안은 현재까지 미국 사회과 교육과정의 기본 골격을 이루고 있다(미국의 사회과 창설과 통합과정의 갈등 및 한국사회로의 이식 문제는 윤세철, 「사회과 통합의 본질」, 『역사교육』 50, 1991, pp. 116-123 참조).

내는가를 검토한다.

일제의 통치정책은 조선인을 일본인으로 만들고자 한 '동화주의'로, 교육정책도 이것을 달성하고자 전력했다. 일제 초기부터 3·1운동 이후의 '문화통치'를 거쳐 일제강점 말기까지 '동화주의'는 점차 강화되었다. 차별정책은 동화주의가 이루어지는 데 필연적으로 수반되는 것이었다. '차별'은 교육연한의 축소, 실업교육의 강화 등에 해당하는 것이었고, '동화'는 소위 '내선일체' 등과 같은 구호의 연장선에서 한국 역사의 해체 같은 정책에 해당한다. 이 책에서는 당시 조선과 일본 내의 국민학교와 국민과 운용의 비교를 통해 이러한 '동화'와 '차별'정책이 교육에서 어떻게 시행되고 있었는지를 살펴보고자 한다.[18]

그리고 종적 변화를 살펴보기 위해 분석대상의 시간적 범위를 교육령이 아닌 '국민과'라는 새 교과의 등장을 기준으로 설정한다. 기왕의 연구에서는 제4차 조선교육령이 시작되는 시기를 1943년으로 보고 국민학교가 설립되는 1941년을 제3차 조선교육령의 시기로 보고 있다.[19] 이러한 구분은 조선교육령의 변화를

---

18 근래에는 이러한 횡적 연구의 지평을 넓혀 대만의 역사교육 정책과도 비교하는 연구가 나타났다(김은영, 「일제강점기 제2차 조선교육령의 목적과 역사교육: 대만 교육령과의 비교를 중심으로」, 동국대학교 석사학위논문, 2016 참조).

19 정재철은 다음과 같이 시기를 구분하고 있다(정재철, 앞의 책 참조).
1. 학부의 '학정참여관'에 의한 교육간섭기(1904. 12.~1906. 8.)
2. 대한제국 및 일제 통감부에 의한 '학교령' 시행기(1906. 8.~1911. 8.)
3. 일제 조선총독부에 의한 '조선교육령' 시행기(1911. 8.~1945. 8.)
- 제1차 조선교육령 시행기(1911. 8. 22.~1922. 2. 3.)
- 제2차 조선교육령 시행기(1922. 2. 4.~1938. 3. 2.)
- 제3차 조선교육령 시행기(1938. 3. 3.~1943. 3. 31.)
- 제4차 조선교육령 시행기(1943. 4. 1.~1945. 8. 15.)

중시한 것인데, 제4차 조선교육령의 공포(1943. 3. 31.)보다 2년 앞선 국민학교 규정(1941. 3. 31.) 공포를 전시체제기의 교육으로 특징지어 함께 묶어 서술하고 있다. 그 변화의 특질상 국민과 등장의 배경이 되는 국민학교 체제의 성립은 따로 구분되어 서술되어야 할 필요성이 있으며, 그로써 그 중요성과 특징이 명확히 해명될 수 있을 것이다. 국민학교 체제의 가장 큰 변화는 종래의 '교과목' 체제에서 각 과목이 대등하게 나열되었던 것이, 새로운 '교과 및 과목' 체제가 등장해 '과목'을 '교과'의 하위범주로 위계화한 점이었다. 이에 따라 역사 과목은 국민과의 하위범주로서 그 위치가 축소되는 데 주목할 필요가 있다.[20]

또한 기왕의 다른 일제강점기 연구에서는 대체로 1938년부터 1945년을 함께 묶어 성격을 규정해 상대적으로 국민학교와 국민과의 실시에 대한 의의를 축소시켰다. 1938년의 제3차 조선교육령이 황민화교육 논의의 출발점으로서 중요하다면, 1941년 국민학교 실시는 황민화교육을 실천적으로 강조했다는 점에서 중요하다.

---

20 국민학교 실시 이전의 초등교육과정에서는 '교과목'이라는 용어가 사용되었다. 그러나 국민학교 제도 실시로 인해 '교과'가 새로이 등장함에 따라 이를 '교과 및 과목'이라고 칭하고 있다. 한편, 중등교육과정에서는 1943년 제4차 조선교육령 실시 이후 '교과'가 설치되고 국민학교와 같이 '교과와 과목'체제가 되었다. 그 이전 중등학교에서는 '학과목'이라는 용어가 사용되고 있었다(朝鮮總督府, 第3次 朝鮮教育令 小學校規定, 1938과 朝鮮總督府, 國民學校規定, 1941의 교수요목을 참조). 조선총독부 촉탁(囑託)이었던 미야무라 마사시(宮村正興)는 그의 글(「國民學校의 教育的 內容과 家庭-各家庭 어머니들에게」, 『朝光』 第7卷 4号, 昭和16(1941)年, 4月)에서 "다음에는 간단히 현재 소학교의 교과목과 국민학교의 교과 및 과목에 대해 내용의 상이점을 지적해 보고자 한다"라고 해 '교과목'과 '교과 및 과목'체제를 구분하고 있다.

이 책에서는 당시 교육 인구의 많은 비중을 담당하고 있었던 초등교육, 즉 국민학교에서의 국민과 '국사'교육에 대해 우선 고찰함으로써 당시 '국사'교육의 실상과 그 의미를 밝힌다. 초등교육은 전시동원과 관련해 특히 인적 자원의 개발과 직접적으로 연결된 분야였다. 1941년 아동의 초등교육을 담당한 공사립 학교가 전국에 3,000여 개에 달했던 것에 비해[21] 중등교육 기관의 수가 공사립 모두 42개교에 불과했던 것은 당시의 차별화·우민화 교육 정책이 심각했음을 말해 준다. 또한 많은 수를 차지했던 초등교육 기관이 이러한 차별적 우민 교육의 첨병이었음은 분명하다.

다만, 초등교육만으로 역사교육의 전체를 보여 줄 수 없다는 한계가 있기에 보론으로 중등교육에서 일본과 조선에서의 국민과 운용과 '국사'교육의 실제를 담아 개략적인 양상을 살펴볼 수 있게 했다. 국민학교와 국민과의 설치는 전시체제기의 교육을 완성하기 위한 일련의 활동 중 하나였다. 급격한 변화를 겪은 전시체제기 중등교육은 전장에 나가 '천황'의 국민으로서 봉사할 인재를 양성하는 데 총력을 기울이고 있었음을 알 수 있다. 1941년 실시된 국민학교령 이후 1943년의 제4차 조선교육령하에 실시된 중등교육의 변화는 이러한 '충군애국'의 교육을 실현하는 과정이었던 것이다. 따라서 일제강점 말기 전시체제하의 교육실태를 확인하기 위해 국민학교령에서의 '국민과' 설치와 함께 중등학교에서의 '국민과' 설치의 의미와 역사교육을 살펴보는 것은 중요하다.

이 책의 연구를 위해 다음과 같은 자료를 활용했다. 우선 일

---

21 朝鮮總督府學務局,『朝鮮諸學校一覽 教育統計8』, 昭和17(1942), p. 133.

본의 국민학교와 국민과에 대해 당시의 저서와 논문들을 엮은 『국민학교 연구총서(國民學校硏究叢書)』 12권과 속편 자료가 있다.[22]

그리고 이 시기 '국사'교육의 실제를 보여 주는 잡지류로는 1941년 1월부터 6월까지의 『국민교육(國民敎育)』과 1941년 7월부터 1942년 8월까지의 『국민학교(國民學校)』가 있다.[23] 또한 국민학교 국민과에 대한 특집으로 조선총독부 학무국의 교학관(敎學官)이자 편수관(編修官)이었던 나카무라 히데타카(中村榮孝)가 『문교의 조선(文敎の朝鮮)』 잡지에 4회에 걸쳐 연재한 「국민학교 국민과 교칙안에 대해서(國民學校國民科敎則案に就いて)」(朝鮮敎育會, 昭和16(1941)年 3月号~6月号)가 있다.

조선총독부가 편찬한 교과서 관련 자료로는 『교과서편집휘보(敎科書編輯彙報)』에 1941년 3월, 6월, 9월, 1942년 1월에 이르기까지 4회에 걸쳐 편찬한 「국민학교 특집(國民學校特輯)」의 글들이 있다.[24] 또한 『조선총독부 교과서 총서(朝鮮總督府敎科書叢書)』에는

---

22 이 중 '국민과'와 관련된 자료는 오바라 구니요시(小原國芳) 編, 『國民學校案』 第1卷, 『皇國の道と敎育』 第2卷, 『大國民論, 全人敎育論』 第3卷, 『綜合敎育硏究』 第6卷, 『國民科硏究』 第8卷, 『國民學校の眞義』 第9卷이 있다(埼玉學院出版部, 昭和15(1940)).

23 조선초등교육연구회(朝鮮初等敎育硏究會)의 『조선의 교육연구(朝鮮の敎育硏究)』(昭和4年 4月 1号~昭和15年 12月 149号) 잡지가 국민학교 체제로 인해 1941년 1월부터 국민교육연구회(國民敎育硏究會)의 『국민교육(國民敎育)』(昭和16年 1月 150号~昭和16年 6月 155号)으로 개칭되었고, 이어 1941년(昭和16) 7월에 조선공민교육회(朝鮮公民敎育會)의 『국민학교(國民學校)』로 개칭하게 된다. 이들 『국민교육』과 『국민학교』의 창간호에는 조선총독부 학무국장 마사키 나가토시(眞崎長年)를 비롯한 관계(官界) 인사들의 축하인사가 게재되어 있다.

24 이 『國民學校特輯 敎科書編輯彙報』 第8~11輯은 모두 渡部學, 阿部洋, 『日本植民地敎育政策史料集成 朝鮮篇』 第23卷, 1990에 수록되어 있다.

조선총독부가 발행한 국민과 '국사' 교과서와 교사용 지도서 및 편찬취의서가 수록되어 있다.[25]

국민학교의 도입과 국민과의 성격 및 '국사'교육의 실태에 대한 이상의 검토를 제대로 이룬다면 일제강점 말기의 교육을 새롭게 조명하고 그 성격과 역사적 위치도 분명히 할 수 있을 것이다.

25 張信 編,『朝鮮總督府敎科書叢書(歷史篇)』 3~6, 圖書出版 청운, 2005 참조.

제2장

일본에서 국민학교 개편과 교과의 설치

1 소학교에서 국민학교로의 개편

1941년 일본에서는 1872년의 학제 반포 이래 70년간 사용되어 온 초등교육에서의 '소학교'라는 명칭을 일제히 '국민학교'라는 명칭으로 바꾸었다.[1] 국민학교 명칭 변경의 표면상 이유는 국민학교에서 실시되는 교육이 첫째, 국민 전체가 반드시 받아야 할 교육인 점, 둘째, 그 내용이 국민생활에 필요하다는 점이었다.[2]

그동안 대, 중, 소의 개념에서 오는 '소(小)'의 관념이 작고 유치하다는 비판이 있었고, 모든 국민이 받아야 할 교육을 제공한다는 '국민학교'라는 명칭이 그동안 주장되어 온 '황민학교(皇民學校)'보다 낫다는 논의가 있었다. 이에 추밀원(樞密院)의 승인을 받아 '국민학교'로 명칭을 개정한 것이었다.[3]

1 일본에서 초등교육 제도의 변천은 같은 시기 일제하의 조선에서만큼 빈번하지 않았다. 1880년(明治13)의 학제반포 시기 '소학교'란 명칭이 초등교육의 학제로 채택되고, 이것이 1941년(昭和16) '국민학교'로 변경되었다. 또한 1900년(明治33) 소학교령과 소학교령 시행규칙이 발포되었는데 이 개정은 1941년(昭和16) 국민학교령의 발포까지 약 40년간 대체로 그대로 사용되었다(寄田啓夫, 山中芳和 編, 『日本教育史』, ミネルバ書房, 1998 참조).

2 文部省, 「國民學校制の解說」, 『週報』, 昭和16(1941)年 1月 15日.

이러한 명칭의 변화는 단순히 명칭만의 변화를 가져온 것은 아니었다. '국민학교'의 본질적인 목표는 교육칙어(教育勅語)[4]의 취지를 일관하면서도 국내외의 상황에 직면해 '황국의 도(皇國の道)'에 귀일하기 위해 국민적 자질을 육성하는 데 있었다.[5]

1941년 일본에서 국민학교가 성립되는 배경을 알아보기 위해서는 1920년대로 거슬러 올라가 일본 내의 상황을 살펴보아야 한다. 이 시기 일본의 국내경제는 극도로 어려워지고 반체제적인 정치 운동이 활발했는데, 이러한 사회불안을 계기로 일본 내에서는 급속하게 군국주의적인 경향이 강화되었다. 이러한 사회·정치·경제적인 영향은 교육문제에도 미칠 수밖에 없었다.[6] 또한 중국 대륙에서의 전쟁 확대로 인해 일본에서는 군부가 정치세력화했고 교육에 관한 그들의 간섭은 점점 증대하고 있었다.[7] 이들 군부는 다이쇼(大正)시기의 자유주의적이고 구미 모방적인 교육사조를 지양하고[8] 사회적·사상적으로 혼란한 요건을 배제해 국방상

---

3 朝日新聞社 編,『國民學校: その意義と解說』, 朝日新聞社, 昭和15(1940), p. 100.

4 교육칙어는 패전 전까지 대일본제국헌법과 함께 2대 성전(聖典)으로 취급되었으며 전후 교육기본법에까지 영향을 미쳤는데, 그 내용은 크게 첫째, 일본건국의 유래와 역사에 나타난 국체(國體)의 아름다움을 교육의 근원으로 설명하고, 둘째, 효행, 우애, 준법, 의용 등 112가지 덕목의 의미를 밝히고, 셋째, '천황'의 신민으로서 위의 덕목을 실천할 필요성을 밝힌 것이다(김순전,『수신하는 제국』, J&C출판, 2004, pp. 30-34).

5 小原國芳 編,『國民學校研究叢書 第1卷 國民學校案』, 埼玉學院出版部, 昭和15(1940), p. 34.

6 寄田啓夫, 山中芳和 編, 앞의 책, p. 108.

7 講座日本教育史編輯委員會 編,『講座日本教育史』第4卷, 現代1/2, 第1法規, 1984, p. 189.

8 도쿄고등사범학교 훈도(訓導)였던 고바야시 사겐지는 그의 저서에서, "원래 외국의 철학, 심리, 논리도 그것을 참고로 하는 것은 반대하지 않지만, 그것보다 중요

전력 강화를 위한 강력한 통제교육을 실시하자는 소위 '교육의 쇄신'을 주장했다.[9]

그렇다면 이러한 배경하에 국민학교안은 구체적으로 어떠한 과정을 거쳐 만들어진 것일까? 우선 국민학교안은 교학쇄신평의회(教學刷新評議會)로의 자문과 그 답신(答申)이 직접적인 계기가 되어 만들어졌다. 교학쇄신평의회는 1935년 12월 교육계를 비롯한 각계의 권위자 60명으로 구성되어 설립되었다.[10] 동년 천황기관설(天皇機關說) 문제[11]와 국체명징운동(國體明徵運動) 등도 일어나 이들 사상 문제에 대한 대책의 근본방침을 정하기 위해 설치된 것이 바로 이 교학쇄신평의회였다.

이 평의회가 논의한 것은 '우리 국가 교육의 현재 상황에 대한 쇄신과 진흥을 꾀하는 방책은 무엇인가?'였다. 회의는 1935년 12월 제1회 총회 이래 총회가 4회, 특별위원회가 9회 개최되었고,

---

한 것은 태고의 옛적부터 금일까지 의연하게 동아에 빛나는 일본의 모습을 솔직하게 직시하고 또는 그 존재를 생각해 그 생명과 이법(理法)을 몸에 체득하는 것이다. 단순한 지식만이 아니라 뜻을 불태우는 신념까지 일어나야 한다. 공허한 형식적 논리와 서양 교육을 기초로 하는 사고방식이 아니라 일본교육 그 자체, 일본적인 사고감정에 의한 사실에 입각한 연구방법을 취해야 한다"고 말하고 있다(小林左源治, 『國民學校國民科精義』, 教育科學社, 昭和15(1940), p. 4).

9 김규창, 「朝鮮語科 始末과 日語教育의 歷史的 背景(Ⅴ)-統合教育令, 戰時教育令」, 『서울교육대학논문집』 6, 1973, p. 3.

10 寄田啓夫, 山中芳和 編, 앞의 책, p. 108.

11 일본의 헌법학자 미노베 다쓰키치(美濃部達吉)가 주장했던 헌법학설이었다. 그는 '천황'이 국가통치권의 주체임을 부정하고, 통치권은 법인인 국가에 속하며, '천황'은 그 최고기관으로서 통치권을 행사할 뿐이라고 주장했다. 천황기관설은 다이쇼(大正) 데모크라시 시대에 지배적 헌법학설이 되어 거의 공인되기에 이르렀다. 그러나 일본 파시즘의 대두와 함께 군부와 반동정치가의 공격을 받았고, 1935년 오카다 게이스케(岡田啓介) 내각을 뒤흔드는 일대 정치문제로 발전해 천황기관설은 반국체적(反國體的)이라고 배격받았다(위의 책, p. 125).

그 결과 1936년 10월에 '교학쇄신에 관한 답신'이 제출되었다. 답신에서는 "우리 국체(國體)는 만세일계(萬世一系)의 천황천조(天皇天祖)의 신칙(神勅)을 봉(奉)해 영원히 통치하는 것이다. 우리 교학(敎學)의 기원은 국체에서 나오는 것이며 일본 정신을 핵심으로 한다"고 했다.[12] 또한 지금 일본의 사상적 혼란의 원인을 메이지(明治) 이래 구미문물의 유입에 의해 구미문화를 모방하는 것이라고 했다. 이같이 답신의 주지(主旨)는 당시 국수주의적인 경향으로 기울어 가던 교육의 근본정신 및 이에 근거한 교육내용의 근본방침을 나타내고 있다.

답신의 내용에서는 보다 구체적인 '교육쇄신의 방안'으로 교학을 쇄신하기 위한 중심기관을 설치하도록 했다. 그리고 이 답신에 따라 교학쇄신상 필요한 실시사항으로 먼저 문부성 교학국, 국민정신문화연구소가 설치되었고, 『국체의 본의(國體の本義)』[13]와 그 외 저작이 문부성에서 발행되었다.[14]

교학쇄신평의회의 이 같은 국수주의적인 기본방침과 지도정신은 교학심의회(敎學審議會)로 인계되어 구체화되기 시작했다. 평

---

12 위의 책, p. 113.

13 이 책의 서두에서 중일전쟁의 발발과 함께 '국운(國運)의 신장(伸張)'이 두드러진 일본제국은 다른 한편에서는 사상·사회적 혼란과 전환의 시기를 맞이했다고 설명한다. 그것은 요컨대 서양의 개인본위사상이 만연해 초래된 폐해이고 이로 말미암아 '국체'가 그 순수성을 잃고 자칫하면 해체될 위협에 직면해 있다는 것이다(姜尙中, 임성모 역, 『내셔널리즘』, 이산, 2004, pp. 105-107).

14 교학쇄신평의회의 답신에 의해 문부성에서는 사상국(思想局)이 폐지되고 새로운 외국(外局)으로서 1937년 7월 교학국(敎學局)이 설치되었다. 이 교학국 활동의 하나로 『국체의 본의(國體の本義)』, 『신민의 도(臣民の道)』등의 간행이 있었고 이들 저작에 의해 일본의 정신과 '국체명징(國體明徵)' 정신을 실현하려 했다(寄田啓夫, 山中芳和 編, 앞의 책, p. 112).

의회의 답신 중 "정부는 일본국 내외의 정세를 파악하고 교학의 지도 및 문정(文政)의 개선에 관한 중요사항을 심의하기 위해 내각총리대신 통괄하에 유력한 자문기관을 설치할 것을 바란다"라는 건의 내용이 있는데, 이것이 채택되어 1937년 6월 일단 문교심의회(文教審議會)가 설치되었다. 그리고 이를 더욱 확대한 형태로 1937년 12월 고노에 후미마로(近衛文麿) 내각총리대신을 회장으로 해 65명의 위원을 망라한 교육심의회가 설치되기에 이르렀다. 그리고 이 교육심의회 답신의 결과로서 국민학교가 교육제도 개혁 방안으로 등장한 것이었다.[15]

교육심의회의 답신에서 국민학교는 초등국민학교, 고등국민학교로 되어 있지만, 국민학교령에서는 국민학교의 과정을 초등과와 고등과로 나누었다. 아동의 발달상에서 12세경은 심신 발달의 변화기이므로 이 변화기를 경계로 해 전기를 초등과 6년으로 했고 그 후를 고등과 2년으로 했다.[16] 따라서 국민학교에 원칙적으로 초등, 고등 양과를 두지만 지역에 따라서는 하나만을 둘 수 있도록 했다.[17]

한편, 국민학교안이 만들어지면서 기존 소학교령 제1조에 규정된 교육목표에 대한 비판과 새로운 교육목표의 필요성이 강조되기 시작했다. 1890년 소학교령이 공포되기 이전 일본에서는 초

---

15 朝日新聞社 編, 앞의 책, pp. 17-21.

16 1941년 국민학교령이 공포되기 전 학제는 심상소학교 6개년, 고등소학교 2-3개년이었다. 소학교는 6년제 의무제를 실시하고 있었다. 국민학교령의 공포로 8년제 의무교육제의 실시를 꾀했으나 실제로는 1944년 2월 국민학교령 등 전시특례에 의해 의무교육의 연장이 정지되었다(寄田啓夫, 山中芳和 編, 앞의 책, p. 122).

17 楢崎淺太郎, 『國民學校の根基』, 昭和16(1941), p. 125.

등교육의 목표에 대한 명확한 규정이 없었다.[18] 소학교의 교육목표를 규정한 소학교령 제1조는 1941년 3월 31일 국민학교령 공포까지 약 50년간 변하지 않은 것이다. 소학교령 제1조의 근원이 된 것은 소학교령의 발포와 동년 동월에 내린 교육상 성전(聖典)과도 같은 '교육칙어'였으며 소학교령 제1조의 목표도 교육칙어의 정신을 함양하는 것이었다.

> 소학교령 제1조: 소학교는 아동 신체의 발달에 유의해 도덕교육 및 국민교육의 기초와 생활에 필수인 보통의 지식기능을 가르치는 것을 본지로 한다.[19]

그런데 당시 국민학교령 실시의 타당성과 법령 개혁의 필요성을 역설하는 논리와 함께 이러한 소학교령의 목표에 대한 비판이 일어났는데, 그것은 아래와 같이 크게 다섯 부분에서 이루어졌다.[20]

첫째, 소학교령은 아동의 기능을 신체, 도덕, 지식으로 구분해 대체적으로는 문제가 없어 보이나, 아동의 신체에 대해 '유의

---

18 학제(1872)에서는, "소학교는 교육의 초급으로 하고 인민이 반드시 배워야 한다(小學校ハ教育ノ初級ニシテ人民必ず學バズンバアルベカラズ)"라고 했고 교육령(1879)에서는, "소학교는 보통의 교육을 아동에게 받도록 하는 곳(小學校ハ普通ノ教育ヲ兒童二授クル所)"이라고 했다. 일본의 학제는 이후 1886년 소학교령부터 1차(1890), 2차(1900), 3차(1907) 개정을 거쳐 1941년 국민학교령에 이른다(朝日新聞社 編, 앞의 책, p. 12).

19 小學校ハ兒童ノ身體 ノ發二留意シ, 道德教育及國民教育ノ基礎竝其生活二必須ナル普通ノ知識技能ヲ授クルヲ以テ本旨トス(小學校令第一條, 文部省 勅令 第215号, 明治23(1890)年 10月 7日).

20 小林左源治, 앞의 책, pp. 17-18.

해'라고 하는 점은 신체를 어떻게 학문과 도덕의 수단으로 삼을 수 있는가와 더불어 신체를 이같이 가볍게 볼 수 있는 것인가의 문제가 있다.

둘째, 일본인에게 보통교육으로서 가르쳐야 할 도덕은 일반 도덕이 아니라 반드시 국민도덕, 즉 일본적 도덕이어야 함에도 불구하고 아무런 설명없이 도덕교육이라 해 오류를 범하는 문제가 있다.

셋째, 국민교육의 기초라고 하는 점에서 국민교육의 내용에 대한 것이 모호하다. 국민으로서 필요한 교육은 체육(體育), 덕육(德育), 지육(智育), 미육(美育) 이 네 가지여야 하며 이것이 구비되고 나서 국민교육이 되었다고 말할 수 있을 것이라고 보는 관점에서, 덕육은 전문(前文) '도덕교육'의 문자와 중복되고 지육도 후문(後文) '생활에 필수인 지식기능'과 중복되는 문제가 있다.

넷째, 전체로서 소학교령의 교육목표가 어떠한 국가에서도 통용될 수 있어 일본적 교육목표의 특색이 없다. 독자성의 부족으로 인해 전쟁을 수행하는 일본의 교육 슬로건으로는 그 힘이 약하다는 문제가 있다.

마지막으로, 전문(全文)을 볼 때 개인적인 성격이 강하다는 점이다. 소학(小學)은 국가가 강제하는 교육으로 국민의 자격을 주는 것, 국가적 이상에 맹진해야 하는 자질을 함양해야 하는 것인데도 그러한 점이 역설되어 있지 않다.

이러한 비판적 분위기가 무르익어 만들어진 것이 바로 국민학교령 제1조의 교육목표였다. 국민학교령 제1조의 원안으로서 1940년 1월의 국민학교 교과조사위원회 제1회 총회에 제출된 것은 다음과 같다.

> 국민학교는 皇國의 道에 卽해 보통교육을 실시하고 국민의 鍊成을 행함을 목적으로 한다.

그리고 동년 2월의 제2회 총회에 제출된 것은 다음과 같다.

> 국민학교는 皇國의 道에 卽해 국민에게 필수적인 보통교육을 실시하고 皇國臣民의 기초적 鍊成을 행함을 본지로 한다.

최종적으로 국민학교령에서는 다음과 같이 확정되었다.

> 국민학교령 제1조: 국민학교는 황국의 도(皇國の道)에 따라 초등보통교육을 실시하고 국민의 기초적 연성을 행함을 목적으로 한다.[21]

'황국의 도'라는 문구가 시종일관 변하지 않는 것으로 보아 국민학교의 목표 중 가장 강조되는 점임을 알 수 있다.[22] 또한 이 과정을 보아 '국민'이라는 용어와 '황국신민'이라는 용어를 두고

21 皇國ノ道二卽リテ初等普通教育ヲ施シ 國民タルノ基礎的鍊成ヲ爲スコと(國民學校令第一條, 文部省 勅令 第148号, 昭和16年 2月 28日).

22 국민학교의 교육목표를 분리해 해석하면, ① 황국의 도에 즉해서(皇國ノ道二則りて)-국민교육의 최고원칙 ② 보통교육을 시행하고(普通教育を施し)-국민교육의 내용 ③ 국민의 기초적 '연성'을 행한다(國民の基礎的鍊成を爲す).-국민교육의 방법이 된다(小林左源治, 앞의 책, pp. 17-18).

고심한 흔적이 보인다.[23] 즉, 현대전(現代戰)을 치르고 있는 일본에서 기존의 수동적인 '황국신민'보다는 국민학교의 의무교육이 실시됨에 따라 주체적·현대적 의미로서 포괄하는 '국민'이 더 적절했을 것이다.

그렇다면 국민학교 교육목표에서 말하고 있는 '황국의 도'란 구체적으로 무엇일까?

우선 '황국의 도'에 대해서는 『국민학교교칙안설명요령(國民學校校則案說明要領)』에서 다음과 같이 설명하고 있다.

> 여기에서 '황국의 도(皇國の道)'라고 하는 것은 교육칙어에서 명시하고 있는 '斯の道(皇道)'를 말한다.[24]

이는 기존의 소학교령에서는 '수신' 과목의 교칙에서만 명시했던 '교육칙어'를 국민학교령 제1조의 근본정신으로 확대하고 있다는 것을 의미한다. 교육에 관한 칙어에서 예로부터 천황의 정도(政道)를 뜻하는 '사의 도(斯の道)'라는 것을 왜 국민학교령에서는 '황국의 도'라고 하는 다른 용어를 사용해 나타내야 했을까? 그 이유는 국민학교 교육체제가 전시하에 만들어진 데서 찾을 수 있을 것이다. 즉, 국민학교안을 만든 입안자들은 1890년에 교육칙어를 공포한 이후 국민의 봉례(奉禮)가 형식적이었고 실천적으로 국민생활의 깊은 곳까지 그것을 이식하려는 노력이 부족하다고

---

23 楢崎淺太郎, 앞의 책, p. 129.

24 文部省, 『國民學校校則案說明要領 總說』, 昭和15(1940)年 12月 3日.

보았다. 그래서 국민학교 교육의 근본 취지는 '교육칙어의 실천적 봉례'에서 나오길 원했다. 이러한 의미에서 추상적인 '사의 도'보다는 구체적이고 명시적인 '황국의 도'가 더 적합했을 것이다.[25]

한편, '연성(鍊成)'은 『국민학교교칙안설명요령』에서 교육의 방법을 나타내는 것으로, '연성육성(鍛鍊育成)'의 의미가 있다고 했다.[26] 또한 아동의 전 능력을 연마하고 체력, 사상, 감정, 의지 등 아동의 정신 및 신체를 전일적으로 육성하는 것이라고 했다.[27] 이에 따르면 '연성'은 국민교육의 방법을,[28] 기초적이라는 말은 '연성'의 정도를 뜻하는데, 국민학교 교육은 "자기 자신의 완성 교육임과 동시에 장래 교육의 기초로 보아 국민학교 교육의 본지는 교육칙어에 명시된 신민의 지켜야 할 도에 따라 국민생활에 필수적인 보통의 지식기능을 체득시켜 국민적 정조(情操)를 쌓고 건전한

---

25 大日本學術協會 編, 『國民學校各科教育の本義』, モナス, 昭和16(1941), p. 45.

26 '연성(鍊成)'이라는 말은 원래 일본에서 교학쇄신평의회가 교학쇄신을 총괄하는 용어로 만들었고 이는 전시교육의 핵심용어로 정착되었다(竹下直之, 『道義の世界觀と教育』, 青葉書房, 昭和18(1943), p. 168; 정재정, 한일역사공동연구위원회 편, 「일제하 조선에서의 국가총력전체제와 조선인의 생활-'皇國臣民의 鍊成'을 중심으로」, 『한일역사공동연구보고서』, 한일역사공동연구위원회, 2005, p. 410 참조).

27 文部省, 「國民學校の教科書をどうなるでせう」, 『週報』, 昭和16年 3月 12日号(楢崎淺太郎, 앞의 책, 부록).

28 '연성'의 사전적 의미는 한국의 한 사전에는 '(심신)을 단련해 훌륭하게 만듦'이라고 되어 있고(安田吉實, 孫洛範, 『엣센스 日韓辭典』, 民衆書林, 1995, p. 2363), 일본의 한 사전에는 '연마해 훌륭하게 되는 것, 연마해 훌륭한 인격을 만드는 것, 연마·육성하는 것'(久松潛一, 『新潮國語辭典: 現代語, 古語』, 新潮社, 1984, p. 1999)이라고 되어 있다. 연성이란 단어가 언제 생겼는지는 확실히 추정할 수 없지만, 『大日本國語辭典』(上田萬年, 松井簡治, 富山房, 昭和3-4(1928-29)), 『修正大日本國語辭典』(上田萬年, 松井簡治, 富山房, 昭和14-16(1939-41)), 『日本語辭典』(宮岐靜二, 昭和 19(1944))에도 이 단어가 나오지 않는다. 한 언어가 사전에서 설명되기까지는 많은 시간이 걸린다는 점을 미루어 볼 때 연성이란 단어가 일제 말에 이르러 전쟁의 상황 속에서 만들어진 신조어였음을 추정할 수 있다.

신체를 육성하고 국체에 대한 신념을 심화해 '황운(皇運)을 부익(扶翼)'하는 국민의 기초적 연성을 쌓는 데 있다"고 했다.[29]

이 연성은 내면적인 것 즉 아동의 개성과 각종의 능력을 신장하는 것이 아니라, '황국의 도' 즉 국체관념을 아동에게 집중적으로 주입하려는 것이었다. 연성은 실천적인 의미에서 그대로 결전(決戰)체제하 교육의 중요한 원리가 되었다.[30]

당시 국민학교 교육목표를 지지하는 사람들은 국민학교의 교육목표와 기존 소학교에서의 교육목표에 다음과 같은 네 가지 차이가 있다고 보았다.[31]

첫째, 소학교령의 목표는 어떠한 국가에도 적용되는 것에 비해 국민학교의 목표는 일본 독자의 목표다.

둘째, 소학교의 목표는 도덕교육의 기초와 국민교육의 기초 및 생활에 필수적인 보통의 지식기능이라는 세 가지가 함양되도록 하는 것인데 이 삼자 간의 관계가 명백하지 않았다. 생활에 필수적인 보통의 지식기능과 도덕교육의 기초라는 양자가 국민교육의 기초 중에서 함양되어야 함에도 불구하고 소학교 교육의 목표에는 이것이 불명료하게 되어 있었다. 그러나 국민학교의 목표는 '황국의 도'에 즉해서 '초등보통교육을 실시하고 국민의 기초적 연성'을 행하므로 불명료한 것이 해소되었다.

셋째, 소학교의 목표에는 국민교육 외에도 도덕교육과 생활

29 守內喜一郎, 『國民學校の教育 國民學校教育の體系叢書 第1卷 目的の硏究』, 寶文館, 昭和17(1942), p. 17.

30 寄田啓夫, 山中芳和 編, 앞의 책, p. 114.

31 守內喜一郎, 앞의 책, pp. 6-8.

에 필수인 지식기능의 교육이 있었다. 또한 여기에는 세계인으로서의 교육이라든가 개인으로서의 교육 등이 나타나고 있지만 국민학교의 목표에는 '황국의 도에 즉해 일본 국민의 기초 연성'을 행한다는 것을 가장 중요하게 규정하고 있다.

넷째, 소학교의 목표에서 도덕교육의 기초를 가르칠 것, 국민교육의 기초를 가르칠 것, 생활에 필수적인 보통의 지식기능을 가르칠 것으로 되어 '가르친다(授クル)'라는 말이 눈에 띄는데 국민학교의 목표에는 이 말이 없다. '황국의 도에 즉해 초등보통교육을 시행하고 국민의 기초적 연성'을 행한다고 해 국민학교에서의 목표는 '가르치는 것'이 아니라 '연성(錬成)'해야 하는 것임을 밝힌다. 소학교에서는 지식기능의 교수가 눈에 띄지만 국민학교에서는 일본 국민으로서의 기초를 '연성'하는 것이 눈에 띈다. 즉, 국민학교 교육목표에서는 소학교 교육목표의 서구지향성, 도덕교육과 국민교육에 대한 의미의 모호성 등을 완전히 극복하고, '황국의 도'라는 최고 원칙을 명확하게 해 일본 독자의 교육이념을 세우고 지식만 '가르치는 것'이 아닌 일본 국민으로서의 기초적 '연성'을 그 목표로 하고 있다.

이러한 목표하에 새로운 국민학교 교육과정도 제시되었다. 1941년 국민학교령 공포 이전의 교육과정에서 심상소학교에서는 수신, 국어, 산술, 국사, 지리, 이과, 도화, 창가, 체조, 재봉(여), 수공의 과목을, 고등소학교에서는 수신, 국어, 산술, 국사, 지리, 이과, 도화, 창가, 체조, 재봉(여) 및 수공, 농업, 상업의 한 과목 또는 몇 개의 과목을 교수하도록 하는 것이었다.[32]

국민학교의 교육과정에서는, 초등과에 국민과(國民科: 수신, 국어, 국사, 지리), 이수과(理數科: 산수, 이과), 체련과(體鍊科: 체조, 무도), 예능과(藝能科: 음악, 습자, 도화 및 공작, 재봉-초등과, 가사-고등과)의 4개 교과를 두고 고등과에는 이에 실업과(實業科: 농업, 공업, 상업 또는 수산)를 더해 5개 교과를 두었다. 이러한 변화는 교과의 통합, 체련과에 무도 과목 신설 등으로 정리될 수 있는데, 가장 큰 변화인 교과의 통합에 대해서는 다음 절에서 구체적으로 살펴보도록 한다.

국민학교는 본질적 원칙으로 '사의 도'라는 교육칙어의 정신을 계승하여 '황국의 도'를 연성하는 교육을 주장했다. 그래서 그 교육목표에 드러나는 국수적·실천적인 성격과 함께, 학제, 교육과정 등에서의 변화는 가히 교육의 코페르니쿠스적 대전환[33]이라고 부를 수 있는 것이었다.

---

32 寄田啓夫, 山中芳和 編, 앞의 책, p. 123.

33 고바야시 사겐지(小林左源治)는 국민학교령은 교육이념과 교육의 전 기구에 신체제를 건설한 코페르니쿠스적 대전환이라고 설명하고 있다(小林左源治, 앞의 책, p. 5).

2 '종합교육'의 구상과 교과의 설치

'황국의 도'에 귀일하는 국민학교 교육의 목표를 달성하기 위해 그에 상응하는 교육과정이 만들어진 것은 이미 지적했거니와, 이 절에서는 국민학교 교육과정의 가장 큰 특징인 '통합(統合)'의 유래와 그 원리의 특징을 살펴보도록 한다.

그런데 이 시기 통합을 논할 때 종합교수(綜合教授), 합과교수(合科教授), 통합교과(統合教科), 종합교과(綜合教科), 총합교과(總合教科) 등과 같은 용어상의 혼란이 있다. 따라서 이 책에서는 당시 국민학교 저학년을 대상으로 한 생활상의 교육을 '종합교수'라고 명명하고 과목을 합친 국민학교의 4~5개 교과를 '통합교과'라고 명명한다. 또한 이 두 가지를 합친 국민학교의 종합적인 교육을 일컬어 '종합교육(綜合教育)'이라 하겠다.[34]

---

34 1913년 당시의 교육잡지 『兒童教育』에서 헤르바르트 학파의 한 사람인 포그트(Theodor Vogt)의 'Gesamtunterricht'를 번역해 '총합교수'라고 소개한 것이 있고, 그 후 도쿄대학의 이리사와 무네토시(入沢宗壽), 교토대학의 고모리 도케이(小森登兄)에 의해 종합교수 혹은 합과교육이란 이름으로 소개되어 연구되었다(長田新, 「綜合教授の原理」, 『國民學校研究叢書 第6卷 綜合教育研究』, 埼玉學院出版部, 昭和15(1940), p. 40).

국민학교의 교육에서 '통합'은 '종합교수'라는 의미의 통합과 '통합교과'라는 의미의 통합이라는 두 가지가 있다.

이 시기 국민학교에서 종합교수의 통합은 교과분할 이전의 비교과적인 영역의 통합인 데 반해 통합교과의 통합은 교과분할 이후의 교과 영역의 통합이라고 하겠다.[35] 즉, 전자가 주로 아동의 미분과적 심리적 상태를 근거로 하는 반면 후자는 주로 통합의 목표, 사명, 따라서 세계관을 근거로 하는 것이라고 보았다.[36] 그리고 종합교수와 통합교과가 모두 종(縱)의 통합으로서 황국의 도에 귀일하는 데 일조해야 한다고 했다.[37] 따라서 이 시기에 일컬어지는 '통합'은 현재 역사교육에서 논의되는 '통합'과 그 성격이 달랐다.

이러한 '종합교육'에 관해서는 이미 교육심의회의 답신에서 다음과 같이 제안하고 있다.

> 제4항: 교육 전반을 皇國의 道에 귀일하고 그 수련을 중요하게 해 각 교과의 분리를 피해 지식의 통합을 꾀하고 그 구체화에 힘을 쏟을 것
>
> 제5항: 국민학교의 교과는 전항의 취지에 따라 그것을 종으로 통합시켜 그 통합의 정신에 각각 철저함과 동시에 일면 그 특색을 발휘해 궁극에서는 그들 교과를 國民錬成의 一道에 귀일

---

35 그 외 국민학교에서의 통합과 관련된 사항으로는 첫째, 심신의 일체에 관한 통합, 둘째, 의식 및 제 행사의 통합, 셋째, 가정 및 사회의 통합 등이 있다(小林左源治, 앞의 책, pp. 32-38 참조).

36 由良哲次, 「國民學校と綜合教授」, 『國民學校研究叢書 第6卷 綜合教育研究』, 埼玉學院出版部, 昭和15(1940), pp. 42-61.

37 入澤宗壽, 『統合教科と綜合教授』, 明治圖書, 昭和15(1940), pp. 1-20.

하도록 할 것

제6항: 교육과 생활의 분리를 피하고 국민생활에 卽한 것으로 국민 학교 초등과에서는 특히 이 점을 유의해 그 효과를 얻도록 힘을 쏟을 것[38]

즉, 국민학교 교육에서 전 교과는 '황국의 도'에 즉해서 국민 '연성'을 이룬다는 최고 원칙에 따르는 통합교육이며, 방법에서는 집약된 교과로 단순화해 제 과목 및 교과 상호의 관련을 밀접하게 하고 전체로서 '황국의 도'라는 이념을 통합하려고 했다.[39]

이를 구체적으로 보면, 종래 소학교의 13개에서 15개로 나뉜 과목을 국민과, 이수과, 체련과, 예능과, 실업과 등 4~5개의 교과 아래 서로 관련 있는 것끼리 통합하고, 초등과의 저학년에서는 종합교수를 시킨다는 것이 요지였다.

다음으로는 이러한 국민학교 '종합교육' 중 '종합교수'가 만들어진 유래, 배경, 그 특징 등에 대해 살펴보도록 하겠다. 우선 종합교수의 유래를 살펴보기 위해 일본에서 실시된 '합과학습'에 대해 논하기로 한다.

'합과학습'은 국민학교 교육에서의 종합교수와 통합교과가 논의되기 이전, 일본에서 행해지던 통합의 명칭이었다. 이 합과학습에 대한 논의는 통합교과의 면보다는 초등교육 저학년생을 대

---

38 文部省教育審議會第10回總會, 國民學校及ビ師範學校に關スル要綱及ビ幼稚園及ビ件 第4項-第6項, 昭和13(1938)年 12月 8日.

39 由良哲次, 앞의 글, p. 65.

상으로 한 종합교수에 초점이 맞추어져 있었다. 일본에서 합과학습에 대한 논의는 메이지 초기 헤르바르트 학파의 학설[40]이 유입되면서부터 시작되었다.[41] 그러다 본격적으로 합과학습의 연구가 실천화된 것은 1920년대 다이쇼(大正) 데모크라시의 자유주의적 분위기 속에서였다.

제1차 세계대전 직후 민주주의 교육이 한창 제창되어 본격적인 다이쇼 데모크라시가 시작된 1920년경부터는 돌턴 플랜(Dalton plan)이나 프로젝트법(Project method)이라고 하는 소위 신교육사상이 한창 소개되고 또 실시되었다. 이와 같은 직수입 교육이론에 병행해 신교육 운동으로 나타난 것 중 하나가 합과학습이

---

40 일본에서의 헤르바르트주의 교육사상은 1890년 교육칙어의 공포 등 민족주의를 강화하는 분위기 속에서 국가의 기본정책을 수행하는 데 이용되었다. 일본에서의 헤르바르트주의는 정부 어용의 교수법 정형화에 봉사하는 역할을 맡게 되었다(世界教育史研究會 編, 『初等教育史』, 世界教育史大系23, 講談社, 1975, p. 224).

41 헤르바르트(Herbart, Johann Friedrich, 1776~1841) 학설 중 '종합적 교수'의 개념은 분석적 통합(analytischer Unterricht)에 대한 종합적 통합(synthetischer Unterricht)이었고 분석과 종합의 개념을 교수법에 적용하는 것이었다. 헤르바르트의 학설은 너무 추상적이어서 실제적인 종합교수와 연관한 것은 헤르바르트를 계승한 칠러(Ziller, Tuiskon, 1817~1882)의 중심통합법을 통해서였다. 칠러는 교육의 사명이 아동들을 도덕적 인간으로 이끌어 주는 데 있다고 보았다. 그는 교육내용의 내면적·인격적 통일을 주장했고 모든 교수의 중핵은 심정교재(心情教材)라는 중심통합설을 전개했다. 이 심정은 기독교 윤리에 도덕적·종교적 성격이 더해진 것이었다(長田新, 앞의 글, p. 28). 칠러의 중심통합법과 전혀 다른 견지에서 실제적인 아동의 종합교수를 연구한 것은 독일의 포그트로부터 시작되었다고 본다. 포그트의 종합교수는 학생 전체가 모든 교과목 전체를 대상으로 한다고 보았다. 포그트는 이 취지에 근거해 6세부터 19세까지의 전교생 약 80명을 한 강당에 모이게 해 여러 문제에 대해 상호 자유롭게 대화하고 의견을 교환하는 자유토론을 행하게 하고, 여기에 다른 교사 참관인, 방문자도 참여하게 했다(嬢原助市, 「オックト氏の總合教授について」, 『兒童教育』 第6巻 12号, 大正2: 新教育協會 編, 『國民學校案による綜合教育の實踐』, 明治圖書, 昭和 14(1939), p. 51 재인용).

었고 나라현에서 최초로 그 연구실험이 이루어졌다.[42]

합과학습 운동은 처음에는 관립소학교를 중심으로 연구되고 실천되어 이후 사립소학교에까지 영향을 미쳤다. 이 운동은 문부성이 지지했다기보다는 일선의 학교장과 교사들을 위주로 한 운동이었고 문부성은 이를 암묵적으로 승인하고 있었던 것으로 보아야 할 것이다.[43]

당시 교육계에 많은 영향을 준 것은 1920년 이래 기노시타 다케지(木下竹次)가 주관한 나라여자고등사범부속소학교의 합과학습운동이었다.

당시 이 학교의 교장이었던 기노시타 다케지는 교사의 교육에 대응하는 아동의 생활 전체에 대한 것이 '학습'이라고 했다.[44] 즉, 교육은 일체를 위한 인격을 육성해야 하는 것이므로 종래와 같이 학생의 지식 장려에 몰두해서는 충분한 교육을 할 수가 없고 교사중심주의의 교수를 행하면 아동은 수동적으로 그것을 받아들여 지식편중적인 암기의 측면에서만 교육적 효과를 보는 단점이 있다고 하면서 합과학습의 중요성을 강조했다.[45]

---

42 尾形俗康 외 3인, 신용국 역, 『신간 일본교육사』, 교육출판사, 1993, pp. 224-225.

43 이 운동에 영향을 받은 관립학교로는 나라(奈良)의 소학교와 도쿄의 여자고등사범부속소학교, 이 관립 양교 이외로는 아사쿠사 후지(浅草富士), 후카가와(深川), 구라마 에코토(藏前高等)의 각 소학교 등이 있었다. 이 운동은 학교장 등을 위주로 신교육협의회장 나가노 주타로(長野授太郎)(전 히메지(姬路) 사범학교교장) 등에 의해 실천되어, 한때는 종합교수의 실시교가 전국에서 2백여 교가 되어 1940년까지 저학년 교육은 각 소학교 모두 종합교수의 방법을 채택했다고 한다(朝日新聞社 編, 앞의 책, p. 60).

44 木下竹次, 「綜合教育について」, 『國民學校研究叢書 第6卷 綜合教育研究』, 埼玉學院出版部, 昭和15(1940), p. 3.

45 木下竹次, 「低學年合科學習論」, 『學習研究』, 昭和12年 4月号(新教育協會 編, 앞의

당시 이 학교의 훈도 겸 조교였던 즈루이 시게카즈(鶴居滋一)는 이를 연구한 저서에서,[46] 합과학습 실시의 시기 및 기간은 유치원부터 소학교 1, 2학년까지가 가장 적당하다고 했다.[47] 그러나 각 교과목 간의 연관을 강조하는 합과의 정신은 저학년뿐 아니라 상급학년에 이르기까지도 중요하게 생각했다.[48]

합과학습에 대한 관심이 증폭되자 분과교수, 즉 각 교과목을 각각 일련의 과정에 따라 교수하는 것에 대한 비판이 일어났다. 비판에 의하면, 분과교수라고 하는 것은 수신은 수신, 국어는 국어, 국사는 국사, 지리는 지리라고 하듯 극단으로 교과목의 특성을 존중하는 방법을 말하는데, 이러한 분과교수에 따르면 교재에 대한 인식과 이해가 기계적이 되어 학습에 대한 흥미가 일어날 수 없다고 했다. 또한 초등교육을 받는 1, 2학년 아동의 심리상에서도 분과교수는 부자연스럽고 비합리적인 것이라고 했다.[49]

그러나 동시에, 이러한 종래 교육에 대한 합과주의자들의 비판은 합과학습 교육의 실제가 보여 주는 개인주의적·자유주의적 경향 때문에 국가주의적 교육방식을 주장하는 사람들로부터 비판받았다. 따라서 나라현의 사례가 종합교육의 모범형식이라고 하는 데에는 많은 사람이 반대했다.[50] 당시 일본의 합과교육은 생활

책, p. 47 재인용).

46 鶴居滋一, 『合科學習の研究』, 東洋圖書株式合資會社, 大正15(1926).

47 그의 저서(『合科學習の研究』)는 1926년 3월에 초판이 간행되어 4년만인 1930년 10월에 8판이 인쇄될 정도로 많이 읽혔다. 이는 당시 교육계에서의 합과학습에 대한 높은 관심을 보여 준다.

48 鶴居滋一, 앞의 책 참조.

49 朝日新聞社 編, 앞의 책, pp. 57-60.

을 제재로 삼았는데, 그 생활 제재는 교사가 정하는 것이 아니라 아동이 정하는 것이었다. 비판론자들은 이러한 자유주의적 사조가 현재 퇴색일로에 있기에 전쟁을 앞두고 있는 현시점에 맞지 않는다는 점, 기초적인 사항의 반복연습에 대한 난점 등을 이유로 나라현의 사례를 비판했다.[51] 이러한 이유로 종합교수에 관한 사항이 국민학교령 및 시행규칙에서 법문화될 때 많은 이론(異論)이 있었다.

반대론자들은 교육심의회의 답신을 국민학교 교과 조사위원회가 심의할 때 종합교수에 관한 조문을 법문으로 기록하는 데 몇 가지 이의를 보인 것으로 나타났다. 그 이의의 내용은 첫째, 이 종합교수의 규정은 가능의 규정으로 반드시 전반적·강제적으로 규정하는 적극적인 것은 아니지만 이것을 법령의 조문으로 할 때 전국에 장려될 수 있을 만한가에 대한 점, 둘째, 전국에서 지금 바로 이것을 실시하기에는 그 준비가 아직 부족하다는 점, 셋째, 종합교수를 실제로 준비하는 데는 교과서의 근본적인 개찬이 필요한데 문부성이 아직 준비가 되어 있지 않으므로 도저히 다음 학년의 시행은 시기에 맞지 않는다는 점, 넷째, 종래 '합과학습'이라는 이름으로 행해진 한두 가지 사례를 보면 자유주의적 색채가 강하고 개인주의적이며 아동 각자의 수의적인 발전에 맡겨져 교수가 개인적·주관적으로만 되므로 국민교육의 주안을 이루는 황도(皇道)의 통합, 황민의 '연성'을 달성할 수 없을 가능성이 있다는 점

---

50 由良哲次, 앞의 글, pp. 42-61.

51 小林左源治, 앞의 책, pp. 61-62.

등이었다.[52]

결국 논의 끝에 종합교수에 관한 것으로 국민학교령 시행규칙 제27조에 "제1학년, 제2학년에서는 학교장이 지방 장관의 허가를 받아 전부 또는 일부 교과 및 과목에 대해 종합 수업을 행할 수 있다"고 규정하게 되었다. 이는 종합교수에 대한 소극적인 장려이자 이를 통제하고자 하는 의도가 보이는 규정이다. 즉, 그동안 논의되어 온 미분화된 저학년에 적합한 교수방법이 종합교수라는 것을 인정하면서도, 그 자유주의적인 색채를 없애기 위해서 통제가 필요했던 저간의 상황을 알려 주는 것이다. 더구나 종합교수 역사교육의 최고 원칙이었던 '황국의 도'를 '연성'하는 국가주의적·국수주의적인 목표로 변질되도록 유도했다.

이러한 종합교수가 국민학교령이 만들어질 당시 '황국의 도'를 '연성'하는 데 사용된 논리는 다음과 같다.

국민학교에 대한 안이 만들어질 당시, 도쿄사범 교수였던 유우 데츠지(由良哲次)는 주관적 종합교수가 개인주의적 기조를 가진 것에 비해 객관적 종합교수는 전체주의적 기조를 가지고 있다고 보았다.[53] 그리고 그보다 깊은 근거를 제3의 실체적 근거라 하고, 주관과 객관이라고 하는 것도 이 실체에 근거하고 실체는 주객합

52 國民學校教科調査委員會 第2回總會會議錄, 1940年 2月 23日(由良哲次, 앞의 글, p. 82 재인용).

53 종합교수가 실현되는 동기를 보면 아동 중심의 주관주의와 아동의 환경을 중시하는 객관주의로 구분된다. 아동의 환경은 가깝게는 향토인데, 독일에서 종합교육은 흔히 향토교육과 함께 일어나는 경향이 컸다. 독일은 제1차 세계대전 이후 베르사유 조약에 의해 사상적으로 강한 제약을 받아 교육도 종래의 국가주의적인 것을 지속할 수 없었기 때문이다(由良哲次, 앞의 글, p. 42).

일적인 것이라고 했다. 즉 주관과 객관이 교육적 견지에서 합일되는 곳에서 민족의 근원이 태어나게 되고, 일본 고유의 독특함을 지니며 교육칙어에서 오랜동안 강조되어 온 '황국의 도'가 중요시된다고 하고 있다.[54]

이러한 논리에 따르면, 종합교수는 아동 스스로 구체적 생활체험에 따라 의식과 환경, 역사와 문화를 연관시킨 지식을 수련하고, 궁극적으로 민족의 개성에 의한 근원적 통일을 이루기 위해 교수하는 것이었다. 이러한 통일은 오직 신(神)의 도(道)로서 신국(神國)의 도와 합치되는데, 이는 조국(肇國=건국, 필자 주)의 정신 즉 일본정신의 자각에 따르는 도이며 교육칙어에서 말한 '사의 도(斯の道)'로서 해 종합교수의 원리를 '황국의 도'와 연결할 수 있는 것이었다(부록 지도안 1, 2 참조).[55]

그렇다면 국민학교 '종합교육'의 또 다른 일면인 '통합교과'의 논리는 어떠한 것이었을까?

통합교과와 관련해 국민학교령의 제5항 교육방침에서 다음과 같이 규정하고 있다.

> 각 교과 및 과목은 그 특색을 발휘함과 동시에 상호의 관련을 긴밀하게 국민 錬成의 一道에 귀일시킨다.[56]

54 위의 글, pp. 42-50.

55 小原國芳 編, 『國民學校研究叢書 續編 國民學校の眞義』, 埼玉學院出版部, 昭和15(1940), p. 40.

즉, 국민학교의 각 교과는 종래의 교과목이 고도 해체되어 '황국민의 연성'이라고 하는 국민학교의 최고목표, 즉 가장 위로부터 선택되어 4개 또는 5개의 교과로 재편성되었다. 그다음 각 교과 내에 다시 성질과 부분적 목표에 따라서 유기적으로 분절된 것이 과목이었다. 아래로부터 몇 개의 과목을 종합해 만든 것, 즉 과목이 모아져 교과가 된 것이 아니었다. 따라서 국민학교의 교과 구분은 교육의 목표에서 본 교육내용의 구분이며 학문상의 분류는 아니다.[57]

그런데, 국민학교 제도하에서 시행하게 될 가장 기초적인 교과안으로서 1937년 조사위원회에서 간사시안으로 '국민학교 요항(國民學校要項)'이 만들어졌고, 이 간사시안에서 국민과 대신 '황민과'에 대한 언급이 있음을 확인할 수 있다.[58] 그 명칭에서도 알 수 있듯이 황민이라는 어휘는 일본 '천황'과 신민을 직접적으로 관련지어 암시하는 의미를 담고 있으므로 당시 교육정책 입안자들의 의도를 확실히 대변해 주는 것이라고 할 수 있겠다. 간사시안에서는 국민학교의 교과는 저학년에서 황민과, 자연과, 훈련과로 하고 고학년에서는 황민과, 자연과, 체육과, 훈련과로 하며 국민실수학교(國民實數學校)의 교과는 직업과, 황민과, 자연과, 체육과, 훈련과로 한다고 했다.

---

56 長谷川端,『國民學校教授原論』, 啓文社, 昭和15(1940), p. 72.

57 文部省,「國民學校の教科書をどうなるでせう」,『週報』, 昭和16(1941)年 3月 12日号.

58 文部省, 第5回 整理委員會幹事試案 國民學校要項, 昭和12(1937)年 3月 14日(이와 관련해 長浜功,『國民學校の研究-皇民化教育の實證的解明』, 明夕書店, 1985, p. 65 참조).

그런데 간사시안에서 작성된 '국민학교 요항'을 살펴보면 여기서의 '황민과'가 1940년 교육심의회의 답신에서는 국민과로 명칭이 변경되어 있다. '천황'의 적자(嫡子)인 황민을 육성하기 위한 학교이므로 '황민과'가 그 상징성이나 대표성을 나타내기 위해 가장 적합한 용어임에도 불구하고 '국민과'로 변경한 배경에는 어떤 이유가 있었을 것이다. 황민육성을 위한 교육목표와 내용을 분명하게 표현하기 위해서는 '황민과'가 국민과보다 훨씬 더 그 의미전달에서 효과가 크다. 용어적으로 볼 때 '황민' 육성이라는 목표를 '국민'과보다는 '황민'과가 더 직접적으로 표상하기 때문이다.

그럼에도 불구하고 '황민과'가 '국민과'로 바뀐 배경에는 명칭에 대한 본질적이고 내용적인 문제보다 '천황'의 위상이라는 피상적 문제가 더 크게 작용했다. 즉 황민과라는 용어에 대해 교육심의회가 최종적으로 그것의 타당성 여부를 궁내성(宮内省)에 문의한 결과 '황(皇)'이라는 글자 및 용어에 대한 존엄성 유지 차원에서 이 글자를 함부로 사용하면 곤란하다는 의향을 제기한 데서 기인한 것이다.[59] 이는 당시 '천황'의 신적 위상이 절대적이었음을 말해 준다.

그리고 '국민과'로의 단순한 명칭 변경에 그치지 않고 그 교수과목을 국어, 수신, 국사, 지리로 삼아 1937년의 '황민과안(皇民科案)'보다 더욱 구체화했음을 '국민과'의 특징으로 들 수 있다.[60]

---

59 教育審議會 第4回 整理委員會 會議錄, 昭和13(1938)年 6月 29日(이와 관련해 정태준, 「국민학교 탄생에 나타난 천황제 사상교육」, 『일어교육』 23, 1997, p. 45 참조).

60 정태준, 위의 글, p. 46.

국민학교 5개의 교과는 각각 '대국민적(大國民的) 자질'과도 연관되었다. 문부성은 이 '대국민'을 만들기 위해 '자질'이 준비되어야 한다고 하면서 다음의 5개조를 들었다.[61]

> 첫째, 국민정신을 체인(體認)하고 국체에 대한 확고한 신념을 가지고 황국의 사명에 대한 자각이 있을 것(국민과)
> 둘째, 과학에 대해 일통(一統)하는 인식을 가지고 생활을 수리적·과학적으로 처리하고 창조해 이로써 국운의 진전에 공헌할 것(이수과)
> 셋째, 심신과 헌신봉공(獻身奉公)의 실천력을 가질 것(체련과)
> 넷째, 고아한 정조(情操)와 예술적 기능적인 표현력을 가지고 국민생활을 충실히 하는 힘을 가질 것(예능과)
> 다섯째, 산업의 국가적 의의를 명확하게 하고 근로를 애호해 직업보국의 실천력을 가질 것(실업과)

이 5개의 자질이 상호 관련하며 유기적 통일을 이루면서 국민적 성격이 형성되고 또한 발전하므로 인간은 비로소 '황운(皇運)을 부익(扶翼)'하는 충량한 일본 국민이 될 수 있다고 했다.

한편, 과목에 대한 규정은 통합교과의 출현에 관련한 국민학교령 시행규칙 제4조 1항에 다음과 같이 서술되어 있다.

> 국민학교의 교과는 초등과와 고등과를 통해 국민과, 이수과, 체련과

61 文部省, 「國民學校制の解說」, 『週報』, 昭和16(1941)年 1月 15日号.

> 및 예능과로 하고 고등과에서는 실업과를 더한다.
> 국민과는 그것을 나누어 수신, 국어, 국사 및 지리의 과목으로 한다.
> 이수과는 그것을 나누어 산술 및 이과의 과목으로 한다.
> 체련과는 그것을 나누어 체조 및 무도의 과목으로 하고 단 여학생[女兒]에게는 무도를 과하지 않을 수 있다.
> 예능과는 그것을 나누어 습자, 도화 및 공작의 과목으로 하고 초등과의 여학생에게는 재봉의 과목을 고등과의 여학생에게는 가사 및 재봉의 과목을 과한다.
> 실업과는 그것을 나누어 농업, 공업, 상업 또는 수산의 과목으로 한다.
> 전 5항에 게재된 과목 외에 고등과에서는 외국어 그 외 필요한 과목을 신설하는 것으로 한다.[62]

지금까지 서술한 국민학교령에 따른 각 교과 및 과목명과 각 교과의 목표를 정리하면 [표 1]과 같다.

교과는 교육목표에서 본 내용의 대분절(大分節)이고 각 교과에 포함된 다양한 내용을 그 목표와 성질에 따라 계통적으로 조직한 것이 과목이며 하나의 교과에 속한 각 과목은 해당 교과의 유기적인 분절이었다. 따라서 하나의 교과에 속한 각 과목은 고유의 계통을 유지하면서도 상호 밀접한 관계를 가지고, 동시에 하나의 교과에 속한 과목과 다른 교과 또는 다른 교과에 속한 과목과도 가능한 한 상호 관련을 가지는 것이었다. 예를 들어 국민과 수신과 국어 및 다른 과목과의 관련은 말할 필요도 없고, 다른 교과 영

62 文部省,『國民學校令施行規則』, 昭和16(1941)年 3月 14日.

[표 1] 일본 내 국민학교 교과 및 과목명과 각 교과의 목표(국민학교령, 1941)

교과명	과목명	각 교과의 목표
국민과	수신, 국어, 국사, 지리	우리 국가의 도덕, 언어, 역사, 국토·국세 등을 습득하고, 국체(國體)의 정화(精華)를 명확하게 해 국민정신을 함양하고 황국의 사명을 자각시킨다.
이수과	산술, 이과	통상의 사물 현상을 정확하게 고찰하고 처리하는 능력을 얻어 생활상 실천하는 방법에 합리창조의 정신을 함양하고 국운의 발전에 공헌하는 자세를 배양한다.
체련과	체조, 무도(여학생에게는 과하지 않을 수 있음)	신체를 단련하고 정신을 연마함으로써 강건한 심신을 육성해 헌신봉공의 실천력을 배양한다.
예능과	음악, 습자, 도화 및 공작, 재봉(고등과: 가사 및 재봉)	국민에게 필수적인 예술기능을 수련시켜 정조를 순화해 국민생활에 충실하게 자질을 키운다.
실업과	농업, 공업, 상업, 수산	산업의 일반을 이해시켜 그 일부에 관한 보통의 지식기능을 배움과 함께 근로의 습관을 양성해 산업의 국가적 사명을 자각시켜 국운의 발전에 공헌하는 자세를 배양한다.
비고	고등과에 대해서만 실업과를 둔다.	

출처: 文部省,『國民學校令施行規則』, 昭和16(1941)年 3月 14日.

역인 이수과 산술, 예능과 음악, 체련과 체조 사이에 보이는 관련성도 교육내용의 통일상 극히 중요한 것으로 보았다.

각 교과 간의 관계에 대해서는 국민학교령 시행규칙에 구체적으로 나타나 있다. 예를 들어 이수과와 타 교과의 관계는 다음과 같다. 이를 통해 이수과와 국민과와의 관계도 명확해진다. 즉 이수과의 산술적·이과적 특징이 국민과가 지향하는 바에 활용되는 것이다. 예를 들어 땅과 자연에 대한 이수과의 이해가 국민과가 지향하는 국토와 국세에 대한 이해를 가능하게 할 수 있다는 것이다.

① 국민과

-경제관념, 위생사상, 국방사상, 협동정신, 지구적(持久的) 태도, 자연의 은혜에 대한 감사의 마음(念), 문화창조 정신의 함양

-언어문장에 의한 적확한 표현의 수련, 연대 관념의 양성, 국토·국세에 대한 이회(理會)[63]

② 체련과

-이과적·통계적 지식을 통해 보건·위생정신의 함양, 자연관찰, 자연물 채집, 실습에 의한 체련

③ 예능과

-공작(工作)에 의한 원리의 발견과 그 적용 및 공부

-기계 기구의 취급과 과학적 기능의 수련

-정확한 지도에 의한 표현의 수련, 음의 고저, 강약, 음색의 이회, 재봉에서 도형의 성질의 이회, 가사에 관한 지식기능의 습득, 도형의 균형, 자연의 묘취(妙趣) 감득에 의한 정조의 함양

④ 실업과

-각종 직업에서 기초적 지식과 기술의 실질적 활용

---

63 당시의 조문에는 '이회(理會), 체득(體得), 회득(會得), 연성(鍊成)' 등과 같은 실천적 성격이 드러난 한자어가 자주 나타난다. 여기서 말하는 '이회'는 사전적 의미로 '사리를 잘 앎'이고 단순한 '이해(理解)'라는 말보다 실천적 의미를 가지고 있으며 '이해회득(理解會得)'의 줄임말이다(安田吉實, 孫洛範, 앞의 책, p. 231).

⑤ 기타

-의식(儀式), 학교행사와의 관계-기획, 정리, 설비, 고찰[64]

이상과 같이 이수과라는 교과는 "통상의 사물 현상을 정확하게 고찰하고 처리하는 능력을 얻어 생활상 실천하는 방법에 합리 창조의 정신을 함양하고 국운의 발전에 공헌하는 자세를 배양한다"[65]는 교과 자체의 목표를 가지고, 타 교과 및 의식, 학교행사와 유기적으로 관련지음으로써 황국민의 기초적 '연성'을 이루도록 한 것이었다.

한편, 예능과 각 과목과 타 교과목의 관계를 살펴보면 다음과 같다. 예능과 음악의 경우 교수상 주의에서 "축제일 등에서 창가를 지도해 애국의 정신을 앙양하는 데 힘을 쏟고, 학교행사 및 단체적인 관계에 유의할 것"이라 해 종합교수와 연결하고 있다.[66] 귀를 통해 느끼는 '율동'은 체조에도 활용하며 여기에 사용하는 음악은 교육적으로 가치 있는 것으로 해야 한다고 해 체련과와 연관짓는다.[67]

예능과 공작의 경우에도 도안과 제도(製圖)는 예능과 도화(圖

64 文部省,『國民學校令施行規則』, 昭和16(1941)年 3月 14日 文部省令 第4号. 第3章 理數科 第1 理數科總說 4. 理數科と他教科との關係.

65 文部省,『國民學校令施行規則』, 昭和16(1941)年 3月 14日 文部省令 第4号. 第3章 理數科 第1 理數科總說.

66 文部省,『國民學校令施行規則』, 昭和16(1941)年 3月 14日 文部省令 第4号. 第4章 藝能科 第2 藝能科音樂 3. 藝能科音樂の教授上の主意.

67 文部省,『國民學校令施行規則』, 昭和16(1941)年 3月 14日 文部省令 第4号. 第4章 藝能科 第2 藝能科音樂 5. 他教科との關係.

畵) 및 이수과와 긴밀한 관련하에 적절하게 지도해야 한다고 하고 있다.[68] 또한 예능과 가사에서는 이수과와의 관련에 유의해 과학적으로 처리하는 태도를 양성하고 가정생활의 충만한 개선에 대해 지도한다고 했다.[69]

통합교과에서 횡의 관계를 파악하기 위해서는 교과서의 편찬방침을 이해하는 것이 필요하다. 국민학교의 교과서는 학교에서 진도를 나갈 때 각 과목마다 서로 상응하는 주제를 같은 시기에 같은 내용으로 다룰 수 있도록 편찬해 간다는 원칙을 취하고 있다. 국어에서 '벚꽃'이라는 소재를 2학년 봄의 수업에 사용하면, 동 시기 이수과의 '환경의 관찰(環境の觀察)' 과목이나 창가 교과서에 '벚꽃'에 관한 내용을 넣는다. 이와 같이 공통적 소재를 같은 시기에 다룸으로써 교수법에서는 저절로 국어-산술-창가를 상관적으로 취급하게 된다.[70]

이와 같이 종합교육에서 종합교수는 초등과 저학년에서 가장 유용하나, 통합교과는 모든 학년에서 취급해 교수하도록 고안되었다. [표 2]는 1939년 2월의 국민학교 과정 제1회 실시 연구회에서 도쿄시 후지(富士)소학교에서 입안 발표한 것으로, 심상 5학년의 4월 종합교육 실시안의 일부를 보여 준다.

그러나 이와 같이 분과교수에 반대해 채택된 종합교수안은

---

68 文部省,『國民學校令施行規則』, 昭和16(1941)年 3月 14日 文部省令 第4号. 第4章 藝能科 第5 藝能科工作 5. 藝能科工作の教材.

69 文部省,『國民學校令施行規則』, 昭和16(1941)年 3月 14日 文部省令 第4号. 第4章 藝能科 第6 藝能科家事 3. 藝能科 家事の教授方針及び教授上の主意.

70 朝日新聞社 編, 앞의 책, pp. 69-71.

[표 2] 도쿄시 후지소학교의 심상 5학년 종합교육 실시안(1939. 2.)

월	생활단위의 학습제재	생활제재와 교과서와의 관계	시간 배당	분과적인 교과제재의 취급	취급상의 주의 사항 및 비고
4월	○5학년 -5학년의 각오(학교에서 지도적 지위를 자각시킨다.) -신교과서의 정리 및 기명(記名) 등의 지도	○글짓기: 5학년의 각오	18	○산술: 정수 및 소수, 제법(除法)(8-13항)	
	○진무천황제(神武天皇祭) -진무천황의 사적과 그 의의를 안다. -진무천황의 조국(肇國)의 뜻을 알고 그 정신을 이해하는 것에 철저를 기한다. -일본건국의 유래 -건국연대표 ○연대표와의 비교 -국체의 명징 -일본의 국시(國始)에서 본 세계 각국의 장세(場勢)와 도의적 비판 -황실을 존숭하고 애국정신을 강조, 국민적 각오를 꾀함	○수신: 2. 조국(肇國) 일치 ○읽기: 28. 국어의 힘 ○산술: 암산, 가법, 감법, 면적(18-19항), 시간(22-23항) ○지리: 1. 대일본제국 5. 간사이지방 ○국사: 1. 아마테라스오미카미(天照大神) 2. 진무대황 ○이과: 8. 소나무 9. 대나무 ○ 창가	45	○국사: 3. 일본무존 ○이과: 1. 화강암 2. 땅, 암석 3. 온천 4. 강 5. 하늘 ○도화: 병(모생화)	-연대표 및 지도의 제작 -지도의 모형 제작 -영화의 이용 -신궁의 요배
	○봄의 노동 -농원(農園), 과수 등의 계획과 그 경영 -가축의 사용 -어촌, 산촌, 농촌 등에서 노동 -봄의 여행 -도시와 농어산촌(農魚山村)의 관계	○읽기: 1. 4월 2. 봄의 밤 ○쓰기 ○글짓기: 꽃보기 ○도화	31	○체조 ○무도 ○재봉(여학생만)	춘계에서 자연과 인간 노동의 관계를 고찰해 그 뜻을 알게 함

출처: 篠原助市, 『教授原論: 特に國民學校の授業』, 岩波書店, 昭和17(1942).

과목을 무시하고 과목의 독자성은 살리지 못한다는 비판을 받기도 했다. 따라서 이러한 비판을 수용해 국민학교의 통합교과는 교과서를 중심으로 과목의 특색을 살린 면도 있다.

이렇게 국민학교에서의 통합교과는 분과와 합과 교수법의 결점을 보충해 그 장점을 살리면서, 이것을 종적 관계에서 보면 각 교과, 각 과목은 끊이지 않고 '황국의 도'에 따르는 국민적 인격의 형성이라고 하는 하나의 목적에 귀일하는 방식을 따랐다. 따라서 국민학교에서의 통합교과는 단순히 분과 혹은 합과라고 하는 교수법, 교수기술이라고 하는 것 이외에 종국에는 '황국의 도'에 귀일하는 것을 목표로 하고 있다.[71]

국민학교는 '황국의 도'에 따라 보통교육을 실시하고 국민의 기초적 '연성'을 이루지만 기초적 '연성'을 이루는 것은 '천황'을 중심으로 생활해 충량한 황국민으로서의 필수적인 자질을 연마육성하는 것이다. 황국민의 자질을 연마하기 위해서는 4개 또는 5개의 교과가 필요하다고 생각하고, '황국의 도'를 이수시키기 위해 '도(道)'와 '교(敎)'라는 관계에서 교과라고 하는 것이 생긴다고 해석한다.[72]

국민학교의 과정 편성이 통합교과 및 과목으로 되어 있음을 설명했거니와 이 통합교과로의 개편이 세계적인 교육사조의 영향이나 교육개혁 운동에 전적으로 따랐다고 볼 수는 없다. 학문상의 논리로 인한 개편이었다기보다는 오히려 국가 정책상의 목표에

---

71 小林左源治, 앞의 책, pp. 269-271.

72 大日本學術協會 編, 앞의 책, pp. 47-58.

따른 제도상의 개편이었으며 국민 개병과 국방교육의 기초를 다지기 위한 통제기능적 개편이었다고 하겠다.

이렇듯 '종합교육'에서 종합교수의 실제는 이미 합과학습이라는 이름으로 일선의 학교장들과 학자들을 주체로 해 문부성이 묵인하는 가운데 1920년대의 다이쇼 데모크라시 시기부터 시작되었으나, 국민학교 체제가 실시되면서는 그 자유주의적인 색채가 비판받고 국가주의적 목표하에 조정되었다. 국민학교 통합교과에서의 교과목은 교육내용 및 국민교육이 필요로 하는 목표와 내용에 따른 구분이며 소위 학문상의 분류는 아니었다. '종합교육'이 횡적으로는 형식상 통합이라는 논리였을지 몰라도 그 종(縱)은 '황국의 도'에 귀일하는 국민양성이라는 축으로 일관하고 있었던 것이다.

제3장

일본에서 국민과 목표와 '국사'교육의 실제

1 국민과의 목표와 방향

1941년 국민학교령이 공포되면서 국민학교의 교육과정은 '통합교과'의 형태로 개정되었다. '교과 및 과목'체제는 이전의 '교과목' 체제와는 달리 하나의 교과에 여러 과목들을 통합하는 형태로 일본 교육과정에서 최초로 등장한 것이었다.

1941년 3월에 칙령 제148호로써 공포된 국민학교령 제4조에 국민과는 수신, 국어, 국사 및 지리의 과목으로 한다고 규정되어 있다.

국민과의 구성논리에 대해서 말하자면 대체로 국민과라고 하는 것이 어떠한 것이며 그 근본정신은 무엇인가를 살펴보아야 한다. 따라서 설치의 이유, 목표, 표방한 바가 무엇인지 살펴볼 필요가 있다.

국민학교령 시행세칙에 기재된 국민과 교육의 목표는 다음과 같다.

> 국민과는 우리 국가의 도덕, 언어, 역사, 국토·국세 등을 습득하고, 국체(國體)의 정화(精華)를 명확하게 해 국민정신을 함양하고 황국

의 사명을 자각시킨다.[1]

이러한 국민과 설치의 이면에는 '종합교육'의 교육철학이 자리잡고 있었다. 그런데 그 '종합'은 특수한 목적 달성에 귀일해야 하고 그러기 위해서는 국민과 내의 과목은 물론 타 교과와의 관련성도 반드시 고려해야 했다.

국민과와 다른 교과 간의 관계에 대해서 살펴보면 [표 3]과 같다.

우선, 이수과에서는 국민과의 수신(경제관념, 위생사상, 국방사상, 협동정신, 지구적(持久的) 태도, 자연의 은혜에 대한 감사의 마음(念), 문화창조 정신의 함양), 국어(언어와 문장에 의한 적확한 표현의 수련), 국사(연대관념의 양성), 지리(국토·국세에 대한 이회(理會)) 과목과 관련짓도록 하고 있다. 체련과에서는 무도의 정신이 국민과에서 가르치는 국체관념과 일치한다고 보았다. 예능과 음악은 그 가사가 국어와 맥을 같이한다고 보았다. 습자는 국민학교 교육과정 이전에는 국어과목의 하나였으나 이제는 예능과로 되어 국어와 연관지어 교수해야 한다고 했다. 도화는 국민과 전 과목과 관련지어 교수해야 하며 가사는 특히 국민과 수신의 예법 지도와 관련지어야 한다고 했다.

이와 같이 국민학교에서의 통합교과의 논리는 각 교과 간은 물론 특정교과 내 각 과목이 유기적으로 통합되어야 한다는 것이

---

1 文部省, 『國民學校令施行規則』, 昭和16(1941)年 3月 14日 文部省令 第4号. 第2章 第1條 一項 第2章 第1總說 一. 國民科ノ目的.

[표 3] 국민과와 타 교과와의 관계

<table>
<tr><th colspan="2">교과목</th><th>국민과와 관련된 규정</th></tr>
<tr><td colspan="2">이수과</td><td>경제관념, 위생사상, 국방사상, 협동정신, 지구적(持久的) 태도, 자연의 은혜에 대한 감사의 마음(念), 문화창조 정신의 함양, 언어문장에 의한 적확한 표현의 수련, 연대 관념의 양성, 국토·국세에 대한 이해[2]</td></tr>
<tr><td colspan="2">체련과</td><td>각 교과는 유기적 관계로 모두가 황국민의 기초적 '연성'을 이루기 위해 과해야 할 것은 물론이지만 체련과가 목표하는 바와 다른 교과가 꾀하는 곳에 합치해야 함은 당연한 것이다. 또한 각 교과의 각각의 요지를 달성하기 위한 방법으로서 각 교과는 가능한 한 상호 관련시킬 필요가 있다. 따라서 체련과도 그 교재와 지도에서 다른 교과와 공통된 것이 있는 경우, 다른 교과의 도움을 받을 필요가 있고 다른 교과도 체련과에 연계해 진전시켜야 한다. 예를 들어 유희(遊戱)와 체조와 예능과 음악과의 관계, 체련과 전 과목과 예능과 공작과의 관계, 무도(武道)와 국민과의 관계같이 특별히 긴밀하게 취급해야 한다.[3]</td></tr>
<tr><td rowspan="4">예능과</td><td>음악</td><td>음악 과목은 국민과에 관한 면이 넓고 또한 깊다.
음악에서의 가창(歌唱)은 가사 즉 국어를 취급하는 것이다. 그러므로 음악 과목은 국민과 각 과목과 서로 맞추어 충분히 그 교육적 가치를 취해야 한다. 이 과목에 나타난 '정확한 발음'이라고 하는 기초연습은 '귀의 훈련'과 함께 바르게 국어 과목의 기초연습이 되어야 한다.[4]</td></tr>
<tr><td>습자</td><td>교수에 있어서는 국민으로서 필요한 서사기능력(書寫技能力)의 기초적 수련을 행함과 동시에 정신의 훈련에 힘을 실어야 한다. 국민과 국어와는 항상 밀접한 관련을 가지고 국민적 정조의 자질을 배양해야 한다.[5]</td></tr>
<tr><td>도화</td><td>도화와 밀접한 관계가 있는 예능과의 제 과목을 비롯해 국민과의 국어, 국사, 지리, 이수과 등과 같이 관련 있는 교과 및 과목은 항상 적절한 연결(연락, 連絡)을 통해 도화교수를 하도록 하여 한층 효과적으로 교수해야 한다. 특히 초등과 제1, 2년에서는 교재의 관련상 예능과 공작 및 습자와 특히 밀접한 관계를 가지고 지도해야 한다.[6]</td></tr>
<tr><td>가사</td><td>국민과와의 관련에 유의해 예법을 중시하고 우리 국가의 생활에서 미풍양식의 유지와 확충에 힘을 쏟는다.
우리 국가의 부인(夫人)은 희생 봉사의 정신이 풍부하므로 이 정신으로써 가정의 경영에서 원만을 꾀하고 즐거운 위안소인 가정을 만들어야 한다. 가정은 안식소임과 동시에 장유유서를 가르쳐, 인간이 밟아야 할 도를 실지로 가르치는 수양장이다. 여기에서 국민과 수신과 관련을 가지고 가정에서의 예법을 중시하고 우리 국가의 가정생활에서 아름다운 풍속을 유지하도록 노력해야 한다.[7]</td></tr>
</table>

출처: 文部省,『國民學校令施行規則』, 昭和16(1941)年 3月 14日.

었다. 따라서 국민과는 '황도에 귀일'한다는 목적을 가지고 있지만, 이수과, 체련과, 예능과 등 모든 교과 역시 이 목적에 상응하도록 규정되어 있어 이들 교과와 관련지어 교수하도록 되어 있었다. 따라서 '황국의 도'를 습득시키기 위해서는 수신, 국어, 국사, 지리가 각각의 공유의 장(場)을 가지고 상호 관련 속에 일체가 되어 국민과로서의 교육을 성취해야 했다.[8] 즉, 수신에서는 실천에 대한 지도와 아동의 의욕에 대한 도덕적 계배(啓培)[9]가, 국어에서는 국어의 이해력과 발표력의 연성이, 국사에서는 전통의식의 계배와 역사적 사명의 자각이, 또한 지리에서는 국토인식의 조장과 세계적 사명의 자각이 각각 지도상의 주안점으로 부상했다.[10]

국민과의 목표를 충분히 달성하고 기초적인 연성을 이루기 위해, 저학년에서는 국사, 지리는 독립 과목으로 제시하지 않고 수신, 국어의 2과목으로 한정해 이들 2과목에 국민과 교수의 내용

---

2 文部省, 『國民學校令施行規則』, 昭和16(1941)年 3月 14日 文部省令 第4号. 第3章 理數科 第1 理數科總說 4. 理數科と他教科との關係.

3 文部省, 『國民學校令施行規則』, 昭和16(1941)年 3月 14日 文部省令 第3号. 第4章 體錬科 第1 體錬科總說 1. 體錬科の要旨.

4 文部省, 『國民學校令施行規則』, 昭和16(1941)年 3月 14日 文部省令 第4号. 第4章 藝能科 第6 藝能科家事 3. 藝能科 家事の教授方針及び教授上の主意.

5 文部省, 『國民學校令施行規則』, 昭和16(1941)年 3月 14日 文部省令 第4号. 第4章 藝能科 第2 藝能科音樂 3. 藝能科音樂の教授上の主意.

6 文部省, 『國民學校令施行規則』, 昭和16(1941)年 3月 14日 文部省令 第4号. 第4章 藝能科 第3 藝能科習字 2. 藝能科習字の教材 及び教授上の主意.

7 文部省, 『國民學校令施行規則』, 昭和16(1941)年 3月 14日 文部省令 第4号. 第4章 藝能科 第4 藝能科圖書 2. 藝能科圖書の教材 及び教授上の主意.

8 大日本學術協會 編, 『國民學校各科教育の精義』, 昭和16(1941), pp. 68-72.

9 계발(啓發)해 기름.

10 井上嘉七, 「國民學校の日本教育的性格」, 日本出版配給株式會社, 昭和19(1944), pp. 3-4.

전반을 포함하도록 했다. 이어 초등과 4학년에서 '향토의 관찰(鄕土の觀察)'이란 과목을 두어 국사와 지리를 함께 교수하고, 5학년부터 비로소 국사, 지리를 독립과목으로 분화·발전시켜야 한다고 했다(부록 표 1 참조).

이러한 원칙에 따른 결과, 국민학교 초등과의 경우 국민과 교육과정의 실제 편성은 종래의 것과 큰 차이가 있었다(부록 표 2, 3 참조). 국민학교 실시 이전의 심상소학교 국민과 교육과정(1940)과 국민학교 국민과 교육과정(1941-1945)의 교육과정 편성은 [표 4], [표 5]와 같다.

[표 4]와 [표 5]를 참고해 종래의 소학교 교육과정과 비교해 보면, 첫째, 종래 향토과의 문제가 교육계에서 역설된 점을 반영해 국민학교 4학년에 국사와 지리를 합한 '향토의 관찰'이 신설되어 일주일에 1시수를 교수하게 되었다.

둘째, 시수 변화의 경우 각 과목은 되도록 통합하도록 되어 있는데, 예를 들면 초등과 1, 2학년에서 수신과 국어를 합해 일주에 10시수(2학년은 11시수)로 제시해 종래와 같이 수신 2시수, 국어 10시수라고 하는 식의 분리를 피하고 있다.

셋째, 분과적 의미의 국사와 지리는 소학교와 국민학교 모두 제5학년과 제6학년에서 각각 2시수씩 수업하고 있다.

한편, 국민학교령 시행세칙에서는 국민과의 목표를 달성하기 위한 연성원리로서 다음의 학습방법원리를 제시했다.

① 주체적 학습: 황국의 사명은 우리의 사명이다. 우리의 책임으로서 주체적으로 학습해 가는 태도여야 한다.

[표 4] 심상소학교 국민과 교육과정 편성(1940)

교과목 / 학년	수신	국어	국사	지리	전체 과목 수업시수
제1학년	2	10			21
제2학년	2	12			23
제3학년	2	12			25
제4학년	2	12			남 27, 여 29
제5학년	2	9	2	2	남 28, 여 30
제6학년	2	9	2	2	남 28, 여 30

출처: 文部省, 『小學校令施行規則』, 昭和5(1940).

비고: 1시수의 수업은 45분으로 함.

[표 5] 국민학교 국민과 교육과정 편성(1941-1945)

<table>
<tr><th>과목 / 학년</th><th>수신</th><th>국어</th><th>국사</th><th>지리</th><th>전체 과목 수업시수</th></tr>
<tr><td>제1학년</td><td colspan="2">10</td><td></td><td></td><td>23</td></tr>
<tr><td>제2학년</td><td colspan="2">12</td><td></td><td></td><td>25</td></tr>
<tr><td>제3학년</td><td>2</td><td>8</td><td></td><td></td><td>27</td></tr>
<tr><td>제4학년</td><td>2</td><td>8</td><td colspan="2">1</td><td>31</td></tr>
<tr><td>제5학년</td><td>2</td><td>7</td><td>2</td><td>2</td><td>33</td></tr>
<tr><td>제6학년</td><td>2</td><td>7</td><td>2</td><td>2</td><td>33</td></tr>
</table>

출처: 文部省, 『國民學校令施行規則』, 昭和16(1941)年 3月 14日.

비고: 1시수의 수업은 40분으로 함.

② 신념적 학습: 국체는 신념적으로 파악해야 한다.

③ 감격적 학습: 우리의 교육은 알게 하는 교육이 아니라 행동하게 하는 교육이다. 감격이 없는 곳에 실천은 기대할 수 없다. 국민

학교에서는 아동의 감격에 호소해 실천으로 이끄는 경우가 많이 있다.

④ 구체적 감득·파악 학습

⑤ 심신일체 학습

⑥ 솔선수범 학습: 실천을 주로 하는 국민과는 교사가 솔선수범 실천을 해 이끄는 것이 그 생명이다.[11]

이상 열거한 연성원리는 교수-학습상의 원리라고 말하기 보다는 '황국의 도'를 체득(體得)하고 실천하는 연성과정(錬成過程)의 원리라고 말하는 것이 적절할 것이다.

도덕, 언어, 역사, 국토·국세 등을 단순하게 객관적·대상적으로 취급하지 말고, 주체적인 것으로 취급해야 하며, '황국'에 살고 있는 기쁨을 느끼는 것 또한 주체적으로 취급해야 한다고 했다.[12]

이러한 국민과의 교수방침은 다음과 같이 요약할 수 있다.[13]

첫째, 황국민의 기쁨과 경신봉공(敬神奉公)이다. 국민학교 요항의 교수방침 제1에는 황국에 태어난 기쁨을 느끼게 하고 경신봉공의 진의를 체득시킬 것이라고 하고 있다. '황국의 도'를 체현하는 인격은 무엇보다도 먼저 황국에 태어난 기쁨을 느끼는 것에서 발생한다. 특히 '황국에 태어난 기쁨을 느끼게 하고'라고 비법

11 小原國芳 編, 『國民學校研究叢書 續編 國民學校の眞義』, 埼玉學院出版部, 昭和15(1940), p. 178.

12 藤吉利男, 「國民科國史の教育的使命」, 『國民學校研究叢書 第8卷 國民科研究』, 埼玉學院出版部, 昭和15(1940), p. 220.

13 文部省, 『國民學校令施行規則』, 昭和16(1941)年 3月 14日 文部省令 第4号. 第2章 國民科 2. 國民科教授方針.

문적인 조항을 넣은 이유는 이 때문이다. 역사도 이해가 아니라 체득시켜야 한다. 소위 몸에 익히기 위해서는 감동을 통한 심정의 움직임을 필요로 한다고 했다.[14]

둘째, 일본 국민성 및 문화와 창조발전이다. 국민학교 요항의 교수방침 제2에는 일본의 역사, 국토가 우수한 국민성을 육성하는 이유를 알리는 것과 함께 문화의 독자성을 명확하게 해 그 창조발전에 힘을 쏟는 정신을 배양해야 한다고 했다.

셋째, 동아 및 세계의 대세와 대국민의 자질이다.

교수방침 제3에는 동아 및 세계의 큰 흐름을 명확하게 하고 대국민의 자질을 계발하여 기르는 것에 힘을 쏟을 것이라고 했다.[15] 일본에는 조국(肇國) 이래의 대사명이 있는데 그것은 '팔굉일

---

14 小林左源治, 『國民學校國民科精義』, 教育科學社, 昭和15(1940), pp. 76-92.

15 대국민이 무엇인가에 대한 정의는 당시 여러 문건에서 나타난다.
"특이한 일본 문명을 높이고 동서 문화의 융합이라고 하는 특수한 사명을 위해 전쟁을 할 수밖에 없다. 이 대사명을 부담하고 인내하는 국민이야말로 대국민이라고 부르는 것이다"(小原國芳 編, 『國民學校研究叢書 第1卷 國民學校案』, 埼玉學院出版部, 昭和15(1940), pp. 123-124).
"동양의 지도자로서 동아의 신질서 건설에 만전을 기할 일본의 국민은 일본적이면서 동양적일뿐 아니라 세계적 존재로서의 의의를 발휘해야 한다. 일본적 특색을 발휘하면서 일본적 대국민으로서의 실력을 나타내어야 하지만 동시에 동양적으로 나아가서는 세계적으로 의의가 있어야 한다. (중략) 세계인들이 국민으로서, 그리고 한 인간으로서 최선의 임무를 다하고 일가(一家)와 같이 각자가 있는 곳에서 서로 화협하듯이 평화롭고 세계적으로도 의의 있는 일본 문화의 발전에 힘써야 한다. 이렇게 우리의 대국민으로서의 귀한 사명이 존재하는 것이다. 우리들은 그 순서로서 작게는 먼저 동아의 신질서 건설을 통해 이것을 실현해야 한다. 이러한 신념을 체득시켜 실행력을 기르게 하는 것이 대국민 교육의 주안점인 것이다"(小西重直, 「興亞の大業と大國民」, 小原國芳 編, 『國民學校研究叢書 第3卷 大國民論, 全人教育論』, 埼玉學院出版部, 昭和15(1940), p. 1. 저자는 경성제국대학 총장을 지냄).

우(八紘一宇)'[16]의 실(實)을 현현(顯現)하는 사명이다. 그 사명을 다하기 위해서는 동아 및 세계를 알아야 한다고 했다.

넷째, 정치, 경제와 국방, 해양에 관련된 교수에 대한 유의점이다. 국민과 교수의 방침으로 많은 것들이 있는데, 그중에서 앞에 서술한 3항과 함께 중요한 것은 일본의 정치, 경제 및 국방 해양에 관한 소재의 지도다.

이에 대해 국민학교 요항 제4에서는 타 교과와 상호 연관해 정치, 경제, 국방, 해양 등에 관한 사항의 교수에 유의하라고 했다.

각 교과, 과목의 임무는 그 교과, 과목 영역의 성격을 확실히 하는 것에서부터 시작해야 하는데, 도덕, 국어, 국사, 국토·국세 등을 다루는 국민과는 특히 일본 국민문화 가운데서도 가장 농후하게 주체적 성격을 가지고 있는 국민문화의 중핵적 영역이었다. 특별히 이 교과만을 국민과라고 부르는 적극적인 의미가 있다면 그것은 이러한 관점에서부터 나온 것이다.[17]

국민과는 아동에게 '국체'에 대한 확고한 신념을 가지게 하는 교과이며 '황국의 도' 그 자체를 배우고 그 본질을 명확하게 해 국민정신의 철저를 꾀하는 것을 유일한 임무로 하고 있었다. 다

---

16 태평양전쟁 시기 일본이 제국주의 침략을 합리화하기 위해 사용한 슬로건으로 세계를 하나의 집으로 만든다는 뜻이다. 니치렌(日蓮)주의자 다나카 지가쿠(田中智學, 1861-1939)가 『일본서기(日本書紀)』의 "兼六合而開都 掩八紘而爲宇: 천지사방을 아울러 도읍을 열고, 천하를 가려 지붕으로 삼는다"에서 따왔다. 원래 '팔굉(八紘)'이란 『회남자(淮南子)』(전한 대의 백과사전)에서 사방(四方)과 사우(四隅)를 합쳐 땅의 끝을 표현한 말로, 천하를 가리킨다(姜尙中, 임성모 역, 『내셔널리즘』, 이산, 2004, p. 12).

17 西正行一, 「國民科の任務」, 『國民學校硏究叢書 第8卷 國民科硏究』, 埼玉學院出版部, 昭和15(1940), pp. 26-43.

른 4교과도 각각의 특질을 가지고 있지만 궁극에서는 '황국의 도'의 수련에 귀일하는 것이 목표이므로 이 '황국의 도' 그 자체의 본질을 명확히 해야 하는 국민과는 실질적으로는 다른 교과의 중심이 되는 성질을 가지고 있었다.

2 국민과 '국사'의 특징

종전의 '교과목' 체제에서 '교과 및 과목' 체제로의 변화로 인해 국사 과목은 국민과에 수신, 국어, 지리와 함께 설치되었다.

국민학교령 시행규칙에서는 국민과 '국사'의 목표에 대해 다음과 같이 서술하고 있다.

> 제5조: 국민과 국사는 우리 국가의 역사에 대해 그 대요를 이해시키고 황국의 역사적 사명을 자각시킨다.[18]

위와 같이 국민과에 요구된 황국의 사명을 자각하는 것이 국사에서도 동시에 요구되었다.

국민학교(학교), 국민과(교과), 국사(과목)에서의 목표는 모두 '황국의 도에 귀일'하는 것을 최고 원칙으로 하고 있다. 이를 표로

18 國民科國史ハ我ガ國ノ歷史二ツキテ其ノ大要ヲ會得セシメ皇國ノ歷史的使命ヲ自覺シムルコと(文部省, 『國民學校令施行規則』, 昭和16(1941)年 3月 14日 文部省令 第4号. 國民學校要領 第2章 第4條 1項 第4 國民科 國史 一, 國民科 國史ノ目的).

[표 6] 국민학교령 시행규칙에 따른 국민학교, 국민과, '국사'교육의 목표

분류		목적
학교	국민학교	황국의 도(皇國の道)에 따라 초등보통교육을 실시하고 국민의 기초적 연성을 행한다.
교과	국민과	우리 국가의 도덕, 국어, 역사, 국토·국세 등을 습득하고, 국체의 정화를 명확하게 해 국민정신을 함양하고 황국의 사명을 자각시킨다.
과목	국사	우리 국가의 역사에 대해 그 대요를 이해시키고 황국의 역사적 사명을 자각시킨다.

출처: 文部省,『國民學校令』, 昭和16(1941)年 3月 14日.
文部省,『國民學校令施行規則』, 昭和 16(1941)年 3月 14日.
비고: 원전의 내용을 필자가 정리.

정리하면 [표 6]과 같다.

[표 6]을 참고로 해 학교-교과-과목의 위계상에서 그 목표를 각각 살펴보면 '국민의 기초적 연성'-'황국의 사명 자각'-'황국의 역사적 사명 자각'이라는 위계가 드러난다. 국민학교의 교육과정은 '연성'과 '자각'이라는 용어에서 보이듯 실천적 교육의 성격이 강했다는 것을 알 수 있으며 이러한 위계는 모두 '황국의 도'라는 목표를 향해 성립되고 있음을 알 수 있다.

국민학교 이전까지 사용된 소학교령의 시행규칙에서는 국사교육의 목표를 다음과 같이 말하고 있다.

> 제5조: 국사는 국체의 대요를 알리고 더불어(兼ネテ) 국민의 지조를 기르는 것을 요지로 삼는다.[19]

이것을 국민학교령과 비교해 보면, 첫째, 소학교에서는 목표와 방법이 이원화되어, 국체의 대요를 알리는 것이 주목표이고 '더불어'가 있으므로 국민의 지조를 기르는 것 역시 목표로 보인다.[20] 그러나 국민학교령은 두 요소가 일치되어 국체의 대요를 가르치는 것으로 일원화되어 있다.

둘째, 소학교령에는 국민의 지조를 기르는 것을 요지로 삼는다고 하나 국민학교령에서는 황국의 역사적 사명을 자각시킨다고 해 '기르고(養ラセテ)'보다 보다 구체적인 '자각'이라는 표현을 사용하고 있다.[21]

이러한 변화 과정을 살펴본 결과, 종래의 '국사'교육에도 국가주의적 성격이 있지만 국민학교령하의 '국사'교육은 '황국'의 역사적 사명을 자각시키는 것을 목표로 한 극도로 국가주의적·군국주의적 색채를 가진 것이었음을 알 수 있다.

'국사'교육의 내용 즉 교재에 해당되는 사항에 대해 종래의 소학교령에서는 다음과 같이 규정하고 있다.

---

19 文部省, 小學校令施行規則 第5條, 明治33(1900). 이 규정은 1941년 국민학교 시행규칙이 성립되기 전까지 계속 변하지 않고 사용되었다(小林左源治, 앞의 책, pp. 76-92).

20 학제반포 당시인 1872년 '국사'교육의 목표는 "王代一覽表를 輪讀시키고 國史略을 읽게 해 그것을 해설하도록 한다"라고 했다. 이후 1891년 공포된 '소학교칙요령(小學教則綱領)'에 나타난 '국사'교육의 목표는 '역사는 중등과에 이르러 그것을 과하고 일본역사 중에 건국의 체제, 진무천황(神武天皇)의 즉위, 남북조의 양립, 도쿠가와(德川) 시대의 치적, 왕정복고 등 긴요한 사항과 그 외 고금(古今)의 인물과 풍속의 변천 등의 대요를 가르친다. 역사를 가르치는 것에 힘써 학생이 연혁의 원인결과를 이해하고 특히 존황애국(尊皇愛國)의 지기(志氣)를 양성하는 것을 요함'이다(海後宗臣, 『歷史教育の歷史』, 東京大學出版部, 1969 참조).

21 小林左源治, 앞의 책, p. 216.

심상소학교에서는 건국의 체제, 황통의 무궁, 역대 천황의 성업(盛業), 충량현철(忠良賢哲)의 사적(史蹟), 국민의 무용(武勇), 문화의 유래, 외국과의 관계 등의 대요를 가르침으로써 국초부터 현재에 이르기까지의 사력(事歷)을 알린다. 고등소학교에서는 전항의 취지를 넓혀 특히 근세사에 중요점을 두어 그것을 가르치고 우리 나라 발전의 발자취를 알린다.[22]

이에 대해 국민학교령 시행규칙에서는 다음과 같이 규정했다.

제5조: 초등과에서는 조국(肇國)의 굉원(宏遠), 황통(皇統)의 무궁(無窮), 역대 천황의 홍업(鴻業), 충량현철의 사적, 조국봉공의 사실(史實) 등에 즉한 황국발전의 발자취를 알게 할 것, 고등과에서는 전항의 취지를 확대해 국운의 융창, 문화의 발전이 조국정신(肇國精神)의 현현(顯現)인 이유를 회득(會得)시키는 것과 함께 외국과의 역사적 관계를 명확히 할 것.[23]

이를 종래의 심상소학교 국사의 교육내용과 비교하면, '건국의 체제'가 '조국의 굉원'으로 또한 '역대 천황의 성업'이 '역대 천황의 홍업'으로, '국민의 무용'이 '조국봉공의 사실'로 각각 변화되었고 '문화의 유래', '외국과의 관계'가 삭제되었다.

---

22 文部省, 小學校令施行規則 第5條, 明治33(1900). 이 규정 역시 1941년 국민학교 시행규칙이 성립되기 전까지 계속 변하지 않고 사용되었다.

23 文部省, 國民學校令施行規則 第5條, 昭和16(1941).

이렇게 하여 국초부터 현재에 이르기까지를 알게 하는 종래의 '국사'교육 대신에 황국발전의 발자취를 알게 하는 '국사'교육이 바람직하게 되었다. 또한 국민이 주체가 되는 역사를 지양하고 조국봉공에 대한 것만 주입하는 '국사'교육이 실시되었다. 초등과에서 외국과의 역사적 관계를 삭제한 것에서 국수주의적 성격을 강화했음을 알 수 있다.

또한 고등과에서는 종래 고등소학교 국사의 교육내용에 없는 '국운(國運)의 융창(隆昌)', '문화의 발전'이 조국 정신의 현현(顯現)인 이유를 이해시키는 '국사'교육이 요청되었다. 역사 교수의 목표는 한마디로 조국 정신의 체득과 국민정신의 함양이었다.[24] 여기서 초등과와 마찬가지로 '이해'라는 표현보다 실천적 의미에서 '회득(會得)'이라는 용어를 사용하고 있다.

국민과의 목표가 과목 국사의 목표와 연계·합치되는 것임은 전술한 바와 같다. 국민과는 초등과 1년부터 있지만, 과목 국사는 초등과 5년부터 시작한다는 점과 다른 국민과 과목과의 통합이란 측면에 유의하면서 수신, 국어, 지리와의 관계를 살펴보자.

초등과 1, 2학년에는 국사라는 과목은 없지만 수신과 국어에서 역사 내용을 다룰 수 있다고 보았다. 수신의 경우, 시대마다의 인물에 대해서 역사적 환경에 따라 수신으로서 다루어야 할 내용을 담았다. 이러한 경우 충신, 의사(義士) 또는 역신(逆臣)의 이야기는 그에 대한 역사적 내용도 부가해 통합했으므로 국사에서 취급

---

24 朝日新聞社 編, 『國民學校: その意義と解說』, 朝日新聞社, 大阪, 昭和15(1940), p. 46.

하는 것과 마찬가지로 '황국의 도'에 귀일한다는 논리였다.

국민학교에서 수신의 목표는 '교육에 관한 칙어의 취지에 근거해 국민도덕의 실천을 지도하고 아동의 덕성을 함양해 황국의 도의적 사명을 자각시킨다는 것'이었다. 수신의 내용은 초등과에서는 쉬운 실천의 지도부터 시작해 도덕적 정조를 함양하고 구체적 사실에 의해 국민도덕의 대요를 습득하는 것으로 했다. 단, 저학년에서는 동화(童話)라든가 역사 내용을 담은 이야기들, 영웅이야기들을 좋아하는 경향이 있으므로 이러한 이야기를 이용하면서 점차 아동의 도덕판단 능력을 조장하고 사려 깊은 이성적 태도로 행위할 수 있도록 주의를 당부했다.

이를 위한 교수방침으로 첫째, 우리 국가(일본)의 정치, 경제, 국방이 국체에 연원하는 이유를 회득시키고 입헌정치의 정신, 경제산업의 국가적 의의 및 국방의 본의를 명확하게 해 존법, 봉공의 정신을 함양하고, 둘째, 예법의 실천을 지도해 예의 정신을 회득시킴과 함께 공중도덕에 대한 적절한 지도를 행해 품위를 향상할 것을 강조했다.

이러한 목표하에 행해진 수신의 수업사례를 살펴보자. 이 수업은 1944년 4월에 실시된 것이다.[25]

◎ 제목: 단어사용

◎ 목표: 일상의 생활에서 동작, 태도를 바르게 함과 동시에 사상,

---

25 田中豊太郎, 條原重利, 多田勉, 『標準的 實際例 國民學校初四の指導過程』 下, 有朋堂, 昭和19(1944), pp. 17-25.

감정, 의지를 발표하는 것에 항상 주의하고 언어를 바르게 사용하도록 지도해 공경, 친화의 정신을 깊게 한다.

◎ 관계

1. 바른 말의 사용은 단순히 국민생활상의 중대문제일뿐 아니라 대동아공영권확립의 국책으로부터 보아 한층 그 중요성이 증대하고 있다. 이에 『초등과 수신』 2의 야마다 나가마사(山田長政)와 연속선에서 대동아의 지도자로서 중요한 일차 자질을 계발하여 길러야 하는(啓培) 취지를 지도한다.
2. 국어의 지도와 연관해 지도효과를 높이도록 한다. 특히 『초등과 국어』 3의 '기미가요(君が代) 소년'과 연결해 지도한다.
3. 일상의 생활(교과학습을 중핵으로 함), 여러 행사, 아동생활의 실제와 연결해 그 지도를 구체적·현실적·계속적으로 한다.
4. 특히 다음 과에 해당하는 '메이지천황의 덕'에서 황실에 대한 단어사용에 유의한다.

◎ 계획(약 4시간)

제1, 2시-평생의 단어사용에 대해 지도

제3시-황실에 관한 단어사용에 대해 지도

제4시-편지에 대해 지도

-지도의 실제-

●제1, 2시

◎ 주안: 아동의 일상어에 대한 반성 및 말과 품위의 관계를 음미하면서 단어사용에 대해 배우는 것이 중요한 이유가 있음을 가르치고 일상생활에서 바른 말을 사용하도록 지도한다.

◎ 준비: 일상생활에서 아동의 단어사용 조사

◎ 과정

1. 요즈음(운동의 호계절(好季節))의 일상어에 대해 반성시킨다.
2. 말과 품성의 관계를 상치시킨다. '바르지 않은 말을 사용하는 사람은 단지 그 말만이 안 되는 것일까'를 질문한다.
3. 『초등과 국어』 3의 '기미가요 소년'과 연결해 국어를 사랑한 소년의 아름다운 심정과 그 발로로서의 국어의 실천을 생각하도록 해 마음과 말은 표리일체임을 각성시킨다.
4. 교과서를 읽힌다(자유독서, 지명독서, 일제독서 등으로 충분히 읽혀 친밀하게 한다).
5. 난해한 말을 이해시킨다.
6. 대요에 대해 말하도록 한다.
7. 일상의 단어사용에 대한 지도

● 제3시

◎ 주안: 특히 황실에 관한 단어사용 및 태도에 대해 지도하고 예법의 근본을 배양한다.

◎ 과정

1. 교육에 관한 칙어를 봉독시킨다.
2. 교과서를 읽히고 전시의 중점에 대해 문답한다.
3. 황실에 관한 말사용에 대해 지도한다.

(이하 생략)

이 수업안은 제목-목표-관계-지도의 실제(주안, 준비, 과정)의 순서로 이루어져 있으며 특히 관계의 부분을 구체적이고 자세하게 설명해 다른 국민과 과목인 수신, 국어 등과의 연관성을 중시하고 있다. 수업방법은 주로 학생의 읽기와 교사의 설명과 교사와 학생 간의 문답으로 이루어지고 있다. 황실에 관한 단어사용을 지도하고, '일상어'에 대한 반성의 시간을 갖도록 해 단순히 배우는 것이 아니라 '연성'하는 데 목표가 있다는 것을 알 수 있다.

국민학교령에서 '국민과 국어는 일상의 언어를 습득시켜 그 이해력과 발표력을 양성하고 국민적 사고와 감동을 통해 국민정신을 함양하는 것'이라고 했다.[26] 즉 그 목표는 국민적 사고와 감동을 통해 국민정신을 함양하는 것이고 그 내용은 일상에 사용하는 국어를 습득함으로써 이해력과 발표력을 배양하는 것이다.

국어의 경우도 수신과 마찬가지로 초등과 1, 2학년용 '국어독본'의 내용 중에 국사적인 재료, 즉 신화라든가 영웅의 이야기를 싣고 있었다. 국민학교 국어독본에서 역사 내용이 특히 중요시되어 '국사' 교과서와는 다른 형태로써 아동에게 강한 인상을 주었고, 전시사상(戰時思想)을 고양하는 데 큰 효과를 나타냈다.

소학교의 국정 국어독본은 1903년에 최초로 발행되었고, 그 후 1941년 국민학교 국어독본이 출판되기까지 4회의 수정이 가해져 40년간 5종류의 국정 국어독본이 출판된 바 있다. 이들 국어독본 각 과의 내용에는 항상 역사 내용이 포함되어 있었다.

국정 국어독본에 어떠한 내용을 채택할까에 대해서는 동화, 이야기, 수신, 지리, 이과, 역사 등의 각 분야에 걸친 내용을 선택

---

26 鈴木源浦, 「皇道教育の實踐」, 『國民學校硏究叢書 第2卷 皇國の道と教育』, 埼玉學院出版部, 昭和15(1940), p. 264.

하는 방침이 취해지고 있었다. 따라서 역사 내용을 국어독본에 채택한다는 것도 계획적으로 진전되고 있었다. 국민학교 국어독본은 1941년부터 1943년에 걸쳐 발행된 것으로 태평양전쟁하의 독본이었다. 국민학교 각 학년 국어 교과서에 다양한 역사 내용이 있으므로 이들을 연속하는 것만으로도 일본역사의 주요 내용을 망라한 것처럼 보인다. 특히 독본교재에서 주목해야 할 것은 이전과 달리 이 시기의 독본에 많은 신화가 새롭게 더해진 특색이 있다는 점이다. 더하여 이들의 내용을 검토하면 전시(戰時) 상황이 그 배후에 깔려 있는 교재라고 생각된다.

예를 들어 '개국(開國,くにびき)' 장에서는 "신(神)이 나라를 넓히고 싶다고 생각해 바다 위를 보게 되었는데, 동방의 여러 곳을 보니 마음에 드는 토지가 있었습니다. 그래서 신은 그물을 던져 건져 올리고 그것을 모아 나라를 넓혔습니다. 이번에는 서쪽 바다를 보자 멀리 마음에 든 토지가 있었으므로 이것도 그물을 던져 나라를 넓혔던 것입니다"라고 맺고 있다.[27] 이것은 '대동아권'을 목표로 국토를 확장해 하나의 나라를 만들려고 한 '팔굉일우'의 사상과 근본적으로 궤를 같이한다.

이와 같이 국어독본의 신화는 역사의 일부로서 국민과 '국사' 중의 신화전승과 하나가 되어 그들을 보충하듯이 편집되어 있었던 것이다.

국민학교 국어독본 교재에서 특히 가마쿠라(鎌倉), 무로마치(室町)시대의 내용이 다양한데, 당시의 이야기가 접근하기 쉽기 때

---

27 文部省,『國民學校 初等科 國語 3年用』, 東京書籍株式會社, 昭和16(1941), p. 34.

문이기도 했지만, 무가시대의 유명한 무인의 활약에 관심을 가지게 하고 전쟁에 참여하는 것을 '용맹'으로 정당화해 가르치기 위한 것으로 보인다. 이들 전시교재로서의 무가(武家)이야기는 적을 멸망시키기 위해 장렬한 죽음을 맞는 사람들의 이야기다. 교과서의 편자(編者)는 이것이 대동아전쟁의 진주만 공격과 통하는 과감한 공격 정신을 나타내고 있다고 해설하고 있다.[28]

1944년도에 행해진 4학년 국민과 국어 '읽기' 수업의 예시를 들어보자.[29]

◎ 제목: 1. 배는 범선이다.

◎ 목표: 이 운문은 『초등과 국어』 3과 『초등과 수신』 2의 '야마다 나가마사' 등과 연관해 그 당시의 일본의 배, 즉 주인선(朱印船)과 팔번선(八幡船) 등이 왕성하게 해외에서 웅비한 때 일본인의 마음을 상상해 부른 것이다. 따라서 이 운문을 잘 읽고 음미시켜 당시 우리의 조상이 이 같은 의기를 가지고 해외에 웅비했음을 상상하도록 해 그것에 깊은 감격과 감명을 받도록 하는 데 목표가 있다. 이것을 마음 깊이 새기면서 읽는 가운데 운문의 구성과 단어사용, 한자, 어려운 어구를 지도한다. 이것은 매시간의 지도 중에 말해 주어야 한다.

◎ 관계

『초등과 국어』 3과 『초등과 수신』 2의 '야마다 나가마사'[30] 등과 연

28 文部省, 『國民學校 初等科 國語 3年用』 教師用, 昭和16(1941), p. 156.

29 田中豊太郎, 條原重利, 多田勉, 앞의 책, pp. 25-30.

30 야마다 나가마사(山田長政, 미상~1630)는 에도시대 전기 시암(현재의 태국) 아유타야 왕국의 일본인 마을을 중심으로 시암과 일본의 교역과 외교 분야에서 활

관해 그 위에서 운문을 읽히는 것이 중요하다. 또한 금일의 대동아 전쟁과 관련해 그 인식을 깊게 하고 또한 이회를 깊게 하는 것은 말할 필요도 없다.

◎ 계획(약 4시간)

제1시-전문의 읽기 지도 및 문장 뜻의 파악

제2시-전문의 탐구 및 낭독연습

제3시-전문의 낭독연습 및 서사연습

-지도의 실제-

●제1시

◎ 주안: 전문의 읽기, 바르게 읽는 법을 가르치고 이 운문이 그리고 있는 이야기의 근거와 이 운문이 가지고 있는 마음의 의기를 강화시켜 느끼도록 말하기를 지도한다.

◎ 과정

1. 전문을 통독시켜 본다. 우등생에게 일회.
2. 그 읽기를 근거로 읽기를 바르게 지도한다.
3. 교사가 설명을 하면서 읽어 나가고, 읽는 법을 지도한다.
4. 이 운문이 무엇을 노래하고 있는지 질문한다. 이때 야마다 나가마사의 이야기를 인용하고 이 당시의 주인선과 팔번선이 남방에서 발전한 때의 모습을 상상하도록 하여 이 운문의 해석 근거를

약한 인물이었다. 특히 왕국에서 용병대를 이끌고 내전이나 전투에 참여했다(沖田英明, 『ミャンマーの侍 山田長政 侍の末裔と古文書が語る長政殘黨傳說』, 東洋出版, 2010 참조). 이러한 인물의 전설적이고 영웅적인 설화들이 어린 학생들에게 '대동아전쟁'의 참여 동기와 전쟁의 정당성을 부여했을 것이다.

만든다.

5. 다시 교사가 읽는다.

6. 각자에게 자유독서를 시키고 읽는 법을 가르친다.

7. 우등생에서 점차 중등생으로 5, 6인의 아동에게 낭독시킨다.

8. 새로운 한자 쓰기의 설명 및 서사 연습을 한다.

9. 일제독서를 1, 2회 한다.

● 제2시

◎ 주안: 전문의 마음가짐을 탐구하고 낭독을 연습시켜 이 운문이 가진 마음가짐을 충분히 이해시키고 감화시켜 느끼도록 한다.

(이하 생략)

이 수업안을 살펴보면 수업방법은 주로 읽기와 쓰기로 이루어져 있음을 알 수 있으며 국어와 수신 등 국민과의 다른 과목과의 연계를 중시하고 있다. 학생들로 하여금 이해하고 감화시켜 느끼도록 해, 시(詩)조차도 대동아전쟁과 연결시켜 철저히 전쟁에 관한 교육을 행하고 있음을 알 수 있다.

국민학교령에서 '국민과 지리는 우리의 국토·국세 및 제 외국의 정세에 대해 그 대요를 이해시켜 국토애호의 정신을 양성함으로써 동아 및 세계에서 황국의 사명을 자각시킬 것'이라고 지리교육의 목표를 언급하고 있다.[31]

---

31 1872년의 교육령에서 지리교육의 목표는 지식 중심의 '실용'이었다. 1900년 소학교령에는 실용방면의 지식과 함께 정신적 방면이 추가되었다. 즉 '더불어 애국의 정신을 기르고'라는 문구가 등장한 것이다(小林左源治, 앞의 책, pp. 236-238). 그러나 애국심을 서술하고 있는 반면, '더불어'라고 부차적으로 보고 있는 점에서

초등과에서 지리교육의 내용은 4학년의 '향토의 관찰'부터 시작해 국토 및 '동아'를 중심으로 하는 지리의 대요를 가르쳐 '우리 국토'를 바르게 인식하도록 하고 특히 저학년은 국민과 수신, 국어 등에서 지리의 기초를 교재로 가르치도록 했다. 고등과에서는 이 견지하에 세계의 지리 및 일본 국세의 대요를 가르치고 세계 열국 중 일본과 관련이 깊은 국가를 선정해 그 면적, 인구, 민족성, 정치, 경제 산업, 교통, 무역 군사 등에 대해 설명해야 한다고 했다.[32]

4학년에 설치된 '향토의 관찰' 과목의 내용은 주로 국사에 해당하는 것이었지만, 거기에는 지리 내용도 포함되어 있었다(국사: 지리의 내용 비율은 7:3). 따라서 역사의 교수는 4학년의 '향토의 관찰'로부터 시작한다고 보았다. '향토의 관찰' 과목의 학생용 교과서는 발행되지 않았고 교사용 지도서만 발행되었다.

이 지도서에는 "향토를 관찰시켜 가까운 향토를 이해하고 애호하는 마음가짐 배양을 목표로 한다"라는 내용이 있다. 이로 보아 이 과목은 국사와 함께 국민과 지리의 기초를 학습시키는 과목이었음을 알 수 있다. 국사학습의 기초인 향토사를 국사의 체계적인 출발점으로 할 뿐 아니라 '향토의 생활이 국사의 일환으로서 발전 전개하는 것에 주의하고 이로써 국사의 이념을 배양하는 것'이라고 말하고 있다. '향토의 관찰'을 '국사'의 기초와 입문 교육

국민학교령의 국수주의적 성격의 강화가 더욱더 종전과 다른 큰 특징으로 부각된다.

32 文部省, 『國民學校令施行規則』, 昭和16(1941)年 3月 14日 文部省令 第4号. 第5 國民科地理 2. 國民科地理の教材.

으로 삼은 점은 주목할 만하다.

이 '향토의 관찰'은 매주 1시간으로 그 주요 소재를 학교, 산천, 기후, 산업, 교통, 마을, 신사, 사원, 사적(史蹟)의 아홉 가지 항으로 하고 이것에 해설을 붙여 지도의 요점을 명확하게 하고 있다. 이 중 특히 역사와 관계있는 것은 신사와 사원, 사적이다.

1944년 2월에 행해진 제4학년의 국민과 '향토의 관찰' 수업안은 다음과 같다.[33]

◎ 제목: 기후

◎ 목표: 이과와 묶어 4월 이래 장기간 관측을 계속해 온 결과를 정리하고, 향토의 기후에 대한 대요를 파악시킨다.

◎ 요항

1. 향토의 기후 변화와 향토의 생활
2. 기온, 청우 등의 관측 결과 정리
3. 기후상의 특이사항에 대해 지도
4. 날씨 예측의 지도
5. 이 항의 기후에 대해 관찰 지도

◎ 관계: 『착한 아이(ヨイコドモ)』 上의 9. 아시아의 태양, 『읽기(よみかた)』 4의 1. 봄, 『읽기』 4의 24. 북풍과 남풍, 『초등과 수신』 1의 2. 봄, 8. 여름의 저녁, 10. 가을, 17. 겨울, 『초등과 수신』 2의 1. 봄에서 여름으로, 10. 가을에서 겨울로, 16. 신년에서 봄으로, 『초등과 국어』 2의 16. 눈싸움, 22. 봄의 비, 『초등과 국어』 4의 16. 스키, 『초

33 田中豊太郎, 條原重利, 多田勉, 앞의 책, pp. 446-449.

등과 이과』 1의 '봄의 기후', 『초등과 음악』 1의 '야, 눈싸움이다'와 '동이', '신록, 청공, 이른 봄' 외

◎ 계획(약 2시간)

제1시-향토에서의 기후 추이, 여러 관측 결과 정리, 이 1년간의 기후상 특이한 점 등에 대해 지도

제2시-향토에서 기후의 예측, 이 항의 기후에 대해 관측지도

◎ 준비: 관측자료의 수집정리(기후표, 강우량표 등)

● 제1시

◎ 주안: 관측의 결과와 아동의 경험 등을 기초로 해 지도하고 향토의 기후에 대한 개요를 얻게 한다.

◎ 과정

1. 기후 추이의 회상 발표

-학교행사, 가정과 향토의 생활 등과 결합시켜 향토의 기후 추이를 발표시킨다(올해 봄은 짧았다. 올해 장마는 비가 적었다. 여름은 매우 더운 날이 계속되었다. 태풍은 며칠부터 며칠까지였다. 가을이 좀처럼 오지 않았다 등 발표를 촉진해 지도한다).

2. 기온과 청우

-계속 관측한 것을 정리한다.

-매월 평균기온, 최고기온, 최저기온 등에 대해 지도

3. 기상상의 특이사항

-장마, 태풍 등이 있었던 경우는 그들에 대해 회상

4. 향토의 기상적 특징

-기온, 강우량, 풍향, 초설, 계절의 추이 등에 대해 대요를 알린다.

● 제2시(교외학습)

◎ 주안: 비교적 따뜻한 날을 정해 교외에 나가 그 향의 향토의 기후를 관찰시킴과 함께 향토에서 날씨 예측에 대해 가르친다.

(이하 생략)

이 수업안을 통해 국사·지리적 성격을 갖는 '향토의 관찰'을 이수과와 연결해 가르치고 있음을 알 수 있다. 또한 '관계(관련, 關聯)' 항목에서 보면, 수신, 국어의 읽기, 음악까지도 연관하고 있다. 즉 '기후'라는 하나의 소재가 여러 교과와 과목에 걸쳐 다루어지는 종합적 수업의 성격이 나타나고 있다. 수업은 교내에서의 관찰과 발표, 교외수업에서의 관찰 등으로 이루어져 있다.

한편, 국민학교 체제에서 국민과의 성적과 평가는 학적부에 기재했다.[34] 학적부에는 가정환경에 관한 조사 사항과 학생의 신체 발달 사항, 교과 및 과목에 관한 사항 등을 기입하도록 했다. 특히 '교과 및 과목'에 관한 사항에 성적 및 평가가 기입되었다.

국민학교 교육의 '연성도(錬成度)'를 각 교과 및 과목에서 확인하고 유기적으로 관련지어 황국민의 기초적 연성에 귀일시키려 했다. 이 '연성도'를 확인하는 것이 학적부에서는 과목의 성적이었다. 그리고 각 과목의 '연성도'를 유기적으로 관련시켜 학적부에는 교과란(과목의 평어(評語) 기입란 옆에 위치)에 기록되었던 것이다.

그래서 교과 및 과목 각각의 특색을 황국의 도의 수련에 귀

34 이상의 내용은 中谷千臧, 『國民學校 學籍簿精義』, 東洋圖書株式會社資會社, 昭和 18(1943), pp. 114-120을 정리한 것임.

일시켜 학적부에는 '교과개평(教科概評)'란이 생겼다. 물론 교과 및 과목의 수련은 교과 외 행사, 단체훈련 등으로도 행해졌으므로 그들이 모두 '교과개평'란에 포함되는 내용이었다. 이를 통해 수련에 임하는 아동과 교사의 능력 및 노력을 엿볼 수 있었다. 이 '사제동행(師弟同行)'의 의미야말로 학적부의 '교과 및 과목'란 및 '담임직원직씨명(擔任職員職氏名)'란과 불가분의 관계였다. '교과 및 과목'란의 기입법은 이 유기적 관계에 근거하고 있다.

교사는 과목의 성적을 어디까지나 '전체적'이고 유기적으로 취급하도록 했는데, '전체적'이기 위해 국가가 의도하는 곳, 즉 국민학교령 및 동령 시행규칙에 나타난 교육내용, 국정교과서에 있는 '연성도'를 깊게 체인(體認)하고, 언제나 학생들을 종합적으로 살펴보아 평정하도록 했다.

또한 지속적인 평가를 위해서 교사는 학생들로 하여금 각 교과, 과목의 특색을 어떻게 발휘하게 할까를 늘 고민해야 하며, 아동의 평소 상황을 언제나 살펴보아 때때로만 성적을 평가하는 것이 아니라 꾸준히 학생의 습득, 고찰, 처리, 응용, 기능, 감상, 감각, 발표, 실천 및 학습 태도 등의 각 방면을 고찰해 그 '연성도'를 파악하는 것이라고 했다. 따라서 수시로 성적물을 감식하고, 성적의 결과 그 자체를 판단하기보다는 학습의 과정에서 아동의 학습 태도 등을 중요하게 판단해야 한다고 했다.

과목의 성적을 나타낼 때는 '우양가(優良可)'의 평어법(評語法)을 원칙으로 했고, 그 평균 기준은 '양(良)'으로 삼았다. '양'은 그 학년에 상응할 정도로 연성이 되었다고 인식되면 주는 평어였다. 이처럼 국민학교의 교육은 '양'의 정도를 목표로 하고 있다. 아동은 모두 '폐하의 자식'이므로 어떠한 일이 있어도 '양'의 영역까지는 연성을 가능하게 해야 한다고 보았다.

그리고 원칙으로서 '우양가'의 평어를 사용해 '양'을 나누지 않는 것이 좋으나 지역과 상황에 따라 '양'을 나누어야 하는 경우가 있으므로 그때는 '양'을 이분해 '양상(良上)', '양하(良下)'로 하는 것이 좋다고 보았다.

'가(可)'라는 평어는 '양'까지 도달하지 못한 아동에 주는 것이지만 국민학교에서 '가'인 정도의 아동은 다음 수련에서 어떻게 해서든 '양'에 달성하도록 노력해야 한다고 했다.

한편, 종합수업의 경우 과목으로 나누어 성적을 표시하는 것이 불가능한 경우가 있었다. 그러나 초등과의 미분화 교육과정에서 종합수업을 하는 경우에는, 비록 지방장관의 인가를 받아 행해지는 것이지만, 원칙적으로 과목의 성적은 경향을 나타내는 것으로서 평어로 기입하는 것이 가능했다.

과목을 나누어 표시하는 것이 어려운 경우에는 교과란을 활용해 이 교과란의 오른쪽 위칸에 그 교과의 평어를 기재해 다시 내용을 설명하도록 했다. 초등과 제4학년의 '향토의 관찰'의 성적 평어는 국민과 '국사' 및 지리란 중간에 기입하는 것으로 했다.

교과의 각 과목에서 갑과 을이라는 두 아동이 같은 평정이라고 할지라도 갑과 을의 학습 내용이 다른 것으로 보았다. 그래서 교과란은 개인의 연성상 차이를 설명하고 그 내용을 구체화했다. '교과란'에 기입할 것이 없다고 한다면 평소에 아동을 관찰하지 못했던 것이므로 교사가 반성할 필요가 있다고 했다.

'교과란'에서 국민과의 기입례는 다음과 같이 들고 있다.

예1. 각 과목 모두 습득이 빠르고 지식은 풍부하나 실천 면에서 다시 지도를 요한다.

예2. 노력해 실천하고 글짓기는 잘하지만 말하기는 늦어 응답의 선명함을 결하고 있다.

예3. 이전보다는 착실하게 되었지만 일단 지금 버릇 수정에 주의를 요한다.[35]

즉, '과목란'의 비교적 간단한 '우양가' 평어법과 달리 '교과란'에는 교사의 의견을 쓰도록 되어 있다. 또한 국민학교의 교육을 어디까지나 본체로서 종합한, 교육의 기본이라는 태도가 무엇보다도 중요하다고 보았다.[36]

이상의 내용을 중심으로 국민과의 목표와 국민과 각 과목의 목표를 정리하면 [표 7]과 같다.

즉 국민과의 "황국의 사명을 자각시킨다"는 목표하에 수신, 국어, 국사, 지리는 모두 각각 '황국의 도의적 사명 자각', '국민정신 함양', '황국의 역사적 사명 자각', '동아 및 세계에서 황국의 사명 자각'이라는 똑같은 목표로 국민학교 교육의 최대 목표인 '황

35 위의 책, p. 128.

36 당시 교육학자였던 오바라 구니요시(小原國芳)는 그의 책(『國民學校硏究叢書 第1卷 國民學校案』, p. 44)에서 "(중등학교) 입시지옥에서 빠져나오기 위해서는 열등생도, 바보 아동도 빈곤 아동도 모두 입학시켜야 한다. 상식 구술시험 등도 문제가 많이 있다"고 하면서 "지금 교원이 부족한다든가 질이 떨어진다든가 시험지옥이라는 소리가 있다. 실로 입학시험에서 벗어나 부모, 아동, 선생, 위정자, 특히 교장들은 출세도 영화(榮華)도 아닌, 이 국가를 생각하고 아시아를 생각하도록 해 국민학교 안의 대사명인이 대국민제를 생각하고 이들로 하여금 근본적으로 바뀌게 해야 한다"라고 하고 있다(위의 책, pp. 123-124).

[표 7] 국민과와 각 과목의 목표

국민과 및 각 과목	목표
국민과	우리 국가의 도덕, 언어, 역사, 국토·국세 등을 습득하고, 국체의 정화를 명확하게 해 국민정신을 함양하고 황국의 사명을 자각시킨다.
수신	교육에 관한 칙어의 취지에 근거해 국민도덕의 실천을 지도하고 아동의 덕성을 함양해 황국의 도의적 사명을 자각시킨다.
국어	일상의 언어를 습득시켜 그 이해력과 발표력을 양성하고 국민적 사고와 감동을 통해 국민정신을 함양시킨다.
국사	우리 국가의 역사에 대해 그 대요를 이해시키고 황국의 역사적 사명을 자각시킨다.
지리	우리의 국토·국세 및 제 외국의 정세에 대해 그 대요를 이해시켜 국토애호의 정신을 양성함으로써 동아 및 세계에서 황국의 사명을 자각시킨다.

출처: 文部省, 『國民學校令施行規則』, 昭和16(1941)年 3月 14日.

국의 도'에 귀일하는 점을 알 수 있다.

정리하면, 이 시기의 일본 내 역사교육은 국민과의 '국사', 즉 일본사 교육이었고 그 목표는 '황국의 역사적 사명을 자각'시키는 것이었다. 또한 국민과의 다른 과목인 수신, 국어, 지리에서도 국사 내용이 다루어지도록 해 서로 긴밀히 관련되도록 함으로써 '황국의 도'라는 목표에 도달하도록 했다. 이 시기 국민과의 국사를 통한 역사교육은 극도로 국가주의적·국수주의적인 색채를 띠었다.

3 국민과 '국사'교육의 실제

국민과에서 '국사'교육이 실제로 어떻게 이루어졌는지를 살펴보기 위해 이 절에서는 일제강점 말기 사용된 역사 교과서의 종류와 그 특징, 역사 교과서 선택 기준과 그 배열의 원칙, 역사 교과서의 내용, 역사교육 방법 등에 대해 고찰하고자 한다.

국민과 '국사' 교과서에는 두 종류가 있다. 하나는 『소학국사』 상·하권과[37] 『초등과 국사』 상·하권이다.[38] 『소학국사』는 '국체명징'의 철저를 꾀한다는 관점에서 이전의 역사 교과서인 『심상소학국사』를 증보 및 개정한 것이었다. 이에 반해 『초등과 국사』는 국민학교 설립 취지에 따라 완전히 새롭게 편찬되었다(부록 표 4 참조).[39]

국민과의 역사교육을 대표하고 있는 것은 『초등과 국사』이나 실질적으로 국민학교령이 발포된 후 『초등과 국사』가 발행되기 직전까지 사용된 역사 교과서는 『소학국사』이기 때문에 『초등과 국

37 上卷 1940년 2월 발행, 下卷 1941년 3월 발행.

38 上卷 1943년 2월 발행, 下卷 동년 3월 발행.

39 和歌森民男, 「國民科の中の國史教育」, 『講座歷史教育: 歷史教育の歷史』, 弘文堂, 1982, p. 245.

사』를 주로 설명하면서 『소학국사』에 대해서도 살펴보도록 한다.

『소학국사』에서는 이전의 『심상소학국사』에는 없었던 신칙(神勅)이 등장하고[40] '국민의 각오(國民の覺悟)'가 하나의 항목으로 독립한 점이 특색이다. 전체의 구성과 서술 내용은 전기(前期)의 것과 거의 동일하지만, 이러한 추가 내용이 시사하는 교육적 목적은 매우 의도적이라 볼 수 있다. [표 8]에서와 같이 교과서의 본문에서 독립해 신칙이 쓰이게 된 것은 1940년과 1941년의 『소학국사』 상·하권부터였지만 1943년의 국민과의 『초등과 국사』에서는 아예 목차의 앞으로 옮기게 되었다.

따라서 『소학국사』 상·하에서 신칙이 하나의 항으로 게재되고 『초등과 국사』 상·하에는 목차보다 더 앞에 나오는 변화 과정을 보면 국체사상(國體思想)[41]이 역사교육에서 점차 강화되었음을 알 수 있다.[42]

한편, 일본 문부성은 통합교육의 가능성이 교과서의 편찬방침에서 교재의 선택, 배열, 편성의 여하에 달려 있다고 보았다. 교육심의회는 국민과 교과서, 이수과 교과서라고 하는 통합적인 신

---

40 신칙(神勅)의 내용은, 오랜 역사를 지닌 황통일계는 하늘이 양위하는 것이며 그 자손대대로 영원히 번성한다는 것이다("豊葦原の千五百秋の端穂の國は, これ吾が子孫の王たるべき地なり. 宜しくいま皇孫就きて治せ. さきくませ. 寶祚の陸えまさんこと, 當に天壤と窮りなかるべし." 文部省, 『小學國史 上卷 尋常科用』, 東京書籍株式會社, 昭和15(1940)).

41 황국신민으로 만들기 위해서는 일본의 국체에 대한 신념을 내면화하는 것이 핵심이었다. 국체란 '제국헌법'에 '대일본제국은 만세일계의 천황이 이를 통치함'이라고 명시되어 있는 바와 같이 일제가 국가로서 구성, 존립할 수 있는 기초인 천황통치를 말한다(朝鮮總督府, 「新刊 '初等國史'の編纂要旨と取扱」, 『教科書編纂彙報』 第5輯, 昭和15(1940)年 3月, p. 145).

42 小林左源治, 앞의 책, pp. 217-218.

[표 8]『소학국사』와『초등과 국사』 교과서의 구성

교과서	구성
『소학국사』 상·하	① 目次 ② 神勅 ③ 御歷代表 ④ 本文 ⑤ 年表
『초등과 국사』 상·하	① 神勅 ② 御歷代表 ③ 目次 ④ 本文 ⑤ 年表

출처: 文部省,『小學國史 上卷 尋常科用』, 東京書籍株式會社, 昭和15(1940).
文部省,『小學國史 下卷 尋常科用』, 東京書籍株式會社, 昭和16(1941).
文部省,『初等科國史 上卷』, 大阪書籍株式會社, 昭和18(1943).
文部省,『初等科國史 下卷』, 大阪書籍株式會社, 昭和18(1943).

교과서의 편찬을 희망했으나 그러한 편찬은 현실적·기술적으로 곤란하다고 보고 교재의 선택, 배열에 의해 통합 정신을 살리는 것을 목표로 했다.[43]

'황국의 도'에 근간하는 역사교육관에 따라 국민과 '국사'의 내용을 편성하기 위해 앞에서 설명한 바와 같이 국민학교령 시행 규칙에서는 다음과 같은 원칙을 들고 있다. 즉 초등과에서는 조국(肇國)의 굉원(宏遠), 황통(皇統)의 무궁(無窮), 역대 천황의 홍업(鴻業), 충량현철(忠良賢哲)의 사적(史蹟), 거국봉공(擧國奉公)의 사실(史實) 등에 즉해 황국 발전의 발자취를 알게 하는 것, 고등과에서는 전항의 취지를 넓혀 국운의 융창(隆昌), 문화의 발전이 조국 정신의 현현(顯現)인 까닭을 회득(會得)시키는 것과 함께 제 외국과의 역사적 관계를 명확하게 하는 것이다.[44] 교육 당국은 이들을 통해

43 朝日新聞社 編, 앞의 책, pp. 83-84.
44 文部省, 國民學校教則案 說明要領 第2章 國民科 2. 國民科教授方針(大日本學術協會 編, 앞의 책, p. 90).

명확하게 일본이 광원한 옛날 만들어진 것, 황통은 연면(連綿)하게 금일에 이르고 있는 것, 역대의 '천황'이 큰 업적을 남긴 것, 충량 현철한 많은 사람들이 있어서 공적을 남기고 있는 것, 국민 모두가 봉공의 정성을 다한 것, 이러한 사실에 따라 일본이 발전해 온 것을 주지시켜 교수하도록 했다. 따라서 초등과에서는 일본에서 이루어진 역사적 사실들을 알리고 고등과에서 이 취지를 넓혀 제 외국과의 역사적 관계를 살피도록 했다.

이러한 원칙에 따라 교과서의 목차를 제정했던바, 『소학국사』와 『초등과 국사』 교과서의 목차는 [표 9]와 같다. 표의 목차를 통해 교재 내용 배열의 원칙이 무엇이었는가를 살펴볼 수 있다. 당시 교재 내용 배열의 순서는 내용상 아동의 발전단계에 따라 논리적으로는 간단한 것에서 복잡한 것으로, 심리적으로는 이해하기 쉬운 것부터 어려운 것으로 이행하는 두 가지가 논의되고 있었다. 이 양자는 논리적·심리적으로 순진적(직진적) 배열과 순환적(원주적) 배열이라는 두 방안으로 서로 대립하고 있었다.

순진적 배열은 교수의 모든 내용을 질서에 따라 순차적으로 제시하는 것으로 논리적인 착안점이 주가 되었던바, 그것을 어떻게 아동에게 이해시키는가는 교사의 기술에 달려 있었다. 과목의 순진적 배열이란 일정 기간 오로지 한 과목만 교수하고, 한 과목을 교수한 후 순차적으로 다른 과목으로 움직이는 형태다. 이 순진적 배열은 교수의 진행 정도를 논리적으로 조절해 내용 상호 관련과 통일을 이룰 수 있다는 장점이 있었다.[45]

---

45 篠原助市, 『教授原論: 特に國民學校の授業』, 岩波書店, 昭和17(1942), p. 70.

[표 9] 『소학국사』와 『초등과 국사』 교과서의 목차[46]

『소학국사』 상	『소학국사』 하	『초등과 국사』 상	『초등과 국사』 하
1940년(昭和15) 2월 27일 발행	1941년(昭和16) 3월 31일 발행	1943년(昭和18) 2월 17일 발행	1943년(昭和18) 2월 17일 발행
국정 제4기(1933-1940)[47]		국정 제5기(1941-1945)	
1. 天照大神 2. 神武天皇 3. 日本武尊 4. 神功皇后 5. 仁德天皇 6. 聖德太子 7. 다이카개신 8. 聖武天皇 9. 和氣淸麻呂 10. 恒武天皇과 坂上田村麿 11. 弘法大師 12. 管原道眞 13. 藤原氏의 영화(榮華) 14. 後三條天皇 15. 源義家 16. 平氏의 발흥(勃興) 17. 平重盛 18. 源氏의 재흥(再興) 19. 무가정치의 시작 20. 後鳥羽上皇 21. 北條時宗 22. 後醍醐天皇 23. 楠木正成 24. 新田義貞 25. 北昌親房과 楠木正行 26. 菊池武光 27. 足利氏의 잠상(潛上) 28. 足利氏의 쇠미(衰微) 29. 전국(戰國)의 재웅(諸雄) 30. 後奈良天皇	31. 織田信長 32. 豊臣秀吉 33. 豊臣秀吉(계속) 34. 德川家康 35. 제 외국과의 교통 36. 後光明天皇 37. 德川光圈 38. 大石良雄 39. 德川吉宗 40. 松平定信 41. 本居宣長 42. 高山彦九郎과 浦生君平 43. 양이와 개항 44. 양이와 개항(계속) 45. 孝明天皇 46. 大政奉還 47. 明治天皇 -메이지유신 -헌법의 발포 -청일전쟁(메이지 27, 28년 전역(戰役)) -조약 개정 -러일전쟁(메이지 37, 38년 전역 -천황의 붕어(崩御) 48. 大正天皇 49. 쇼와의 시기 50. 국민의 각오	1. 신국(神國) -高千穗의 봉우리 -壇原의 宮居 -五十鈴川 2. 大化의 국원(國原) -아궁이의 연기(かまどの煙) -法隆寺 -다이카의 정사(政事, まつりごと) 3. 奈良의 도(道) -都大路와 國分寺 -견당사와 방인(遣唐使と防人) 4. 교토(京都)와 지방 -平安京 -太宰府 -鳳凰堂 5. 鎌倉武士 -源氏와 平家 -富士의 卷狩 -신풍(神風) 6. 吉野山 -겐무의 정사 -대의(大義)의 빛 7. 八重의 潮路 -금각사와 은각사(金閣と銀閣) -八濬船과 南蠻船 -국민의 자각	8. 천황의 일(御代のしづめ) -安土城 -攝樂第 -樓面의 地圖 9. 江戶와 長崎 -參動交代 -日本町 -쇄국 10. 천황의 은혜 -大御心 -名藩主 -국학(國學) 11. 변화되는 세상(うつりゆく世) -海防 -존황양이 12. 신장해 가는 일본(のびゆく日本) -메이지유신 -헌법(憲法)과 칙어(勅語) -부국강병 13. 동아를 지킴(東亞のまもり) -청일전쟁 -러일전쟁 14. 세계의 동향(世界のうごき) -메이지로부터 다이쇼로 -태평양의 파풍(波風) 15. 쇼와의 시기(大御代) -만주사변 -대동아전쟁 -천황 대의 번영

출처: 文部省, 『小學國史 上卷 尋常科用』, 東京書籍株式會社, 昭和15(1940).
文部省, 『小學國史 下卷 尋常科用』, 東京書籍株式會社, 昭和16(1941).
文部省, 『初等科國史 上卷』, 大阪書籍株式會社, 昭和18(1943).
文部省, 『初等科國史 下卷』, 大阪書籍株式會社, 昭和18(1943).

반면에 순환적 배열은 내용이 동시에 취급되어 학년이 올라감에 따라 이해하기 쉬운 것으로부터 어려운 것으로 진행되면서 같은 주제가 반복해 교수되는 배열이다.

이러한 원칙에 유념해 목차를 살펴보면 『소학국사』와 『초등과 국사』는 순진적 배열에 따라 상권에서 전국시대(後奈良天皇시대)까지 서술하고, 하권에서는 에도 막부 시기부터 쇼와시대까지 서술해 시간적으로 1회만 교수되게 편성되었다. 목차에서 볼 수 있듯이 『초등과 국사』에서는 '황국진전'의 발자취를 회상하는데, 15개의 대단원에 각각 2, 3개의 분절을 만들어 구성하고 있다. 이 항목의 명칭도 되도록 고유한 국어적 표현을 사용함으로써 국사의 대요와 그 골격을 아동이 직관적으로 느낄 수 있도록 했다.

한편, 국민과 교과서인 『초등과 국사』의 형식상·내용상의 특질로 보이는 점을 말하면 다음과 같다.[48]

첫째, 목차의 항목에 『소학국사』에 등장하는 인물을 전혀 사용하지 않고 있다는 점이다. 이것은 지금까지 없었던 원칙을 세운 것이었다. 각 주제마다 한 시대구분을 상정하고 신국일본(神國日本)의 성립과 그 발전 그리고 '쇼와시기'에 이르러 '대동아공영권'

46 松島榮一, 『歷史教育の歷史と社會科』, 青木書店, 2003, pp. 94-97.

47 요시다 다로는 국정 제4기, 제5기와 함께 국정교과서 시기를 제1기 1900-1906년, 제2기 1907-1917년, 제3기 1917-1933년으로 구분하고 있다(吉田太郎, 『歷史教育內容方法論史』, 明治圖書, 1968). 국민학교 교과서에 대한 논의가 진전되면서 제5기의 교과서를 1940년(昭和15)과 1941년(昭和16) 발행의 『小學國史』 上·下 교과서로, 제6기의 교과서를 1943년(昭和18) 발행의 『初等科 國史』 上·下 교과서로 구분한 스미요쿠 기요리쿠(墨翊淸陸)의 저술(「皇國史觀の國史教育: 第六期國定教科書を中心として」, 『講座歷史教育: 歷史教育の歷史』, 弘文堂, 1982)도 있다.

48 墨翊淸陸, 앞의 글, pp. 223-226.

으로서 완성한다고 하는 구상을 기본으로 편집되었다. 인물을 목차의 항목으로 들지 않은 이유에 대해 편집관은 인물 중심의 교재 편집에는 한계가 있으며 '국사'교육이 군신의 분(分)을 명확하게 해 대의명분을 바르게 하는 데 목표가 있기 때문이라고 하고 있다. 예를 들어, 충량현철한 인물이었다고 해도 군신을 병렬해 그 이름을 목차 항목에 제시하는 것은 아동이 이상한 느낌을 받게 한다는 것이다. 이와 같은 편집관의 견해에 따르면 인물 중심의 역사교재 편성을 수정하는 이유로 군신의 분과 대의명분이라고 하는 지금까지는 상상도 할 수 없었던 원칙을 적용했음을 알 수 있다.[49]

둘째, 형식상 아동의 정서에 쉽게 다가가 감명(感銘)·감득(感得)시킬 수 있는 장치가 대거 등장한 점이다. 이러한 특징은 서술 문장이 극도로 미문조(美文調)로 되어 아동의 마음에 깊이 호소하는 모습으로 나타났다. 따라서 『초등과 국사』는 역사서라고 하기보다는 이야기책이라는 성격이 강했고 특히 상권에서 그 경향이 강했다.[50] 예컨대 종래의 '-이었다(であった)'에서 아동에게 쉽게 이야기하는 듯한 '-이었습니다(でありました)'의 구어문으로 바꾼 것은 전달 형식상의 큰 변화였다. 삽화가 많아진 것도 같은 맥락에서 보아야 할 것이다.

셋째, 선사시대와 고대 항목에서 고고학적 기술은 거의 없고 신화에서 역사로의 접속을 유기적인 것으로 보고 있다는 점이

49 家永三郎, 「三國史-所收教科書の解説」, 『復刻 國定教科書 國民學校期』, ほるぷ出版, 昭和57(1982), p. 57.

50 위의 글, p. 145.

다. 그 내용을 보면 신화와 역사를 구별하지 않았다는 사실을 알 수 있다. 『초등과 국사』는 단적으로 말하면 성전(聖戰)[51]으로서 대동아전쟁의 의의와 정당성을 역사적으로 증명한다는 역할도 있고 전시하(戰時下)에 국민이 취해야 할 태도를 육성하는 역할도 있었다. 따라서 신화에 의한 역사의 서술이라는 형식이 현저해 과학적 역사와는 거리가 멀었다. 이와 더불어 신국사상의 전통을 중시하는 내용이 증가했는데, 신국사상을 생각하는 내용은 국민학교 이전의 교과서에는 전혀 보이지 않았다.

최초의 국정교과서에서부터 제1과는 '아마테라스 오미카미'였지만 그 문장 내용은 아마테라스 오미카미가 '천황'의 선조임을 밝히는 것이었다. 즉 지금까지의 '국사' 교과서에서는 신대(神代)는 진무(神武)천황의 시대와 구별하도록 취급하고 있지만 『초등과 국사』의 신국(神國)에서는 신(神)도 '천황'과 일련의 관련을 지닌 성격으로 간주하고, 신이 아닌 인간으로 기술하고 있다. 여기서 아마테라스 오미카미를 "천하의 군(君)으로서 탄생하고 일본의 국가로서의 기본을 이루었습니다"[52]라고 서술해 대신(大神)이자 일본의 군(君)인 것으로 설명하고 있다.

---

51 '성전(聖戰)'이라는 용어는 『일본서기(日本書紀)』에서 진신의 난(壬申の亂)을 일컬으며 처음 사용되었는데, '천황'의 이름으로 하는 전쟁을 미화시키는 용어로 그 이후 줄곧 활용되었다. 진신의 난은 서기 672년에 일어난 고대 일본사 최대의 내란이다. 덴지천황(天智天皇)의 태자 오토모(大友)에 맞서, 황제(皇弟) 오아마(大海人)가 지방 호족들을 규합해 반기를 든 사건이다. 오아마 황자가 승리를 거두어 이후 덴무천황(天武天皇)이 된다. 이후 체계적 국가가 탄생하고, '천황'이라는 명칭, '일본'이라는 국가명이 성립되는 직접적인 계기가 되었다는 점에서 중요한 사건으로 평가받고 있다(倉本一宏, 『戰争の日本史』 2, 吉川弘文館, 2007, p. 1).

52 文部省, 『初等科國史 上卷』, 大阪書籍株式會社, 昭和18(1943), pp. 1-7.

이렇듯 『초등과 국사』의 편집에서는 처음으로 일본을 신국이라고 하고 제1의 과제명을 '신국'으로 했다. 이것은 당시 전시하에서 국민사상통일을 위해 제창되고 있던 '일본은 신국이다'라는 사상에서 나온 것이라고 해석할 수 있다. 교사용 책의 제1장에서는 "굉원웅대(宏遠雄大)한 조국(肇國)의 역사 중에 우리 국체의 연원을 물어 조국의 정신, 황국의 대생명의 근원을 명확하게 하는 것이다"[53]라고 하고 있다. 또한 '신풍(神風)'이라는 제목하에 몽고와의 항쟁에 대해 많은 분량을 서술하고 있다. 그 서술 내용도 "겐코우(元寇, 원나라 군대)는 국초 이래 최대 국난(國難)이었고 전후 30여 년에 걸친 장기간의 전쟁이었습니다. 이러한 대난을 잘 극복한 것은 신국이기 때문이었습니다. 신의 보호도 이런 상하일체의 국가가 되어야만 나타나는 것입니다"[54]라고 해 일본이 '신국'임을 강조하고 있다.[55]

넷째, 중세에 대한 평가가 상당히 높았던 점이다. 무사 신분에 대해서는 "무사는 신분이 낮지만 성실하고 용기 있었으며 해야 한다고 생각한 것은 반드시 실행하는 힘을 가지고 있었습니다"[56]라고 해 긍정적으로 평가하고 있다. 이러한 무사에 대한 평가는 전시체제기의 시대적 배경과 무관하지 않다.

마지막으로 국방에 대한 내용을 새로이 더하거나 혹은 종전의 내용을 수정해 사용한 것은 전시판 국사의 특색이다. 막말에

---

53 文部省, 『初等科國史 上卷』 教師用, 昭和18(1943), pp. 8-10.
54 文部省, 『初等科國史 上卷』, pp. 92-100.
55 墨翊淸陸, 앞의 글, pp. 242-246.
56 文部省, 『初等科國史 上卷』, pp. 84-45.

대해서는 해방(海防)이 중요했다는 점을 보여 주기 위해 '해방'이라고 하는 절에서 구미제국의 '동아(東亞)' 진공(進攻)과 그에 대한 방어를 자세하게 기록하고 있다.[57] 메이지시대에 들어서는 '부국강병'이란 절에서[58] 대외관계와 병제, 군비에 대해 정리하고, 그다음 '동아의 수호(東亞のまもり)'[59] 장 '청일전쟁(메이지 37, 38년 戰役)', '러일전쟁(메이지 37, 38년 戰役)' 절의 전 단계로 서술했다. 그리고 두 차례 전쟁 후의 정세에 이르러 "이 전쟁에 의해 우리 나라는 제외국에 대한 세계적 지위를 확실히 인정받음과 동시에 동아를 지키고 지금까지 구미 제국에 압박받아 온 동아 제 민족의 자각을 살리는 것을 중시한 것입니다"[60]라고 해 전시 교과서로서의 특징을 나타내고 있다.

국사에서 교수방침은 다음의 세 가지를 들고 있다.

첫째, 국사의 시대적 양상에 유의하고, 국사에 일관하고 있는 조국의 정신을 구체적으로 감득·파악시키는 것이다. 국사는 시대의 양상이 변한다고 해도 거기에는 일관해 흐르고 있는 조국의 정신이 있으므로 이를 구체적으로 감득시킨다는 것이다. 이는 또한 앞서 말한 바와 같이 교재를 편성하는 원칙이며 국사교재의 중심 생각이다.

둘째, 향토에 관계 깊은 사실은 국사와의 연관성에 유의해 교수하도록 규정했다. 향토에 관계 깊은 사실의 취급에 의해 국사에 대한 이해를 심화하도록 한 것이다.

---

57 文部省, 『初等科國史 下卷』, pp. 74-84.
58 위의 책, pp. 116-123.
59 위의 책, pp. 124-134.
60 위의 책, pp. 134-135.

셋째, 연표, 시대표, 지도, 표본, 회화, 영화 등을 이용해 구체적·직관적으로 습득시키는 것이다.[61]

영화 등의 활용을 구체적으로 지시한 것은 새로운 교수법에 대한 강조라고 볼 수 있다. 특히 '국사'수업에 학교 방송이 적극적으로 이용되었다. 일본에서 방송은 1921년 3월 22일 도쿄 방송국이 설립되면서 실시되었는데, 1925년 4월 15일부터 관심이 있는 일부 교사가 부분적으로 수업에 사용하기 시작했다. 이후 국민학교가 실시되면서 문부성은 전 학교 차원에서 학교 방송을 이용하도록 법적 근거를 만들었다. 따라서 국민학교령 시행규칙 제41조에는 "문부대신이 지정한 종목의 방송을 수업에 사용할 수 있다"고 명시했다. 또한 취급상의 주의로서 동년 3월 27일 국민학교령 및 동 시행규칙 실시에 관한 건의 문부성차관통첩 115호에는 "영화 및 방송을 수업에 이용하는 교육의 능률을 늘리기 위해 문부대신의 검정을 받은 영화 및 문부대신이 지정하는 종목의 방송을 교육에 이용하는 것을 인정한다"고 했다.[62]

국민과 '국사'와 학교 방송에 대해 우선적으로 생각해야 하는 것은 국민과 '국사'의 정신, 구체적으로는 '국사' 교과서의 일관된 사관(史觀)과 지도의 목표에 방송의 내용을 통일시키는 것이었다. 어떠한 방송이건 교과 및 과목과 일체화하는 것이 필요하지만 '국

61 文部省,『國民學校令施行規則』, 昭和16(1941)年 3月 14日 文部省令 第4號. 第2章 國民科 第4. 國民科國史 3. 國民科國史の教授方針.

62 詩下米太郎,『國民學校放送教育の實踐』, 日本放送出版協會, 昭和16(1941), pp. 8-12.
이어 문부성 고시 제770호로써 문부대신의 지정종목이 1. 조례훈화, 2. 학교의 라디오 체조, 3. 각 학년 방송, 4. 학교 신문의 시간으로 결정되었다.

사'처럼 일관한 정신이 연결되는 과목은 이 점이 특히 중요했다. '국사'의 방송은 원칙으로는 교과서의 사실에 입각하고 그것보다 구체화하고 입체화해 그 정신을 여실하게 전하는 것이 중요하다고 보았는데, 이러한 점에서 라디오가 가지는 종합적인 특색 중 대사와 음악 등에 의해 여러 정경을 그리는 극형식이 '국사' 방송에 많이 채용되었다. 1941년 4월부터 12월까지 제5, 6학년 '국사' 방송은 총 13회 중 11회까지가 극 형식을 띄고 있었다. 그런데 교재의 장면을 채택한 방송을 수업에 이용하려면 교과서를 중심으로 하는 수업과 맞추어 서로 중복되는 것이 없도록 일체적으로 취급해야 했다. 또한 '국사' 방송을 청취할 때는 특히 괘도 외 직관적 준비물을 풍부하게 하고 시대 배경을 이해하는 가운데 듣게 했다.

다음으로 '국사'교육의 중요한 요체는 전통적인 '국사'의 정신을 현대에 살리는 것으로 보고, 특히 대동아전쟁 시기 세계사의 일대 전환기인 당시를 하루하루 귀중한 역사라고 보아 현실성과 속보성을 가진 라디오 방송을 채용함으로써 국체의 존엄과 국사를 통한 전통적 정신을 한결 구체적으로 명확히 파악시켜 '황국'의 역사적 사명을 자각시키는 것에 이용했다.[63]

한편, 국사의 교수상 일반적 주의사항은 다음과 같았다.

> ① 수신과와 긴밀하게 연관시켜 도덕교육, 국민교육의 효과를 극대화할 것. 동일 인물의 비판에 대해서는 모순이 없도록 할 것
>
> ② 마음대로 내용을 부가하거나 가볍게 사실에 비판을 가하거나 하

63 위의 책, pp. 53-54.

는 일을 신중히 할 것

③ 판서는 천황의 어명(御名) 및 주제명은 중간에 높이 기록하고 주종의 관계, 부자의 기록은 위아래로 나누어 쓸 것

④ 유신 후의 역사는 우리 나라 장래 발전의 기초이므로 특히 잘 가르칠 것

⑤ 연대 및 장소의 관념을 전하기 위해 연대표와 지도의 활용을 고려할 것

⑥ 역사상의 사실은 가능한 한 현대와 비교해 그 변천, 발전을 알릴 것

⑦ 역사적 시가(詩歌) 중에서 국민성을 노래한 것은 국민지조 육성상 중요한 내용이므로 특히 주의해 취급할 것

⑧ 표본, 삽화, 도표 등을 활용할 것[64]

여기서 통합과 관련해 국사와 수신의 긴밀한 연락(連絡)을 강조하고 있음을 알 수 있으며 시가 중에서도 국민지조를 기르는 노래는 교재로 사용할 수 있다고 했다. 특히 판서에서조차 '천황'의 이름이나 상하 주종의 관계를 적을 때는 구별해 기록하도록 지시하고 있는 것으로 보아 교사의 활동에 제한도 많았음을 알 수 있다.

그렇다면 이 시기 실제 역사수업은 어떻게 이루어졌을까? 이를 살펴보기 위해 실제로 사용되었던 교안을 분석해 볼 필요가 있다.

이 시기의 교안은 유관 연구회 등이 제시한 교안 중 그 장점만 취해 만든 것과 간략한 형태로 당시 일반적으로 사용된 것이 있다. 우선 전자와 후자의 예를 살펴보아 이 시기 교수법의 특색

64 藤吉利男, 앞의 글, p. 226.

을 고찰해 보도록 한다.

전자의 경우, 교안은 대체로 다음과 같은 형식을 가지도록 했다.

1. 학년, 2. 제재(교재), 3. 요지, 4. 교재관, 5. 실천 지도, 6. 준비(혹은 교구), 7. 시간 배당 및 구분(연락)(예: 『尋常小學修身書』 卷五. 忠義), 8. 지도과정, 9. 정리[65]

이 중에서 특히 이 시기의 특색으로서 주목할 것은 4. 교재관과 7. 시간 배당 및 구분(연락)이다.

'4. 교재관'은 매우 긴밀하게 몇 개에 걸쳐 쓰이는 것이 보통이다. 이론적으로 중시된 교재관은 '목표', '요지', '지도관' 등의 항목으로 나타난다. 또한 모든 역사적 사건을 황국주의와 그를 위한 감화교육으로 연결하는 것이 교재관에 나타난다.

그리고 '7. 시간 배당 및 구분(연락)'의 항목에서는 타 교과목과 관련된 부분을 반드시 적도록 했다. '연락'의 중요성은 실제의 지도안에서는 '관련' 등과 같은 항목으로 순서와 관련 없이 나타나거나 생략되기도 했다.

이러한 모습을 보여 주는 교안은 [표 10]과 [표 11]의 사례와 같다.

[표 10]의 교안에서는 역사수업에서 에도시대의 쇄국정책을 제재로 수업을 할 때, 국민과의 수신, 국어, 지리를 관련지어 교수하는 모습을 보여 준다. 또한 쇄국정책이라는 제재를 통해 발전적

65 吉田太郎, 앞의 책, pp. 181-183.

[표 10] 교안 사례 1

대상: 국민과 국사(제6학년)
일시: 1942년 11월 △일
1. 교재: 『소학국사』 하권 제37부터 제39 중 도쿠가와 이에미쓰(德川家光)
2. 관련: 읽기 권 9. 마스다이라 노부야스(松平信康)의 어린시절
   수신 권 2. 정직, 권 6. 국운의 발전
   지리. 규슈 지방
3. 교수상 주의: 에도시대 초기는 중앙집권적 봉건제도의 확립기 및 국민의 해외 발전기였다. 이에미쓰의 사적 의의는 봉건제도를 중앙집권적으로 강화한 점과 또한 쇄국을 단행해 막부의 유지를 용이하게 함으로써 260년의 태평기를 건설한 점이다. 세계적으로 본 내용을 고찰하면 서구제국의 '동아'에 대한 식민지화는 이 시대로부터 출발해 소위 '동아'의 구질서가 건설되기 시작했던 것이다. 따라서 쇄국의 세계사적 의의는 대내적으로 장기적 태평을 유지하고 국민적 경제 및 문화를 발달시켜 일시 대외적으로 세계의 문화에 뒤졌지만 메이지유신 이후의 세계적 약진의 실력을 배양하고 있다는 점이다. 본 교재의 근저를 일관하는 국체는 ① 발전적인 국민성 ② 외국문화의 수용 및 순화의 두 가지이며 단순한 배타를 위한 쇄국이 아니었던 것을 주지시키고 대국민의 기풍을 배양해야 한다.
4. 목표: 이에미쓰에 의한 에도 막부의 기초확립 및 전국시대를 거쳐 에도시대에 국민의 해외 진출과 서양문화의 수용을 이해시켜 발전적 외국문화 수용 및 순화와 우리 국체의 본의(本義)를 강조한다.
5. 교수과정
① 시간배당: 2시간
② 준비: 국사연대도, 에도시대 초기연대도, 에도시대 연표, 대외관계연대도, 국사괘도, 동아·구주·세계지도
③ 교수과정 및 요항(아래 표 참조)

	교수과정	교수요항	시수
관련	우리 나라의 현실 향토와의 관련 타 교과와 관련	동아 신질서의 건설 구질서는 근세에 건설됨 현대 우리 국민의 해외발전 읽기 권 9. 마스다이라 노부야스의 어린 시절 수신 권 2. 정직	제1시
역사적 이회	A. 전체적 직관 -시대상의 상기 -전 과와의 관계 -학습목표지시 -사실의 개관 및 사적 의의 직관	본 시대가 에도 막부의 가마쿠라 시대임을 상기시킨다. 막부 확립 및 외교문제에 대해 학습한다. 교과서 통독 및 소제목 개관에 의해 시대상과 국사에 대한 이에미쓰의 역할을 직관한다. (제1시분 생략)	제2시

[표 10] 교안 사례 1(계속)

	교수과정	교수요항	시수
역사적 이회	B. 부분적 탐구 -크리스트교 금지 -쇄국 C. 전체적 파악 -사실의 통일 및 국사 체계 편입 -사실의 비판	국체의 정화, 외국문화를 수용 및 순화하는 국민정신의 이회 크리스트교의 금지 국민경제 및 문화의 발달 세계 진보에 뒤늦은 역사적 의의의 이회 막부의 확립, 태평의 시기 (쇄국) 확정 전국시대 이후 해외 진출 중절(中絶) 이에미쓰의 공적 쇄국의 득실	제2시
관련	현대 및 향토 타 교과 교재	현대의 황국 및 지역의 해외로의 발전 수신 권 6. 국운의 발전	제2시

출처: 吉田太郞, 앞의 책, pp. 184-185.

국민성을 강조하고 외국 문화 수용이 늦어지지 않았음에 유의하도록 한 점에서 '국사'교육의 임무가 국체를 명징하고 '황국의 도'에 역사적 사명을 가지게 하는 것임을 분명히 했다. 또한 현재의 전쟁 상황을 염두에 두고, 당시 서구의 침략이 이미 시작되었기 때문에 쇄국할 수밖에 없었으며 이는 장기적으로 보아 메이지시대의 약진을 가져온 것이라고 평가하고 있다. '동아의 구질서'란 일본이 근세에 쇄국정책을 통해 메이지유신 이후의 '도약'을 준비 중이었을 때 구미제국이 만들어 놓은 동아의 모습을 일제가 지칭하는 말이었으며, 이제 메이지유신 이후 청일전쟁과 러일전쟁을 치르면서 구미제국으로부터 동아를 '수호'하는 신체제를 '동아의 신질서'라고 했다. 이 교안을 통해서 당시의 교수법은 교과서 통독, 아동의 직관과 같이 교사 중심의 수업으로 이루어졌음을 알 수 있다.

[표 11]의 교안은 1942년 고베시의 전국적 연구회에서 제안한 수업안이다. 이 교안에 나타나는 시기상의 특색을 살펴보면, 첫째, "전시하 황국민의 삶의 방식을 지도하고 실천시킨다"라든가 "시국에 처한 삶의 방식을 지도한다"고 하듯 전쟁의 시국이 교육에 직접적으로 영향을 끼치고 있는 것으로 보인다.

둘째, 연구회의 이론적·이상적인 시안인 만큼, 시국하 내용을 이용해 생도의 활동을 활발하게 하려는 노력이 보인다. 아동의 발표(도입)에서 시작해 의식적인 읽기, 교사의 암시, 고찰, 발표, 보설, 황국민으로서의 존재방식, 삶의 방식의 지도, '황국의 도'와 세계 정세에 대해 설명, 함께 낭랑하게 읽는(낭통) 순서로 교수는 진행되고 있다. 지도에 대해서는 '실천'지도를 특히 강조하고 있다.

이처럼 이 시기 수업의 목표는 역사사실을 현대화하고 아동을 중심으로 이해, 파악, 실천의 단계로 수업을 진행하는 것이었다.[66] 아동을 중심으로 수업을 진행한다는 것, 현대와 비교학습 등은 모두 비상시에 어떻게 황국을 위해 살아갈 것인가 하는 실천에 무리하게 결속된 경향이 강하다. 이 시기는 역사교육 측면에서도

66 이 연구수업의 비평회에는 다음과 같은 기록이 있다. "이 수업은 첫째, 교수정신, 교수법이 모두 완전하다. 둘째, 시대와 인물을 아동의 마음에서 상상할 수 있게 하고 백 년 전의 시대정신에 아동을 이끌어 장차 장래 행동에 영향을 줄 역사적 사실을 현실화하고 아동의 마음과 생활의 중심에 살아 숨쉬게 하는 데 성공했다. 이해-파악-실천의 단계가 수업에 잘 나타나 있다. 또한 아동을 중심으로 한 수업의 진행방식에 의해 아동은 역사적 사실에 감동을 받고 있다. 현대와의 비교는 자연스럽고 이 비상시를 아동에 마음에 잘 호소하고 있다"(長谷川端, 『國民學校教授原論』, 启文社, 昭和15(1940), p. 278).

[표 11] 교안 사례 2(연구회)

일시: 1942년 11월 △일

1. 제재: 양이와 개항(『소학국사』 하권 심상과용 제43과)
2. 요지: 에도 막부 말기의 대외관계를 살피고, 전시하 황국민의 삶의 방식을 지도하고 실천시킨다.
3. 지도관

① 인물의 실천적 성격을 명확하게 하고 아동의 의기를 고무하며 시국에 처한 삶의 방식을 지도한다.

② 막부가 제창한 양이론과 별도로 소위 지사가 제창한 것은 존황을 위한 양이 즉 황국호지의 신주사상을 배경으로 한 것임을 주지시킨다. 지존을 핵심으로 존황양이의 정도를 진행시킨 것은 황국의 일관된 대도(大道)이며 금일의 복잡한 세계정세에 처한 황국의 태도임을 강조한다.

③ 일본이 가야 할 도(道)와 막말 조선의 시련에 대해 체득시킨다. 그리고 황국의 도를 실천하고 만방에 비교할 수 없는 국사를 회득한다.

4. 지도계획: 2시간
5. 준비: 국사괘도, 도쿠가와씨(德川氏)계도, 홍도관 사진, 에도시대 연표 등
6. 지도과정(아래 표 참조)

지도과정	
지도순서	지도요령
1. 시세의 통관 2. 목표제시 3. 사실의 개관 -교과서 통독 -독해한 바에 대한 발표와 질의응답 -연구문제의 구성 4. 사실의 탐구 -문무의 격려(激勵) -존황양이론 5. 사실의 통정 -인물에 대한 감상 -존황양이론에 대한 이해 -교과서 통독 -차시와의 관련 -어제낭통(御制朗通)	인물의 업적에 대해 발표한다. 시대와 사람들을 조사한다. 소제목에 주의해 의식적으로 읽도록 한다. 아동의 잘못된 생각을 고치도록 한다. 적극적으로 단련에 참여하도록 한다. 시국을 상기시킨다. 존황애국의 정신을 고취한다. 자기함야의 입장에서 발표하게 하고 금일의 시국을 생각하게 한다. 서서히 낭통(朗通)해 애국의 감정을 지니게 한다.

출처: 長谷川端,『國民校教授原論』, 啓文社, 昭和17(1942), pp. 271-280.

비상시였던 것이다.

열성적인 교사는 연구회에서 제안한 면밀한 교안을 기본으로 수업을 행했지만, 일반적인 경향은 어떠했을까? 또 다른 수업안으로, 전술한 바와 같이 일반적인 약안으로서 교내에서 지정수업의 경우로 제시된 교안의 사례는 [표 12]와 같다.

[표 12]의 교안에서는 전술한 연구회에서의 이론적·이상적인 교안과는 확연히 다르게, 수업 방법도 아동의 자발적인 참여보다는 지명낭독의 방법이 택해지고 있다. 또한 2-3시간의 계획적인 지도안이 아닌 1시간의 수업에 적당한 교안으로 만들어져 있으며 타 교과와의 관련 등 지시는 생략되어 있다. 수업의 내용에서는 '천황'의 권위를 위협한 인물에 대한 평가를 '무도(無道)한 행동'이었다고 하고 고토바 상황(後鳥羽上皇)의 왕정복고와 메이지천황을 연결해 국체의 존엄함과 역사의 깊음을 강조했다.

한편, 전세가 악화하자 남자 교사의 많은 수는 전장에 끌려갔고 자발적인 연구회 등도 특별한 경우에 행해졌으며, 이 같은 정세였으므로 교사는 수업 이외의 일로 쫓기는 일이 많았다. 이런 와중에 행해진 역사수업의 모습은 독선적인 황국주의적 내용과 그 실천의 강조만이 특색으로 나타났는데, 간단한 요항만을 기록하고 있는 [표 12]의 일반적 약안표가 저간의 사정을 충분히 나타내고 있다. 교안을 적은 지질(紙質)은 극단적으로 나빴고 인쇄된 글씨는 읽기조차 어려운 경우가 있었다. 한 장의 교안으로도 교육의 위기를 감지할 수 있다. 이 시기에 교육을 받은 사람들의 기억과 인상 중 특히 눈에 띄는 점은 역사 시간에 신사에 참배하고 신칙을 읽거나 무운장구(武運長久)를 빈 것이었다.[67] 따라서 소풍에

[표 12] 교안 사례 3(일반적 약안)

1. 시간·장소: 1942년(昭和17) 11월 12일 월요일 제4교시 제5 여교실
2. 제목: 『소학국사』 상권 제20. 고토바 상황(後鳥羽上皇)
3. 목표: 당시의 국민이 현재와 같은 대세를 이루지 못한 것을 반성하고 이를 국민적 자각으로 이끈다.
4. 교재와 아동
① 어디까지나 악을 악으로 삼고 엄정히 비판해 조금이라도 아동의 황실 봉공의 존숭심이 상처받지 않도록 한다.
② 교토에 공입(攻入)한 때를 취급하는 것에 앞서 10월 20일의 소풍 체험을 발표시켜 정리함으로써 흥미를 일으킨다.
5. 시간 배당
6. 수업 과정
① 제목취급: 99쪽 2행까지 지명낭독시켜 중심이 된 부분을 지적하면서 막부에 대해 이야기한다.
② 임시응급의 처치로서 시작된 무가정치가 언제까지나 계속되지는 않는다. 겐지(源氏) 멸망을 기회로 당연 병마(兵馬)의 권을 조정에 돌려주어야 하는 것이었다.
③ 가마쿠라 막부의 실권은 호우죠씨(北條氏)에 있었고, 이것을 빼앗은 것이 고토바 상황이었다.
④ 고토바 상황의 성격
⑤ 호우죠씨 토벌
⑥ 어떻게 되었는지 다음을 지명해 낭독시킨다.
⑦ 조큐의 변(承久の変)
⑧ 고토바 상황의 황정복고 이상이 메이지천황에 의해 실현된 것임을 설명한다(정리).

출처: 長谷川端, 『國民校教授原論』, 啓文社, 昭和17(1942), pp. 189-191.

서의 경험을 역사 시간에 사용하는 것은 자연스러웠다. 즉 통합의 논리가 생활과 학교를 통합시켜 '황국의 도'에 귀일하는 기초적 연성을 쌓는 데 사용된 사례라고 하겠다.

이상과 같이 전황의 악화와 악조건이 중첩되어 역사교육 또한 비극적인 국운과 함께하게 되었다. 또한 어떤 경우에도 역사수업의 궁극적 목표는 '황국의 도'에 귀일하는 역사관을 세우는 데

67 吉田太郎, 앞의 책, pp. 181-183.

있었다. 따라서 역사 교과서는 이러한 목표하에 신화를 강조하면서 서술되었고 그 내용도 심하게 왜곡되었다.

제4장

조선에서 국민학교 국민과 도입과 운용

1 국민과 도입 이전의 교과목 운용

일제는 1905년 강제로 체결한 을사조약에 따라 1906년 초 조선에 통감부를 설치하고, 그동안 자주독립 정신을 고취해 온 민족교육을 통제하는 교육침략 정책을 한민족의 민족운동을 억압하는 수단의 하나로써 중점적으로 추진했다.

또 고등교육을 억제하고 실용을 중시한다는 명분을 내세워 실업교육을 강조했고 각지에 실업학교를 설립했다. 이는 고등교육을 통해 일제에 대항하는 민족정신이 고양되는 것을 막고 정치적인 문제에 관심을 가지지 못하도록 해 그들의 침략에 순응하도록 한 것이다.

1906년 학제의 개편으로 종래의 소학교가 보통학교로 바뀌었다. 수업연한은 4년으로 단축했는데 종래의 소학교가 심상과 3년 고등과 3년의 6년이었던 것을 2년 줄인 것이었다. 이로써 심상과와 고등과의 구분도 사라졌다. 한편 보통학교의 학년별 교과목과 주당 교수 시수를 보면, 보통학교의 역사는 1, 2학년에서 본국역사지리의 대요, 3, 4학년에서 본국 역사, 본국 및 외국지리의 대요라고 되어 있는데 이는 이전의 소학교에서 본국 역사, 외국 역사 등으로 편성되었던 것에 비교하면 역사 과목의 독립성을 없애 버린 것임을 알 수 있다. 특히 크게 특징적인 것이 교수시간이 배정되지 않았다는 점이다. 이는 보통학교령이 발표된 직후에 나온 보통학교령 시행규칙 중 역사의 교수요지에 더욱 뚜렷하게 제시되어 있다.

> 지리, 역사는 특별한 시간을 정하지 아니하고 국어독본과 일본어 독본에 소재한 것으로 교수하고, 독본 중 비등 교수 재료에 관하여는 특히 반복시키고 정성들여 설명해 학도의 기억을 명확히 한다.[1]

실제로 역사나 지리가 교과목에 있었지만 여기에 시간을 배당하지 않고 국어나 일본어 교과서 내용 속에 역사에 관한 내용이 있을 때 이를 교수하는 것으로, 이는 명목상으로 제시한 것일 뿐 역사교육을 폐지한 것과 다름없었다.

또한 1895년 소학교 교칙 대강에 제시되었던 역사의 교수 요지에서 "국체의 대요를 알게 해 국민의 지조를 양성함을 요지로 한다"고 규정해 역사교육이 애국심을 기르는 중요한 교육임을 밝힌 것과는 다르게 '사적(史蹟)의 대요를 가르쳐 국민의 발달과 문화의 유래와 이웃나라(隣邦)의 관계 등을 알게 하는 것을 그 요지로 함'이라고 해 역사교육을 단순히 과거의 사실만을 간단히 알게 하는 것으로 규정지었다.

한편 당시 대부분의 사립학교에서는 관공립학교와는 달리 그

---

1 統監府, 學部令 23号, 「普通學校令施行規則」, 明治39(1906)年 2月 15日.

교과과정에 역사가 포함되었다. 과목의 명칭은 관학에서와 같이 역사로 표시되고 있으나 많은 학교에서 본국사, 만국사, 또는 외국 역사 등으로 표시하기도 했으며 경우에 따라서는 실제 사용하지 않는 역사교재의 명칭을 교과목의 이름으로 나타내기도 했다.

교과서는 이미 1895년에 학부에서 편찬되기 시작해 1905년에 이르기까지 학부와 개인 또는 학회나 언론기관에서 수십 종이 편찬 및 간행되었다. 이 가운데서 역사 교과서는 본국사 9종, 외국사 7종 등 모두 16종이나 되었다. 그러나 1906년 통감부는 학제를 개편하고 민족교육에 대한 통제를 강화하면서 교과서 편찬에 직접 관여하기 시작했다. 이들은 식민지 지배의 준비로서 일본인들을 교과서 편찬위원에 임명하고 우선 보통학교의 교과서 편찬에 착수했다. 그러나 역사 교과서는 제외되었는데, 그것은 앞서 언급했듯이 보통학교에 역사 시간이 따로 배정되지 않고 국어독본이나 일어독본에 역사와 관련된 내용이 있을 때 이를 통해 역사를 가르치도록 했기 때문이다.

1908년 통감부가 교과용 도서 검정 규정을 발표해 교과서를 검정했다. 따라서 1906년 이후 1910년까지 간행된 역사 교과서 가운데 『초등대동역사(初等大東歷史)』, 『초등본국약사(初等本國略史)』, 『초등본국역사(初等本國歷史)』, 『신찬초등역사(新撰初等歷史)』 4종은 교과용 도서 검정에 통과되어 사용되었으며 그 밖의 것은 검정 무효 또는 학부 불인가 도서가 되어 사용할 수 없도록 규제당했다.

교과용 도서 검정 규정에 의거하여 도서를 검정하는 일은 주로 일본인들이 맡았으며, 민족정신을 고양하는 내용이나 일제의 침략에 비판적인 내용 또는 자주독립, 애국 등의 용어가 사용된 도서는 검정이 불허되었다.

일제는 조선의 주권을 침탈하자마자 종래 학교에서 사용되고 있던 교과서를 수정·편찬했다. 조선총독부의 교과서 편찬에 관한 일반 방침 가운데 역사교육과 관련한 핵심적인 내용은 다음과 같다. 즉, 보통학교의 교과목 중에 지리, 역사가 없어서 이들 교과서는 편찬하지 않았고 국어독본을 교수하는 중에 일본의 역사와 지리를 가르치며 조선어 및 한문독본의 교재 중에서 조선지리의 개요를 가르치도록 한 것이다.

이 시기 고등 보통학교용 총독부 검정도서로 1914년에서 1922년까지 사용된 외국 역사 교과서가 1종 1책 있었는데, 동양사와 서양사를 합한 것으로 세계 최고(最古)의 문명이 일어난 지방에서부터 설명을 시작해 일반 문명의 진보하는 모습을 서술하고, 일본 문명의 발달 정도를 밝히는 내용으로 되어 있다.

제1차 조선교육령의 본의(本義)는 '교육칙어의 취지에 기초해 충량한 국민을 육성'하는 것이었다. 즉 조선에서의 교육이 교육칙어에 기초해야 한다는 것은 일본 본토에서 행해지는 천황제의 핵심을 조선에도 그대로 적용하고자 했음을 말한다. 그리고 초등교육을 담당하는 학교명을 일본 본토와 같은 소학교가 아닌 보통학교로 하고 연한도 4년으로 설정했다는 것은 차별을 의미하는 것으로, 보통학교를 중등교육 등의 상급 교육과의 연결 속에서 설정하지 않았음을 보여 준다.[2]

---

2 "보통학교는 기초적 보통교육을 시행하는 곳이니 그 교육은 즉시 수신처세에 유용

1911년 제1차 조선교육령에 의해 만들어진 교육과정을 살펴보면 초등교육은 4년제 보통학교에서 행해지도록 했으며[3] 그 교과과정은 수신, 국어(일본어), 조선어 및 한문, 산술, 이과, 창가 및 체조, 도화, 수공, 재봉 및 수예, 농업초보, 상업초보 등으로 역사와 지리 등의 교과가 보이지 않는다. 대신 일본어, 산술, 조선어 및 한문 등이 전체 시수에서 중시되었다.[4]

이상의 제1차 조선교육령을 통해 총독부에 의한 교육정책은 일본 본토에서 시행되는 천황제의 핵심인 교육칙어를 조선에 적용하면서도 조선에서는 일본과는 교육 연한이나 연속성의 면에서 차이를 두는 보통학교제를 실시하는 것을 기본으로 하고 있음을 알 수 있다. 또한 이후 '동화(同化)'를 위해 이용되었던 역사와 지리가 이 시기에 한해 교수시간이 정해지지 않았던 것을 볼 때, 당시 조선에서 실시하는 교육의 목표가 일본인으로의 완전한 '동화'가 아닌 차별화를 강조하는 것이었음을 알 수 있다.

일제는 1919년 3·1운동 이후 더 효과적인 한민족 통치를 위한 정책을 실시하면서 그중 하나로 교육제도를 일부 개편했다. 그러나 본질적으로 민족의식을 철저히 억제하면서 일제에의 '동화'를 적극적으로 추진하는 방향이었으므로 우리의 역사는 교수되지 못했고, 일본화를 위해 일본사 교육을 각급 학교에서 실시하기 시

한 것이므로 이 학교를 졸업하면 즉시 실무에 임해 생업에 도움이 되는 것으로 본체를 삼는 것이지 결코 실업학교, 고등보통학교 등의 예비교로 설치하는 것이 아니다"(朝鮮總督府, 『教育學教科書』, 大正5(1916), p. 122).

3 朝鮮總督府, 『普通學校 規則』, 朝鮮總督府令 第110号, 1911年 10月 20日.

4 유봉호, 『한국교육과정사 연구』, 교학연구사, 1992, p. 133.

작했다. 1922년에 공포된 제2차 조선교육령에서는 기존의 4년제 보통학교를 6년제로 변경했으며 6년제 보통학교의 교과목은 수신, 국어(일본어), 조선어, 산술, 일본역사, 지리, 이과, 도화, 창가, 체조 등(여자에게는 재봉을 더함)이었다. 이 시기에 '일본역사'라는 교과가 새로이 신설되었다. 그러나 수업연한이 4년인 보통학교에서는 위의 교과목에서 일본역사와 지리를 제외했다. 보통학교의 교육목표를 '아동의 신체 발달, 국민될 성격의 함양, 일본어 함양'으로 해서 "교육칙어의 취지에 기초해 충량한 국민을 육성한다"는 제1차 조선교육령 시기에 제시되었던 국수주의적인 교육목표와 표면적으로는 차이를 보이고 있다. 그러나 1927년 '일본역사'를 '국사'로 변경해 실제로는 더욱 '동화'와 국수주의적 성격의 정도를 심화하고 있었다.

이 시기 일제는 우리의 역사 및 지리를 종래와 마찬가지로 각급학교에서 완전히 배제함으로써 조선인의 역사의식과 민족의식이 성장하지 못하도록 했다. 일제에 의해 국권이 침탈당한 이후 조선총독부 통치 아래 각급 학교 역사교육은 일본사 중심의 역사교육을 의미하게 되었다. 보통학교의 고학년에 '일본역사'와 '지리'를 신설해 일본의 역사와 지리를 교수함으로써 조선 청소년에게 일본인 의식을 주입하려 했다.

이 시기 보통학교의 '국사'의 경우, 보통학교 규정 제13조에 다음과 같이 규정하고 있다.[5]

---

5 朝鮮總督府, 『普通學校規程』, 朝鮮總督府令 第8号, 大正11(1922)年 2月 15日(朝鮮總督府, 『官報』 1850号, 1922年 2月 15日).

> 국사는 국체의 대요를 가르치고 겸해서 국민다운 지조를 양성함을 요지로 한다. 일본역사는 자국의 국초부터 현재에 이르기까지의 중요한 역사를 교수하고 조선의 변천에 관해서 사적의 대요도 가르친다. 일본역사를 교수함에 있어서는 가능한 한 도서, 지도, 표본 등을 제시해 아동으로 하여금 당시의 실상을 상상하기 쉽게 하고 특히 수신의 교수사항과 관련지어야 한다.

즉, 국체의 대요를 이해시키고 국민으로서의 지조를 기르는 것으로서 조선인 학생을 철저하게 일본인화하려는 교육의 성격을 뚜렷하게 나타내고 있다. 교수 내용에 있어서는 일본의 국초부터 현재까지의 중요 역사와 조선의 변천에 관한 사적의 대요도 교수한다고 하여 일본사에 곁들여 조선사의 교육이 이루어짐을 말하고 있다. 여기서 말하는 '조선사'는 독자적인 한국의 역사가 아니라 일본의 일부로서 '조선의 역사'를 의미하는 것이므로 한국사로서의 의미가 없었다.

당시의 역사 교과서는 조선총독부가 편찬한 『보통학교국사』 상권과 하권(각각 1922년과 1932년에 간행)이 있었고 1932년과 1933년에 이를 번각한 것이 간행되었다. 『보통학교국사』의 내용 가운데 한국과 관련해서는 일본이 일찍부터 한국을 정복해 지배했다는 주장과 한국이 일찍부터 이민족의 침략을 계속 받아 왔으며 자주적으로 역사가 발전하지 못했다는 의미의 내용을 기술하고 있는 것이 특징이다. 또한 일본의 역사를 과장되게 미화해 서술했고 선별적으로 수록된 한국사는 주체성과 자주성이 결여된 종속의 입장에서 설명하고 있다.

대체로 교재는 당시 문부성 저작의 국정교과서 내용을 약간씩 변경해 삽입하고 여기에 조선에 관련된 예화를 첨가하는 형태였다. 동시에 국민도덕의 중추인 충효 관념에 충실하며 '천황·황후' 등 국체에 관해 설명하고 당시 조선의 실정에 필요한 내용 개발을 교과서 개편 목표로 설정했다.

조선어로 번역된 교과서가 이 시기에는 발간되지 않았다는 것을 통해 이 시기부터 교육언어는 완전히 일본어로 대체되었음을 알 수 있다. 즉 일본어를 체득하지 않으면 교육받는 것도 교육하는 것도 불가능해졌음을 의미한다.

1938년의 제3차 조선교육령에서는 조선어의 사용을 금지하며 종래 필수로 교수하던 조선어 과목을 수의 과목으로 해 사실상 학교에서의 교육을 봉쇄했다.[6] 이 시기의 교육은 '학도지원병제도'와 밀접하게 관련되어 실시되었다.[7] 조선교육령 개정과 황국신민화 교육의 강화, 그리고 학도지원병제도의 실시는 분리될 수 없는 표리관계에 있었다.[8]

당시 조선총독부 미나미 지로(南次郎) 총독은 '국체명징', '내선일체', 인고단련의 3대 교육방침을 세우고 '조선인'의 '국민'으로서의 정체성을 황국신민으로 각인하기 위한 교육목표와 내용,

---

6 朝鮮總督府, 『官報』 昭和13(1938)年 4月 4日.

7 1938년의 시국대책조사회의 답신을 전후해 조선총독부는 '일본어 사용강화에 관한 통첩(1937. 3.), 사립학교규칙의 개정(1937. 7.), 전시체제령의 통첩(1937. 7.), 皇國臣民서사의 강요(1937. 10.), 일본어강습소의 설치(1938. 1.), 조선육군지원병령의 공포(1938. 2.) 등을 시행했다(鄭在哲, 『日帝의 對韓國植民地教育政策史』, 一志社, 1985, p. 232).

8 오성철, 『식민지초등교육의 형성』, 교육과학사, 2000, p. 326.

방법의 요목으로 삼았다.

총독부 학무과장 야기 노부오(八木信雄)에 의하면, "'국체명징'은 만세일계의 황통을 절대 부동의 중심으로 하는 국체관념을 전 국민에게 확실히 교육해 모든 국민이 나(我)를 몰(沒)해 충(忠)을 다하고 사(私)를 멸해 봉공하도록 도야시키는 것"이며 "'내선일체'는 신애협력(信愛協力)과 희생정신을 갖고 '내선인'이 함께 국가목표에 협력하도록 해 개인의 행복보다도 전체의 행복을 제일로 하여 소아(小我)를 버리고 대아(大我)에 살며 다 함께 자기를 국가사회에 몰입시켜 오로지 전체를 위해 헌신 봉사하도록 하는 것"이었다.[9] 왜 기존의 식민지배 이데올로기인 일시동인, 일선동조론[10]이나 1930년대 표방된 '내선융화(內鮮融和)'가 아닌 '내선일체(內鮮一體)' 즉 일본인과 조선인은 하나라는 강한 표현의 새로운 이데올로기가 부각되었을까?

사학자 미야타 세츠코(宮田節子)의 분석에 따르면, 이는 대륙침략전쟁 수행에서 만주와 국경을 접하는 조선이 군사적으로 중요해지고 조선으로부터 전쟁 협력을 확보할 필요가 절실해진 절박한 상황에 의한 것이었다.[11]

---

9 朝鮮總督府學務局社會教育科 編, 「國體明徵に就て」, 『社會教化資料』 第12輯, 昭和12(1937)年 3月号, p. 3.

10 일본인과 조선인은 동조, 동원으로 혈연관계가 있음과 동시에 고대의 일본은 한국을 지배해 양자 사이에는 가부장과 가족원, 혹은 본가와 분가의 관계가 있었다고 한다. 식민지 지배시대에는 동화 정책의 관념적 무기가 되었다(旗田巍, 李基東 譯, 『일본인의 한국관』, 일조각, 1983, p. 181).

11 宮田節子, 최원규 편, 「'內鮮一體'의 구조」, 『일제말기 파시즘과 한국사회』, 청아출판사, 1988, pp. 348-350.

그리고 '인고단련(忍苦鍛鍊)'은 동아 신질서의 장기건설이라는 국가적 사명을 완수할 수 있도록, 항상 군국주의 일본에 자신을 바칠 각오로 자기의 정력을 경주해 어떠한 어려움에도 인내할 수 있는 실행력을 갖춘 일본인 연성의 방법이었다. 이는 조선인에게는 개인으로서, 민족으로서의 정체성을 완전히 버리고 일본제국과 '천황'을 위해 기꺼이 죽을 수 있는 황국신민으로서의 정체성을 갖도록 하겠다는 의미였다.[12]

이렇듯 제3차 조선교육령의 공포는 '내선일체'와 함께 조선인의 완전한 황국신민화를 정책 목표로 내걸고, 그것을 기반으로 조선을 '대륙 병참 기지화'해 아시아 침략을 실현하고자 했다.

또한 종래의 '국어를 상용하는 자'와 '국어를 상용하지 않는 자'의 구별을 없애고 보통학교를 소학교로 하여 일본의 학교 명칭과 같게 했다. 종래 공립학교는 조선인과 일본인의 학교가 별도로 있었으나 신설 학교는 조선인과 일본인의 공학을 고려했다. 그러나 실지로 일본인 교육기관과 조선인 교육기관의 통일은 명칭상의 통일, 즉 초등학교의 명칭을 공히 소학교로 부르고 인문적 중등학교의 명칭을 중학교(여자의 경우 고등여학교)로 부르는 것에 다름 아니었다. 이후에도 여전히 양자는 별개의 교육기관으로 유지되었다.[13] 또한 수업연한이 4년인 보통학교는 당분간 4년제 심상소학교로 존치하고 점차 6년제 소학교로 발전시킨다고 하여 일본인 소학교와 차별을 두었다.

---

12 八木信雄, 『學制改革と義務教育の問題』, 昭和14(1939), pp. 11-23.

13 김흥수, 『한국역사교육사』, 대한교과서주식회사, 1992, p. 254.

이 시기에 '국사'교육은 황민화교육과 '동화'정책의 주요한 도구였다. 당시의 역사교육으로 6년제 심상소학교의 5학년과 6학년에서 주당 2시간씩 '국사'과목이 배정되었다. 제3차 조선교육령에서는 교과서도 '내선공용'의 일체화 방침을 취해 동일 교육내용이 교수되도록 했다.

조선총독부는 교과서 일체화에 따르는 새로운 교과서 정책으로서 "소학교에서는 문부성 편찬의 것을, 중학교 및 고등여학교에 대해서는 조선총독 또는 문부대신의 검정을 거치고 조선총독의 인가를 받아 사용할 수 있는 것을 원칙으로 하되 조선의 특수사정으로 인해 특별한 필요가 있는 것에 대해서는 본부에서 편찬한 것을 사용할 수 있다"라는 방침을 세웠다.

그러나 소학교용 '국사' 교과서의 경우, 원칙적으로는 문부성 편찬의 것을 사용한다고 하는 방침에도 불구하고 조선총독부가 이를 독자적으로 편찬했다.

이때의 역사 교과서는 『초등국사』 권1과 권2가 있었는데 권1은 1932년에 간행되어 다시 1937년 개정, 간행되었으며 권2는 1938년 간행된 것이 1939년에 개정, 간행되었다. 그리고 1940년에 소학교 5학년용 『초등국사』, 1941년에는 소학교 6학년용 『초등국사』를 간행했다.

4년제 심상소학교의 제4학년에는 주 2시간의 일본국사, 일본지리의 대요, 만주 및 지나(중국) 그 외 제 외국 지리의 대요를 가르치는 '국사지리과'가 설치되어 1938년 『국사지리』 상·하권 교과서도 편찬되기에 이르렀다.

이전까지의 '국사'교육이 우월한 일본사와 열등한 한국사의 대비를 통해 식민통치를 정당화하는 데 목표가 있었다면, 3차 조선교육령 이후 '국사'교육은 조선인의 민족적 정체성을 억압하고 일본 국민으로서의 정체성을 갖게 하기 위한 것으로 변천했다.

이 시기에 이행된 역사교육을 이해하기 위해 『초등국사』의 목차와 제2차 조선교육령 시기에 사용되었던 『보통학교국사』의 목차를 비교해 보면 1920년대의 제2차 조선교육령 시기에는 일본사 속에서 한국사에 관한 내용이 일부나마 목차로 제시되어 있었으나 1930년대 말의 제3차 조선교육령 시기에는 일본사만으로 목차가 짜여 있어서 한국사에 관한 내용이 배제되었음을 알 수 있다. 이들 교과서의 목차는 [표 13]과 같다.

이를 통해 『보통학교국사』의 상권에 나오는 박혁거세, 신라의 통일, 조선의 태조가 『초등국사』 권1(1937)의 목차에서 사라지고, 『보통학교국사』 하권에 나오는 이퇴계와 이율곡, 영조와 정조, 조선의 국정이 『초등국사』 권2(1939)에서 사라지는 것을 알 수 있다. 다만 한국강점('한국병합')의 사실이 양쪽 시기의 교과서의 목차에 보이는데, 이를 통해 한국강점의 내용이 주요하게 다루어지고 있음을 알 수 있다.[14]

이상과 같이 1905년부터 통감부 설치 이후부터 1941년 국민학교 국민과 도입 이전의 교육과 역사교육의 추이를 살펴보았다. 일제는 이후 1943년 중등학교 개편을 중심으로 한 제4차 조선교

---

14 埼田一雄, 「皇民化教育と植民地の國史教科書」, 『岩波講座4: 近代日本と植民地』, 岩派書店, 1993과 「第3次, 第4次 朝鮮教育令下の國史教科書の改訂狀況-'內地'及び'滿洲'の國史教科書との比較硏究のための覺書」, 『星星文藝』 130, 1990, p. 3 참조.

[표 13]『보통학교국사』와『초등국사』의 목차

『보통학교국사』 상권(1932)	『초등국사』 권1 (1937)	『보통학교국사』 하권(1933)	『초등국사』 권2 (1939)
1과 天照大神 2과 神武天皇 3과 日本武尊, 박혁거세왕 4과 神功皇后 5과 仁德皇后 6과 聖德太子 7과 天智天皇과 藤原鎌足 8과 天智天皇과 藤原鎌足, 新羅一統 9과 桓武天皇 10과 和氣淸 11과 恒武天皇과 坂上田村宮 12과 弘法大師 13과 菅原道眞, 왕건 14과 源義氏의 전횡 15과 後鳥翊上皇 16과 源義家, 大覺國師 17과 平氏의 발흥(勃興) 18과 平重盛 19과 무가정치의 시작(武家政治の起) 20과 後鳥翊上皇 21과 北條時宗 22과 後醍醐天皇 23과 楠木正成 24과 新田義貞 25과 北昌親房과 楠木正行 26과 菊池武光 27과 足利氏의 잠상, 조선의 태조 28과 足利氏의 쇠미 29과 北條氏康 30과 上杉謙信과 武田信玄 31과 毛利元就 32과 後奈良天皇	1과 天照大神 2과 神武天皇 3과 日本武尊 4과 神功皇后 5과 人德皇后 6과 聖德太子 7과 天智天皇과 藤原鎌足 8과 天智天皇과 藤原鎌足(계속) 9과 聖武天皇 10과 桓武天皇 11과 最澄과 공해(空海) 12과 菅原道眞 13과 藤原道眞 14과 後鳥翊上皇 15과 源義家 16과 平氏의 발흥 17과 平重盛 18과 무가정치의 시작 19과 後鳥翊上皇 20과 元寇 21과 元寇(계속) 22과 後醍醐天皇 23과 楠木正成 24과 新田義貞 25과 北昌親房과 楠木正行 26과 菊池武光 27과 足利氏의 잠상(潛上) 28과 足利氏의 쇠미(衰微) 29과 足利氏의 쇠미(계속) 30과 後奈良天皇	33과 織田信長, 이퇴계와 이율곡 34과 豊臣秀吉 35과 豊臣秀吉(계속) 36과 德川家康 37과 德川家康(계속) 38과 德川家光 39과 後光明天皇 40과 德川光國 41과 大石良雄 42과 新井白石 43과 德川吉宗 44과 松平定信, 영조와 정조 45과 本居宣長 46과 高山彦九郞과 蒲生君平 47과 양이와 개항 48과 양이와 개항(계속) 49과 孝明天皇 50과 무가정치의 최후 51과 明治天皇 1. 메이지 유신 2. 서남의 역(西南의 役) 3. 헌법발포, 조선의 국정 4. 청일전쟁(메이지 27, 28년 전역(戰役)) 5. 조약개정 6. 러일전쟁(메이지 37, 38년 전역) 7. 한국병합 8. 천황의 붕어(崩御) 52과 今上天皇 1. 천황의 즉위 2. 규슈(九州)의 대전(大戰)과 아국(我國)	31과 織田信長 32과 豊臣秀吉 33과 豊臣秀吉(계속) 34과 德川家康 35과 德川家康(계속) 36과 德川家光 37과 德川光國 38과 德川吉宗 39과 德川氏의 쇠운(衰運) 40과 존왕론 41과 양이와 개항 42과 양이와 개항(계속) 43과 孝明天皇 44과 왕정복고 45과 明治天皇 1. 메이지유신 2. 서남의 역 46과 明治天皇(계속) 1. 헌법발표 2. 청일전쟁(메이지 27, 28년 전역(戰役)) 47과 明治天皇(계속) 1. 조약 개정 2. 러일전쟁(메이지 37, 38년 전역(戰役)) 48과 明治天皇(계속) 1. 한국병합 2. 천황의 붕어 49과 大正天皇 50과 쇼와의 시기(大御代)

출처: 朝鮮總督府,『普通學校國史(改訂版)』上卷, 昭和7(1932).
朝鮮總督府,『普通學校國史(改訂版)』下卷, 昭和8(1933).
朝鮮總督府,『初等國史(改訂版)』卷一, 昭和12(1937).
朝鮮總督府,『初等國史(改訂版)』卷二, 昭和14(1939).

육령을 실시했다.[15] 일제는 초기에는 통감부를 통해 차별적 교육으로 우리의 역사를 가르치지 않는 방침을 세웠다. 1919년 3·1운동 이후 일본은 표면적으로는 역사를 교과과정 속에 넣었으나 그것은 일본사에 부가적으로 우리의 역사를 가르치는 형태였다. 중일전쟁 발발 이후 그 같은 교육정책은 더욱 심화되는 가운데 역사교육에서 우리의 역사는 완전히 해체되고 일본사 내에서만 부분적으로 존재하게 되었다.

15 '교육에 관한 전시비상조치령'의 성격을 띤 제4차 조선교육령은 국민학교를 대륙침략을 위한 병사준비기관으로 의무교육화할 것을 준비하고, 청년 훈련소를 군무예비훈련소 및 전시 생산 대응 鍊成 시설로 고칠 것을 규정했다(이인애, 「식민지 지배도구로서의 제국주의와 교육에 관한 연구-일본 제국주의의 대한 침략을 통해서 본」, 『교육연구』 50, 1982. p. 162). 또한 이와 함께, 중학교, 고등여학교 및 실업학교 등을 일괄한 중등학교령(1943. 1. 20.)이 공포됨에 따라 중등학교의 수업연한이 종래 5년에서 4년으로 단축되었다. 이 '중등학교령'은 국민학교령과 연계작업의 일환으로 이루어진 것으로써 동령에서도 군사교육체제로의 전환을 찾아볼 수 있다(유봉호, 김융자, 『한국 근/현대 중등교육 100년사』, 한국교육학회 교육사연구회, 1998, pp. 162-163).

2 국민학교와 교과의 도입

제3차 조선교육령이 실시된 이후 보다 본격적인 전시동원형 체제가 도입되었다. 국가총동원법 적용(1938. 5.), 학교근무보국대실시 요항 발표(1938. 6.) 국민정신총동원 조선연맹 창설(1938. 7.), 조선학생정신연맹 결성(1939. 7.) 등을 추진하고 이후 국민징용령 실시(1939. 10.), '조선인'의 씨명에 관한 건, 소위 창씨개명 공포(1939. 11.), 국민총력연맹 조직(1940. 10.), 학도정신대 조직(1941. 3.) 등을 추진해 조선을 광기 어린 무차별적 파시즘의 압제하에 놓았다.[16] 이러한 시책에 따라 학생들에게 황국신민의 서사[17] 암송, 신사참

---

16 정재철, 앞의 책, p. 232.

17 1937년 10월 2일 조선총독부는 교학쇄신과 국민정신 함양을 위해 총독부 학무국에 황국신민서사를 제정하고 이것을 매일 아침 조회 때 일제히 암송하도록 했다. 이것은 미나미 지로 총독의 지시에 따라 김포군수를 거쳐 학무국 촉탁으로 들어갔던 이각종이 문안을 작성하고 학무국 사회과장인 김대우가 손질해 만든 합작품이다. 황국신민서사는 어린 학생은 물론 일반인도 강제로 외워야 했고 학생들의 조회 때나 일반의식 때 빠지면 안 되는 필수품이 되었다. 전국의 모든 학교에 배포하고 항상 휴대하게 했고 수업을 시작하기 전에 황국신민서사를 암송하면서 동쪽(일본 쪽)을 향해 참배하도록 했다. 그 내용은 다음과 같다. "우리는 대일본 제국의 신민이다. 우리들은 마음을 합해 천황폐하에게 충의를 다한다. 우리들은 인고단련해 훌륭하고 강한 국민이 되겠다."(국민학교 학도용) "우리는 황국신민이

배의 강요, 기타 이른바 '애국 행사'를 장려했다.[18]

조선의 전시동원형 체제에는 1941년에 또 한차례의 변동이 찾아온다. 동년 4월, 종래의 소학교를 대신해 국민학교가 새로운 초등교육 제도로서 일본에서와 동시에 실시된 것이다. 전시체제가 격화되면서 교육정책의 '동화주의'와 '황국신민화'가 강화되었다.

일본의 교육기본법은 법제상 독립법령으로 되어 있어 소학교령, 중학교령, 고등여학교령, 전문학교령, 대학교령으로 분리되어 있고 그 하위 법령으로 시행규칙이 만들어졌다. 조선에서는 이와 달리 법령의 형태가 종합교육령으로 되어 있어 이를 모법으로 해 일본의 시행규칙에 해당하는 법규정을 제정했다. 그것이 제1차에서부터 제4차에 이르기까지의 조선교육령이며 그 하위 법령으로서 소학교 규정, 중학교 규정, 고등여학교 규정 등이 설치되었다.[19] 1941년부터 일본에서 국민학교 제도가 실시됨에 따라 조선에서도 국민학교령을 일본 학제와 동일한 제도로 개편하려면 시행규칙에 해당하는 소학교 규정을 일본의 국민학교령에 준거해서 개정해야 했다. 따라서 일본의 국민학교령 시행규칙에 상당하는 국민학교 규정이 제정되었다.[20]

한편, 이 시기 조선총독부에서는 국민학교령에서 강조하고

다. 충성으로써 군국에 보답한다. 우리 황국신민은 서로 신애 협력해 단결을 굳게 한다. 우리 황국신민은 인고단련 힘을 길러 황도를 선양한다"(중학교 학생 이상과 일반인용)(정태준, 앞의 글, 2003, p. 34).

18 김홍수, 앞의 책, p. 232.

19 『東亞日報』, 昭和15(1940)年 2月 17日.

20 中村榮孝, 『國民學校國民科校則案について』(上), 『文敎の朝鮮』, 昭和16(1941)年 3月号, p. 4.

있는 '내선일체', '황국신민화' 등과 같은 목표가 이미 3년 전 공포된 제3차 조선교육령과 다르지 않음을 강조하고 있었다. 일본의 경우, 1890년 규정된 소학교령 제1조의 교육목표가 50년간 계속되다가 국민학교 실시를 맞아 변화된 획기적인 것이었으나, 조선의 경우에는 제3차 조선교육령에 나타난 교육쇄신 정신과 국민학교의 연계가 강하게 나타났다. 이것을 강조하는 문건은 여러 곳에서 보인다.

> ① 국민학교 제도는 조선에서도 내년부터 실시되는데 조선에서 교육 신체제는 내지[일본]보다 먼저 3년 전 4월 조선교육령의 획기적 대개정에 의해 실현되고 있어 내지에서 실시될 예정의 국민학교안의 근본정신은 조선에서의 교학쇄신의 근본정신과 완전히 동일하다. 내지에서 교육심의회가 열릴 때 조선에서는 이미 교학쇄신의 실천에 들어간 것이다. 따라서 조선에서의 국민학교의 실시는 교학쇄신의 필연적인 전개이며 국민학교에서 우리들은 과거 3년간의 것을 일층 진전시킬 것을 바란다.[21]
>
> ② 국민학교 제도 실시는 우리 조선에서도 확실히 획기적인 일로 혁신적이지만 그 근본정신은 이미 내지에서보다 먼저 3년 우리 조선에서 나타나 실시되고 있는 교육쇄신의 근본정신과 아주 같다. 우리들로서는 과거 3년간 일층 진전시키는 것이라고 보아야 할 것이다.[22]

---

21 三田訓治, 「國民學校における諸問題」, 『朝鮮の教育研究』, 朝鮮初等教育研究會, 昭和15(1940)年 12月号, p. 6.

③ 이름이 달라지고 교육내용이 달라지기는 하나 조선에서는 벌써 전면 개정에 있어서 이 국민학교 제도의 내용을 이미 채용하고 있으므로 교과서는 급속히 개정할 필요가 없고 교사용의 것을 개정해 잘 운용하면 무방할 것으로 생각한다.[23]

④ 조선에서는 이미 1938년부터 일본정신에 따라 황운을 부익할 수 있는 황국신민을 육성하려는 황민화교육이 시행되고 있었으므로 국민학교 제도의 근본정신은 제3차 조선교육령의 정신과 하등의 차이가 없다.[24]

⑤ 조선의 국민학교는 1938년(昭和13) 4월부터 실시되어 그 실적을 드러내고 있는 교학쇄신의 연장이라고 보는 것이 타당할 것이다.[25]

이 다섯 가지 문건에 따르면 당시의 분위기는 일본과 같이 근대 교육사에서 획기적인 일로 평가되는 것이 아니라, 1938년 황국신민교육체제의 '교육쇄신'이 진전된 연장선으로 보았음을 알 수 있다. 즉, 조선에서는 일본에 앞서 이미 1938년에 전시총동원령형의 교육이 성립했고, 1941년의 국민학교는 그 연장선상에

22 中島信一, 「朝鮮における國民學校の指導精神」, 『朝鮮の教育研究』, 昭和15(1940)年 9月号, p. 83.

23 『東亞日報』, 昭和15(1940)年 2月 17日.

24 學務局長 談話, 「國民學校制度實施に際して」, 『文教の朝鮮』, 昭和16(1941)年 4月号, p. 5.

25 朝鮮總督府學務局視學官 夏山在浩(舊名 曺在浩), 「戰時下 朝鮮民衆에 傳하는 書, 國民學校制度와 學生問題 對談 · 座談」, 『三千里』 第13卷 第4号 昭和16(1941)年 4月号.

있다고 보았다.[26]

심지어 당시 일본의 지도적인 학자였던 도쿄제국대학 교육학과 교수 요시다 다이지(吉田太次)는 제3차 조선교육령에 관해서 다음과 같이 논하고 있다.[27]

> 우리 나라[일본]의 소학교령 제1조는 아직 명확하게 우리 나라 교육의 특질을 나타내지 못하고 있다. 그런데 1938년 3월 15일 발포된 조선의 소학교 규정 제1조에는 이 점을 명백하게 철저히 하도록 되어 있다. 우리 나라의 국체에 입각해 가족적·국가주의적 사회관과 인생관을 배경으로 할 것을 명시한 점에서는 소학교령 제1조에 비해 훨씬 훌륭하다고 할 수 있다.

1938년 제3차 조선교육령 실시와 그 목표는 같은 시기 일본 교육의 특질을 나타내고 있었던 소학교령 제1조보다도 '국체에 입각'한 국가주의적인 목표를 드러내고 있는 점에서 '훌륭'하다고 평가하고 있다.

그러나 조선총독부가 이러한 제3차 조선교육령에 만족하지 않고 일본 국내와 동시에 '국민학교' 제도를 실시한 의도는 전시

---

26 鄭圭永, 「戰時動員體制와 植民地 教育의 變容: 日本 植民地 支配下의 韓國教育 1937-1945」, 『教育學研究』 40(2), 2002, p. 32.
이를 '식민지주의의 역류' 혹은 '역식민지화'라고 부르는 학자들도 있다(佐藤學, 『世界史大系5: 朝鮮教育史』, 講談社, 1998, p. 24).

27 吉田太次, 『教育目的論』, 昭和13(1938), p. 244(小澤有作, 「日本植民地教育政策論: 日本語教育政策を中心にして」, 『東京道立大學人文學報』 第82号, 1971, p. 86 재인용).

체제에 조선을 '병참기지화'할 뿐 아니라 조선의 민족성과 역사를 완전히 말살함으로써, 조선인을 '동화'시키고 연성시켜 '내선일체'와 '황국신민화'를 그 어느 때보다 강화하기 위한 것이었다. 전시 체제 확립으로 인한 '대동아공영권 확립'이라는 국가 최고의 목표를 위해 사람과 물자와 문화를 최대한 집중해 활용할 수 있도록 했다. 이 모든 것들은 침략전쟁에 봉사하는 세뇌교육을 요구했으므로 일제강점기의 다른 어느 때보다도 강도 높은 실천적인 훈련과 교육이 필요했다.[28]

그리하여 크게 달라진 점은 교과의 등장과 교과 내 과목의 구성 방식이었다. 국민학교의 목표에 따라 '황국신민'에게 필요한 자질을 분류해 국민과, 이수과, 체련과, 예능과, 직업과로 교과를 만들고 각각의 교과 속에 과목을 배치했다.[29] 일본의 경우, 초등과 6개년에서는 국민과, 이수과, 체련과, 예능과 4개 교과를 가르치고 고등과 2개년에서 실업과를 부과하도록 되어 있는 것에 반해 조선에서는 6년제를 존속시키고 졸업 연한을 단축하고자 초등과 6개년에서 5개의 교과를 모두 가르치도록 했다.

국민학교라는 명칭이 처음으로 등장한 것은 1928년 6월에 임시교육심의위원회를 설치한 후였다. 동 심의위원회 회의석상에서 총독은 조선교육의 개선에 관한 기조연설을 통해 "국민일반을

28 卷頭言, 「國民學校制度實施第2年を迎えて」, 『文教の朝鮮』, 朝鮮教育會, 昭和 17(1942)年 4月号. p. 1.

29 국민학교 규정의 제1장 교칙 및 편제 제1절 교과 및 과목 제1조에 국민학교의 교과는 국민과, 이수과, 체련과, 예능과 및 직업과로 하고 국민과는 이것을 나누어 수신, 국어, 국사 및 지리의 과목으로 했다(최양호, 「日帝 統治期 韓國에 있어서의 初等歷史教育課程研究」, 『歷史教育』 48, 1990 참조).

대상으로 하는 초등 교육기관의 보급상황과 배치분포에 상당한 미비점이 많으며 또 그 수에서도 전 조선의 총 면(面) 수 중 보통학교가 없는 것이 약 반수를 차지하고 보통학교의 재학생 수도 학령해당자의 8분의 1에 불과해 이 보통학교에 유사한 국민학교 및 서당 등에 재학하는 자를 가산해도 취학자가 3할을 넘지 못하는 것은 조선통치상 매우 우려되는 바"라고 했다. 그리하여 부족한 보통학교의 대책 중 하나로 간이 초등교육 기관인 이른바 '국민학교안'을 동 심의위원회에 제출한 것이다. '국민학교안'의 주요 내용을 소개하면 다음과 같다.

> 제3호안 국민학교 신설에 관한 건
> 국민학교는 보통학교의 교육의 본지에 근거한 적절한 방법에 의거해 보통학교에 입학하는 소년을 교육시키고 특히 근무호애의 정신을 배양해 산업을 흥하게 하는 정신을 견고히 하도록 하는 목표가 있다.
> -국민학교의 수업연한은 2년 이하로 할 것
> -국민학교에 입학할 수 있는 자는 연령 6년 이상의 사람일 것
> -국민학교의 교과목은 수신, 국어, 조선어, 산술, 직업, 가사 및 재봉(여자), 체조로 할 것[30]

30 임시교육심의위원회 의안 중 제1호안은 '보통학교보급에 관한 건', 제2호안은 '보통학교의 내용개선에 관한 건', 제4호안은 '사범교육개선에 관한 건', 마지막으로 제5호안은 '청년훈련소에 관한 건'이었다(김규창, 「朝鮮語科 始末과 日語教育의 歷史的 背景(V)-統合教育令, 戰時教育令」, 『서울교육대학논문집』 6, 1973, p. 34).

이 국민학교안에서 보는 것처럼 간이 초등교육 기관으로서의 국민학교는 1941년도부터 실시된 국민학교령의 국민학교와는 교육목표나 내용 조직에서도 전혀 다른 제도인 것은 분명하다. 즉 1941년 실시된 국민학교는 초등과 6년과 고등과 2년의 8년 수업연한을 두고 '황국신민화'의 강화를 목표로 통합교과 체제를 이룬 형태였다면, 이 시기 논의된 국민학교는 그 명칭만 동일할 뿐 수업연한을 단기로 하고 교과목을 제한한 간이한 방법으로 부족한 조선인 초등교육 기관을 충당해 보려던 고식적인 방책에 불과했다.

그러나 1941년의 국민학교 제도도 같은 시기 일본과는 달리 4년제와 6년제를 존속시키는 등 이 시기의 국민학교가 의도했던 저급한 노무자 양성이라는 차별적인 교육정책의 기조는 크게 다르지 않았다.

조선총독부 측의 '국민학교의 신설에 관한 건'에 동 심의위원회에서는 다음과 같은 의견을 답신했다.

"첫째로 소학교, 보통학교가 국민교육의 근간이 되는데 이와 대비해서 정도가 낮은 학교에 국민학교라는 명칭을 붙이는 것은 더 고려할 여지가 있으며, 둘째로는 조선의 학령아동의 상황에 비추어 이 국민학교와 같은 제도를 두어 미취학 아동을 구제하느니보다는 보통학교에서 2부제 교수의 방법을 써 학교 영조물의 공율을 높이는 길이 더 바람직하다"라고 국민학교란 명칭 사용의 부당성과 보통학교 2부제 수업의 연구를 지적해 사실상 국민학교안을 반대했다.

그렇다면 조선총독부가 1941년 국민학교 제도를 실시하기까지의 구체적인 과정은 어땠을까?

1940년 2월 17일의 신문에는, 일본에서 국민학교 제도가 구체적으로 논의되자 조선총독부 학무국에서도 소학교 제도를 폐지하고 새로이 국민학교 제도를 마련해 일본 학제와의 균형과 연락을 맺는 구체안을 강구하게 되었다는 내용이 기사화되었다.[31] 조선교육령을 비롯해 각 학교 규정 등 교육관계 법령을 개정하기에 앞서 일본 중앙정부와 협의하기 위해 1940년 2월 17일 총독부 학무국 나카시마 신이치(中島信一) 교학관이 총독부 방안을 가지고 일본으로 가서 관계기관과의 협의를 거쳐 동년 3월 2일 귀임했는데, 총독부 학무국에서는 나카시마 교학관의 보고 내용을 토대로 심의한 결과 문부성 방침을 추수해 1941년도부터 일본과 동시에 조선에서도 국민학교 제도를 실시하기로 같은 날 확정 발표했다.[32] 나카시마 교학관의 귀임과 동시에 국민학교 제도 실시를 확정한 사실은 일본 문부성과의 협의내용에 상이점이 없었음을 뜻하며, 이는 신문 기사에서처럼 조선총독부가 방안을 가지고 가서 협의를 거쳤다기보다는 일본 문부성의 지침을 받아 온 것이라고 조심스럽게 추측할 수 있다.

그러나 일본의 국민학교 제도를 조선의 국민학교 제도에 그대로 이식하기에는 여러 난점이 있었다. 일본은 이를 '조선의 특수한 사정'이라 지칭하면서 '내선아동'의 교육 환경이 일본과 비교해 좋지 않다는 점, 사회생활, 학교생활, 학교생활의 유리 및 풍속, 습관, 민정 등 생활 각 측면에 전통적인 상이함이 있다는 점을

31 『東亞日報』, 昭和15(1940)年 2月 17日.

32 『東亞日報』, 昭和15(1940)年 3月 2日.

예로 들었다.[33]

그리고 '조선의 특수사정'이라고도 일컬어졌던 그 난점은 일본과 조선은 객관적 정세와 지역적 특이성이 일치하지 않을뿐더러 역사 정신과 문화 전통, 서로의 국민감정과 생활 의식이 달랐던 데다 저변에 깔린 반일 감정에 기인하는 것이었다. 이러한 '조선의 특수한 사정'은 실제로 교육정책을 일본식 교육정책으로 이식하는 데 어려운 점이었으나 그것은 또한 단순한 수사에 불과했고, 차별적 교육정책의 정당화를 대변하는 것이기도 했다.

조선총독부에서는 국민학교의 조선으로의 적용을 보다 구체적으로 검토해 일본의 국민학교령에 준거하면서 조선의 실정을 어느 정도는 참고한, 타협과 절충을 거친 국민학교안을 작성하게 된다. 따라서 대체로 문부성 안을 채용하기는 하되 조선의 몇 가지 특수한 사정을 가하는데, 총독부 학무국에서는 기초적 원안을 작성하고 7회의 회의를 마친 후 1940년 3월 8일 최종안을 냈다. 그리고 이를 교육심의회[34]에 건의하고 심의회에서는 본격적으로 심의해 국민학교 제도 실시라는 기본방침을 확정 발표하게 된 것이다. 조선교육령의 개정이 칙령사항이므로 일본 문부성의 승인

33 中村榮孝, 앞의 글, 『文教の朝鮮』, 昭和16(1941)年 4月号, pp. 14-16.

34 朝鮮總督府, 『官報』 4088号, 昭和15(1940)年 9月 4日.
교육위원회심의규정(훈령 47. 9. 4.)
제1조 조선총독부에 교육심의위원회를 둔다. 교육심의위원회는 조선에서의 교육에 관한 중요한 사항을 조사심의한다.
제2조 교육심의위원회는 위원장 및 위원 약간인으로써 조직한다.
제3조 위원장은 조선총독부 정무총감으로 하고 위원 및 임시위원은 조선총독부 내 고등관 및 학직 등 경험 있는 자 중에서 조선총독이 임명한다.

을 거쳐 최종적으로 추밀원 고문회의를 통과하여 칙재[35]가 내리게 된다.[36]

이러한 '조선의 몇 가지 특수사정'에 의해 다음과 같이 일본과 다른 특이점이 생기게 되었다. 첫째, 8년제 학제를 근간으로 하는 일본과 달리 4년제, 6년제, 8년제의 학제를 두었다. 문부성에서는 취학연령 아동의 99%가 취학하는 데 반해 조선은 아직 30%도 취학하지 못하는 터이므로 의무교육을 기본으로 하는 국민학교 제도가 시기상조라고 보았다. 그러나 조선의 교육제도를 언제까지나 그대로 둘 수 없으므로 6년제의 국민학교를 기준으로 하되 지방의 학교 사정에 따라서 특도시에는 8년제, 지방에는 4년제의 국민학교를 두기로 하고 장래에 의무교육 실시를 목표한다고 해 8년제 의무교육을 실시하려고 한 일본의 국민학교 제도와 차이를 두었다(부록 표 5 참조).[37]

지방의 4년제 학교는 일제강점기 말까지 상당수 존재했는데, 이는 저급한 노동력을 생산하고 일제에 저항하는 민족정신을 억압해 일제에 순응하는 노예화의 확대를 의미하는 것이었다. 또한 이를 위해 고등교육은 불필요하다는 불변의 교육방침에 의한 것이기도 했다.

둘째, 국민과, 이수과, 체련과, 예능과, 실업과 등으로 교과를

---

35 조선총독부는 칙령 254호(1941년 3월 31일)를 발포해 제2조 제1차항 중 소학교령을 국민학교령으로 개정했다. 동시에 종래의 소학교 규정은 부령 90호(1941년 3월 31일)로 '국민학교 규정'이 되었다(최양호, 앞의 글, p. 123).

36 『東亞日報』, 昭和15(1940)年 7月 30日.

37 『東亞日報』, 昭和15(1940)年 2月 19日.

정돈해 그 내용을 쇄신하는 것은 똑같은데, 문부성의 국민학교 교칙안과 조선의 경우를 대비할 때 가장 눈에 띄는 차이는 일본에서는 고등과에만 실업과를 둔 것에 비해 조선에서는 실업과를 직업과로 부르고 초등과 4년부터 과한 점이다.[38]

그 이유에 대해서는 실업도 직업도 경제상의 언어이나 직업의 명칭이 더 광의적인 점, 국민 보통교육에서의 직업 능력을 기르는 중심적 교과인 점, 특히 직업을 통해 국가에 봉공, 즉 직업관의 확립에 일대 혁신을 가해 국운의 발전에 공헌한다는 점, 1928년 실업과를 직업과로 개칭한 취지에 따라야 한다는 점 등으로 하여 '직업과'란 명칭이 적절하다고 했다.[39]

그러나 고등과에 실업과를 두는 일본과 달리 직업과를 초등과에 둔 의도는 지방에서 4년제 국민학교를 존속시킨 것과 마찬가지로 학교 교육에서의 저급한 노동력 양성, 일제의 침략전쟁에 순응하는 교육정책이라는 목표에 부합하는 데 있었다. 또한 더 실천적이고 현실적인 노동자를 양성하는 '직업과'라는 용어가 학문적 성격이 더 강한 '실업과'라는 용어보다 더 적절했을 것임은 분명하다.

또한 직업과를 초등과 4학년부터 과하는 것은 직업교육이 가진 사명이 명확하게 규정되는 관계상 조선에서 직업과의 실적이 일본에 비해 더 중요하다고 보고 초등과 6년을 졸업하면 곧 직업

---

38 『東亞日報』, 昭和15(1940)年 3月 8日.

39 富田市雄, 「職業科運營の精神」, 『文教の朝鮮』, 朝鮮教育會, 昭和16(1941)年 12月號, p. 75.

에 들어가는 자가 많은 상황을 고려해 일찍 직업교육을 해야 한다고 강조했기 때문이다.[40]

한편, 일본에서의 실업과는 다음과 같은 목표 및 과목과 교재, 교수방침에 의해 가르치도록 했다.

> 목표 및 과목과 교재: 실업과는 산업의 일반을 이해시켜 그 일부에 관한 보통의 지식기능을 얻는 것과 함께 근로의 습관을 양성하고 산업의 국가적 사명을 자각시켜 국운의 발전에 공헌하는 소지(素地)를 배양한다. 지방의 실정에 따라 농업, 공업, 상업, 수산의 한 과목 또는 교과목을 설치해야 하는데, 한 과목의 교재와 아울러 과할 수 있다. 직업지도에 관해 필요한 사항을 가르친다. 필요에 따라 간이한 외국어를 과할 수 있다.
>
> 교수방침:
>
> (1) 우리 나라 산업의 정세 및 특질을 명확하게 해 국운의 발전이 산업에 크게 영향을 끼치는 이유를 알리고 산업을 통해 국가에 보답하는 신념을 기른다.
>
> (2) 산업과 국방과의 관련에 유의한다.
>
> (3) 실제 사회와의 관련을 보지하고 실습 훈련을 중시한다.
>
> (4) 해외발전에 관한 적절한 지도를 한다.[41]

---

40 위의 글, p. 74.

41 文部省,『國民學校令施行規則』, 昭和16(1941)年 3月 14日 文部省令 第4号. 第6 實業科 3. 實業科의 教授方針 및 教授上의 注意.

이에 조선의 직업과는 (1), (2), (3)의 교수방침은 공통으로 하면서 다음과 같은 세 가지 사항을 수정 및 보충했다. 직업과의 목표 및 과목과 교재 및 교수방침은 다음과 같다.

> 목표 및 과목과 교재: 직업과는 직업에 관한 보통의 지식기능을 얻게 함과 동시에 직업을 중시해 근로를 호애하는 정신을 양성하고 직업을 통해 국운의 발전에 공헌하는 소지를 배양하는 것을 요지로 한다. 초등과에서는 농업, 공업, 상업 및 수산에 관한 사항 중 토지의 정황에 적절한 것을 골라 직업과 각 과목의 교수상의 주의를 참조해 가르친다. 고등과에서는 토지의 정황에 따라 농업, 공업, 상업, 수산의 한 과목 또는 수 과목을 설치한다. 수 과목을 설치하는 경우는 그 하나를 선택 이수해야 하며 한 과목에 다른 과목의 내용을 아울러 과할 수 있고 직업지도에 관해 필요한 사항을 가르친다.
>
> 교수방침: (1)-(3)은 일본과 상동
>
> (4) 대륙 및 해양 발전에 관해 적절한 지도를 한다.
>
> (5) 국민과 수신과 관련해 근무 노력 견인지구의 습관을 배양하고 국민의 직업에 충실한 공에 봉사하는 도의 소이를 획득시킨다.
>
> (6) 여아는 예능과 가사 및 재봉과의 관련에 유의해 여자에게 적절한 직업의 지도를 행한다.[42]

일본 실업과의 목표에서는 일본의 경우 '산업의 일반을 이해'

42 朝鮮總督府, 『國民學校特輯敎科書編輯彙報』 第8輯, 朝鮮書籍印刷株式會社, 昭和16(1941)年 3月, p. 72.

시키고 '보통의 지식기능을 얻고' '근로의 습관을 양성'하며 '산업의 국가적 사명을 자각'시키는 것이라고 규정하고 있는 것에 반해 조선 직업과의 목표는 '직업에 관한 보통의 지식기능을 얻게 함'과 동시에 '직업을 중시'하여 '근로를 호애하는 정신을 양성'한다고 해 학문적인 '이회'의 성격보다 구체적인 '직업'에 대한 성격을 강조하고 있다. 또한 그 과목과 교수방침에서, 고등과에서 외국어를 교수하는 일본 실업과에 반해 조선에서는 의도적으로 이러한 규정이 생략되어 있다. 또한 조선의 직업과에서만 여아에 대한 직업지도에 관한 교수방침이 규정되어 있는 것으로 보아 전시체제하에 남성과 여성을 가리지 않고 노동력을 동원하려고 한 의도를 알 수 있다.

즉 조선교육의 독자적 사명은 따로 있었으니, 고도 국방 국가체제의 건설이었다. 조선은 '내선일체'가 된 이래 아직 30년 정도밖에 지나지 않아 국민생활의 실제에서 '특수한 사정'이 있는 것도 당연하므로 조선의 교육도 역시 스스로 독자의 이상과 사명을 부과하는 것이 옳다고 하는 논리에 따른 것이었다.

이 논리에 따르면, 일시동인의 성지(聖旨)를 봉례(奉禮)하고 '내선'의 차별을 지양해 완전하게 일체가 되어 공존공영의 방법으로 동아의 안정을 확보하고 세계의 평화, 인류의 복지에 기여하는 것이 조선교육의 사명이라고 했다.[43] 이러한 논리는 '동화'를 내세워 전쟁기지화 및 전쟁에의 노예적 동원을 강행하려는 일관된 정책의 실행이었다.

---

43 中村榮孝, 「大東亞建設と朝鮮教育」, 『國民學校』, 昭和17(1942)年 5月号, p. 6.

[표 14] 조선과 일본의 국민학교 교육목표

분류	국민학교 교육목표
조선	국민학교령 제1조(1941): 황국의 도(皇國の道)에 따라 보통교육을 실시하고 충량한 황국신민의 연성을 행한다.
일본	국민학교령 제1조(1941): 황국의 도(皇國の道)에 따라 초등보통교육을 실시하고 국민의 기초적 연성을 행한다.

출처: 文部省,『國民學校令施行規則』, 昭和16(1941)年 3月 14日.
朝鮮總督府,『國民學校規定』, 昭和16(1941)年 3月 31日.

한편, 조선과 일본에서의 국민학교 교육의 목표를 비교하면 [표 14]와 같다. 문부성 내에서의 '국민의 기초적 연성'이라는 어구에 대해 조선총독부에서는 '충량한 황국신민의 연성'이라는 어구를 사용하고 있다. 즉 '국민'과 '황국신민'의 차이인데, '국민'으로서가 아닌 '신(臣)'이 가지는 차별성이 드러나 있다. 국민학교령이 공포된 이후 일본에서는 여러 문건에서 자신들을 지칭하는 말로 '국민' 또는 '황국민'이 혼용되어 나타나나 '황국신민'이 쓰이지는 않았다. 이는 앞서 살펴보았듯이 국민학교령 제1조의 원안으로서 문부성에서 실시된 1940년 1월의 국민학교 교과조사위원회 제2회 총회에 제출된 '황국신민의 기초적 연성'이라는 국민학교 목표가 심사숙고 결과 최종적으로 '국민의 기초적 연성'으로 수정됨에 따라 '황국신민'이라는 용어 사용이 부적절하다고 생각했을 가능성이 있다.

여기서 '충량한 황국신민'이란 주체로서의 '국민'이 아니라 일제의 정책에 순응하는 '예속민'을 의미하는 것이었다. 또한 '천황' 중심의 '황국신민'이란 용어를 사용해 '천황'을 중심으로 한

'동화주의'를 강조했다.

일제가 원하는 '국민'은 전장에 나가 일본 '천황'을 위해 목숨을 바칠 수 있는 '황국 일본의 신민'이었다. 조선인에게 '무기를 주어' 전장에 내보낼 수 있을 정도가 되려면 이들을 '천황'에 대한 절대적인 충성심을 갖고 일본제국을 위해 몸을 바치겠다는 사명감에 불타는 인간으로 만들어야 했다.

그런데 왜 '일본신민'이나 '제국신민'이 아닌 '황국신민'이였을까?[44]

미나미 지로 총독 시기의 학무국장 시오바라 도키사부로(塩原時三郎)가 '황국신민'이라는 이름으로 제시한 인간상은 다음과 같다.

> 천황폐하를 중심으로 받들고 천황에게 절대 순종하는 길이다. 절대 순종은 자신을 버리고 자신을 떠나 오로지 천황에게 봉사하는 것이다. 이 충의 길을 가는 것이 우리들 국민의 유일한 생존의 길이며 모든 힘의 원천이다. 그렇기 때문에 천황을 위해서 신명을 바치는 것은 이른바 자기 희생이 아니라 소아(小我)를 버리고 위대한 천황의 위광에 살며 국민으로서 진정한 생명을 발양하는 것이다.[45]

'천황'에게 절대 순종하고 그를 위해 신명을 바치는 존재로서의 '황국신민'은 종래의 식민교육에서 기르고자 하는 인간상이

---

44 宮田節子, 이영희 역, 『조선민중과 황민화 정책』, 일조각, 1997, p. 277.

45 朝鮮教育會, 「皇國臣民タルノ自覺ノ徹底」, 『文教の朝鮮』, 昭和13(1938)年 3月号.

었고 그 내용에서 훨씬 더 적극적이었다. 그것은 단순히 식민지배 질서에 순응하는 피식민자의 초상이 아니라 '천황'을 위해 자발적으로 기꺼이 목숨을 바치는 황국 병사의 상이었다.[46]

제3차 조선교육령에서 소학교의 목표였던 '충량한 황국신민의 육성'이 국민학교의 목표에서 '충량한 황국신민의 연성'이라는 말로 변화되었음을 알 수 있다. '육성'보다는 그 실천적 성격이 강한 '연성'이라는 단어를 사용함으로써 전쟁의 상황에서 더 적극적으로 수행 실천할 수 있는 교육을 강조했다.

또한 문부성에서 '초등'보통교육이라 한 것은, 일제가 조선에서의 국민학교가 초등 이상의 교육을 염두에 두지 않고 초등교육을 교육의 완성이라고 보고 있었던 것에 반해, 일본 내의 교육은 중등, 고등까지 염두에 두고 있었기 때문으로 보인다. 또한 문부성 국민학교령에서는 '국민의 기초적 연성'이라는 말을 사용하고 있는데, 기초적이라는 말은 연성의 정도를 나타내는 것으로 토대라는 의미다. 반면 조선에서의 국민학교 교육은 자신의 완성이 되는 교육이며 기초적이라는 용어에 보통교육이라고 하는 개념을 포함하고 있으므로 '기초적'을 삭제해 버린 것이라고 설명하고 있다.[47]

한편, 조선에서 교학쇄신 이념으로 만들어진 1938년의 소학교 규정 제1조에서는 다음과 같이 규정하고 있다.

---

46 오성철, 앞의 책, p. 326.

47 朝鮮總督府, 「國民學校制度實施さる」, 『朝鮮』, 昭和16(1941)年 4月号, p. 107.

소학교 규정 제1조(1938): 소학교는 아동 신체의 건전한 발달에 유의해 국민도덕을 함양하고 국민생활에 필수인 보통의 지능을 얻을 수 있는 충량한 황국신민을 육성하는 데 힘을 쏟는다.[48]

이 소학교 규정과 국민학교 규정의 가장 큰 차이점은 '육성'에서 '연성'으로 바뀐 점이다.

조선총독부는 일본과 마찬가지로 일본의 상황에 부응해 연성이라는 용어를 즐겨 사용했다. 다만 조선에서의 연성은 조선인을 한 단계 더 높은 수준의 조선인으로 연마, 육성한다는 뜻이 아니라, '천황'을 위해 물자는 물론이고 신체와 마음을 기꺼이 바칠 수 있는 진정한 일본인, 즉 황국신민으로 개조한다는 것을 의미했다. 그렇기에 조선총독부는 가정·학교·부락·단체·직장·공장·군대를 비롯한 모든 영역에서 조선인의 총력전적 자질을 끊임없이 연마, 육성하는 정책으로 '황국신민의 연성'을 지상의 목표로 내걸었던 것이다.[49]

한편, 국민학교 교육과정은 일본에서와 마찬가지로 종래에 단순 병렬적으로 편성되어 있던 각 교과들이 다섯 개 교과로 통합 재편되었다. 이들 각 교과의 목표를 일본과 비교하면 [표 15]와 같다.

국민정신과 관련이 적은 이수과의 경우에는 일본과 그 목표

48 朝鮮總督府, 『小學校規定』, 昭和13(1938)年 3月 15日.

49 정재정, 한일역사공동연구위원회 편, 「일제하 조선에서의 국가총력전체제와 조선인의 생활-'皇國臣民의 錬成'을 중심으로」, 『한일역사공동연구보고서』, 한일역사공동연구위원회, 2005, pp. 410-411.

[표 15] 조선과 일본의 국민학교 각 교과 목표

교과 \ 목표	조선	일본
국민과	우리 국가의 도덕, 언어, 역사, 국토·국세 등을 습득하고, 특히 국체의 정화를 명확하게 해 국민정신을 함양하고 황국의 사명을 자각시켜 충군애국의 지기를 양성한다.	우리 국가의 도덕, 언어, 역사, 국토·국세 등을 습득하고, 국체의 정화를 명확하게 해 국민정신을 함양하고 황국의 사명을 자각시킨다.
이수과	통상의 사물 현상을 정확하게 고찰하고 처리하는 능력을 얻어 생활상 실천하는 방법에 합리창조의 정신을 함양하고 국운의 발전에 공헌하는 자세를 배양한다.	좌동
체련과	신체를 단련하고 정신을 연마함으로써 강건·인고·지구(持久)의 심신을 육성해 헌신봉공의 실천력을 배양하여 전력의 증강에 맞는 자질을 키운다.	신체를 단련하고 정신을 연마함으로써 강건한 심신을 육성하여 헌신봉공의 실천력을 배양한다.
예능과	국민에게 필수적인 예술기능을 수련시켜 정조를 순화해 국민문화의 진전에 공헌하는 자세를 배양한다.	국민에게 필수적인 예술기능을 수련시켜 정조를 순화(醇化)한다.
직업과 (일본: 실업과)	직업에 관한 보통의 지식기능을 얻음과 함께 직업을 중시해 근로를 호애(好愛)하는 정신을 길러 직업을 통해 국운의 발전에 공헌하는 자세를 배양한다.	산업의 일반을 이해시켜 그 일부에 관한 보통의 지식기능을 배움과 함께 근로의 습관을 양성해 산업의 국가적 사명을 자각시켜 국운의 발전에 공헌하는 자세를 배양한다.

출처: 文部省,『國民學校令施行規則』, 昭和16(1941)年 3月 14日.
朝鮮總督府,『國民學校規定』, 昭和16(1941)年 3月 31日.

의 규정이 똑같다. 반면, 조선의 국민과에서는 '충군애국 지기의 양성', 예능과에서는 '국민문화의 진전에 공헌하는 자세 배양', 직업과에서는 '직업에 관한 보통의 지식기능'이라는 조문이 추가되었다. 또한 조선의 체련과의 경우에 '전력의 증강에 맞는 자질'이 강조되고 있는 것으로 보아 전시체제에 맞는 교육이 강조되고 있었음을 알 수 있다. 그러나 소위 조선의 특질상 전시체제하의 황국신민을 위한 교육을 추진하기 위해 더 많은 부분이 요구되었다.

국민학교 교육방침은 총 13개로 규정하고 있는데, 이를 종래 소학교 규정에서의 여덟 가지 교육방침과 비교하면 국민학교의 특질이 더욱 선명해질 것이다. [표 16]은 소학교와 국민학교의 교육방침 규정을 비교하고 있다.

국민학교 규정 제1항에는 교육 전반에 걸쳐 '황국의 도'를 수련한다는 용어를 추가해 황국신민 교육을 더욱 강화하고 있다. 통합과 관련한 조항이 강조되고 있는데, 특히 다섯 번째, 일곱 번째, 여덟 번째 항에서는 각각 통일적 인격, 학교행사와 교과와의 통합, 가정과 사회와의 통합을 강조하고 있다. 특히 전쟁을 수행하는 인적 자원으로서 필요한 교육을 수행하기 위하여 네 번째 항에서는 '동아 및 세계의 대세를 알고'라는 조항을 신설해 국민학교의 전 교과목을 교수할 때 황국신민적 태도를 양성하도록 지침을 내렸다.

또한 '동화'정책을 원활히 수행하기 위해 열두 번째, 열세 번째 두 조항에 걸쳐 일본어 습득에 대해 강조하는데, 단순히 '국어를 습득시켜'라고 하지 않고 '순정한 국어를 습득시켜'라고 한 것도 표현에 상당한 차이가 있으니 '순정'이 지니는 개념상의 강도가 사뭇 다르다고 할 수 있다. 이 '순정'을 첨가해서 실질적으로 어법상·발음상 완전에 가까운, 전보다 수준 높은 일어 습득을 '조선인'에게 요구했으니 여기에 국민학교 일어교육이 그 정도를 높

[표 16] 소학교와 국민학교의 교육방침 규정

소학교 교육에서의 교육방침 총8항 (소학교 규정 제2조)	국민학교의 교육방침 총13항 (국민학교 규정 제2조)
1. 교육에 관한 칙어의 취지에 더해 국민 도덕의 함양에 힘쓰며 국체의 본의를 명징해 아동으로 하여금 황국신민으로서의 자각을 진기해 황운부익의 길에 철저하도록 한다.	1. 교육에 관한 칙어의 취지에 근거해 교육의 전반에 황국의 도를 수련하며 특히 국체에 대한 신념을 확고히 해 황국신민의 자각을 철저히 하는 데 힘을 쏟도록 한다.
2. 아동의 덕성을 길러 순량한 인격의 함양을 도모하고 건전한 황국신민으로서의 자질을 얻게 하며 나아가서 국가사회에 봉사하는 마음을 두터이 해 '내선일체', 동포집달의 미풍을 기르도록 한다.	2. 일시동인의 성지를 봉례(奉禮)해 충량한 황국신민의 자질을 득하고 '내선일체', 신애협력의 미풍을 양성하는 데 힘을 쏟는다.
3. 지식기능은 언제나 생활에 필수한 사항을 선택하고 산업에 관한 사항은 특히 유의해 교수하며 반복연습 및 응용자존하게 한다.	3. 국민생활에 필수적인 보통의 지식기능을 체득시키고 정조를 순화해 건전한 신체의 육성에 힘을 쏟는다.
	4. 우리 국가 문화의 특질을 명확하게 함과 동시에 동아 및 세계의 대세를 알고 황국의 지위와 사명의 자각을 가르친다.
	5. 교수, 훈련 및 양호의 분리를 피하며 심신을 일체로 해 단련하고 황국신민으로서의 통일적 인격의 발전을 꾀하도록 한다.
4. 각 교과목의 교수는 그 목표 및 방법을 착오 없이 상호 관련해서 보익케 한다.	6. 각 교과 및 과목이 그 특색을 발휘함과 동시에 상호의 관련을 긴밀하게 해 그것을 황국신민 연성의 길에 귀일시킨다.
	7. 의식, 학교행사 등을 중시하고 교과와 병렬해 예로써 교육의 본질에 힘을 쏟는다.
	8. 가정 및 사회와 예의로써 긴밀하게 연락해 아동 교육의 전체에 힘을 쏟는다.

[표 16] 소학교와 국민학교의 교육방침 규정(계속)

소학교 교육에서의 교육방침 총8항 (소학교 규정 제2조)	국민학교의 교육방침 총13항 (국민학교 규정 제2조)
5. 근로호애(勤務好愛)의 정신을 길러 흥업치산의 지조를 견고히 한다.	9. 교육을 국민생활에 즉해 구체적·실체적인 것으로 함과 동시에 근무호애의 정신을 함양해 흥업치산의 지조가 확고하도록 힘을 쏟고 직업생활에 대한 적절한 지도를 한다.
6. 아동의 신체를 건전하게 발달케 하고 어느 교과에 있어서나 그 교수는 아동의 심신발달의 정도에 부합하도록 한다.	10. 아동 심신의 발달에 유의하고 남녀 특성, 개성, 환경 등을 고려해서 적절한 교육을 실시하는 데 힘써야 한다.
	11. 교육을 할 때에는 아동의 흥미를 환기해 자수(自修)의 습관을 양성하는 것에 힘써야 한다.(추가조항)
7. 일본어를 습득시키고 그 사용을 정확히 하고 응용을 자존케 해서 일본어교육의 철저를 꾀해 황국신민된 성격을 함양하도록 한다.	12. 순정한 국어를 습득시키고 그 사용을 정확 자유롭게 해 국어교육의 철저를 기해 황국신민적 성격을 함양하는 데 힘써야 한다.
8. 교수용어는 일본어를 사용한다.	13. 교수용어는 국어[일본어]를 사용할 것. 국민학교에서 국민과 국어가 각 교과과목의 지도를 통해 일어생활화의 원리가 되어야 한다.

출처: 朝鮮總督府, 『小學校規定』, 昭和13(1938)年 3月 15日.
朝鮮總督府, 『國民學校規定』, 昭和16(1941)年 3月 31日.

여 가고 교육의 내용과 방법도 그만큼 진전을 보였다는 정책적 판단이 전제되었음을 알 수 있다.

앞에서 열거한 국민학교의 교육방침을 살펴보면 당시 일본이 지향했던 길, 즉 제국주의 국가로서 타국을 침략해 영토를 확장하면서 식민지를 확보해 그 주민들을 일본인으로 '동화'하려는 식민정책을 황국의 도라고 생각하고 이를 국민학교 교육의 기본방향으로 집중시키고 있다.

교과 및 과목을 배열할 때, 국민학교 초등과에서는 아동의 신체나 심성발달 전반에 걸쳐 기초교양을 주로 하고 고등과에서는 기초교양을 더 확대해 국민의 실제 생활에 적응시키는 데 유의했는데, 조선의 특수사정을 고려해서 토지의 정황과 아동의 장래를 생각해 실무 함양에 중점을 두었다. 과목 선택에 맞추어 각 교과에서 분절된 과목도 처음에는 종합적으로, 점차 분과적으로 구성하는 방침을 정해 배열한 것이다. 따라서 국민학교 초등과 제1학년은 총독부 주도하에 전부 또는 일부의 교과를 종합적으로 교수할 것을 인정했다.[50] 일본의 경우 초등과 1, 2학년에서 종합교수를 할 수 있다고 규정한 것에 비해 조선에서는 초등과 1학년에서만 할 수 있도록 한 것은 당시 종합교수를 하기 위해서는 많은 준비가 필요하며 6년제 국민학교에서 2년간 종합교수를 하게 될 경우 지식과 기능 측면에서 시간이 부족하다는 것이 이유였음을 추측할 수 있다.

한편, 국민학교 교과목의 매주 수업시수는 [표 17]과 같다.

이 표에서 알 수 있는 교과목 편제상의 특색은, 조선어 교과의 폐쇄, 1, 2학년에 수신 및 국어의 구별이 없어진 점, 예능과에 공작이 신설된 점, 지리 과목 '환경의 관찰(環境の觀察)'의 4학년

50 국민학교 규정 제28조: 제1학년에서는 학교장이 도지사의 인가를 받아 전부 또는 일부의 교과 및 과목에 의해 종합교수를 할 수 있다.
종합교육에 대해서는 조선에서도 많은 논의가 있었다(高濱圭甫, 「特別講座 國民學校案 (第6回) 國民學校に於ける綜合教育に備ふ」, 『朝鮮の教育研究』, 昭和15(1940)年 10月号와 中林モト, 「綜合教育實踐の所感」, 『國民學校』 創刊號, 昭和16(1941)年 7月号 참조).

[표 17] 6년제 국민학교 교과목의 매주 수업시수

<table>
<tr><th>교과</th><th>과목</th><th>1학년</th><th>2학년</th><th>3학년</th><th>4학년</th><th>5학년</th><th>6학년</th><th>계</th></tr>
<tr><td rowspan="4">국민과</td><td>수신</td><td rowspan="2">11</td><td rowspan="2">12</td><td>2</td><td>2</td><td>2</td><td>2</td><td rowspan="2">62</td></tr>
<tr><td>국어</td><td>9</td><td>8</td><td>7</td><td>7</td></tr>
<tr><td>국사</td><td></td><td></td><td></td><td></td><td>2</td><td>2</td><td>4</td></tr>
<tr><td>지리</td><td></td><td></td><td></td><td>1</td><td>2</td><td>2</td><td>5</td></tr>
<tr><td rowspan="2">이수과</td><td>산수</td><td rowspan="2">5</td><td rowspan="2">5</td><td>5</td><td>5</td><td>5</td><td>5</td><td rowspan="2">37</td></tr>
<tr><td>이과</td><td>1</td><td>2</td><td>2</td><td>2</td></tr>
<tr><td rowspan="4">직업과</td><td>농업</td><td></td><td></td><td></td><td rowspan="4">3(남)
1(여)</td><td rowspan="4">4(남)
1(여)</td><td rowspan="4">4(남)
1(여)</td><td rowspan="4">11(남)
3(여)</td></tr>
<tr><td>공업</td><td></td><td></td><td></td></tr>
<tr><td>상업</td><td></td><td></td><td></td></tr>
<tr><td>수산</td><td></td><td></td><td></td></tr>
<tr><td rowspan="2">체련과</td><td>무도</td><td></td><td></td><td></td><td></td><td rowspan="2">5(남)
4(여)</td><td rowspan="2">5(남)
4(여)</td><td rowspan="3">37</td></tr>
<tr><td>체조</td><td rowspan="2">5</td><td rowspan="2">6</td><td>5</td><td>5</td></tr>
<tr><td rowspan="6">예능과</td><td>음악</td><td>2</td><td>2</td><td>1(남)
2(여)</td><td>1(남)
2(여)</td></tr>
<tr><td>습자</td><td></td><td></td><td>1</td><td>1</td><td>1</td><td>1</td><td>4</td></tr>
<tr><td>도화</td><td rowspan="2">2</td><td rowspan="2">2</td><td rowspan="2">2</td><td rowspan="2">3(남)
2(여)</td><td rowspan="2">3(남)
2(여)</td><td rowspan="2">3(남)
2(여)</td><td rowspan="2">15(남)
12(여)</td></tr>
<tr><td>공작</td></tr>
<tr><td>가사
(여)</td><td></td><td></td><td></td><td rowspan="2">3(여)</td><td rowspan="2">4(여)</td><td rowspan="2">4(여)</td><td rowspan="2">11(여)</td></tr>
<tr><td>재봉
(여)</td><td></td><td></td><td></td></tr>
<tr><td>계</td><td></td><td>23</td><td>25</td><td>27</td><td>32(남)</td><td>34(남)</td><td>34(남)</td><td>175(남)</td></tr>
</table>

출처: 朝鮮總督府, 『國民學校規定』, 昭和16(1941)年, 3月 31日.

1시간 이수(증설), 습자 과목 설치 등이다. 특히 습자가 1, 2학년에 시행되지 않는 것은 일본과 다른 점이었다. 예능과로서의 습자는 3년이 되면 처음으로 교수해 1, 2학년에서는 국민과 국어 과목에서 연필로 연습하는 것으로 했다. 또한 문부성안을 보면 4학년에 신설된 '향토의 관찰'이 국사와 지리 합쳐서 1시간으로 증설된 것에 반해 조선총독부에서는 '환경의 관찰'을 4학년에 신설하되 지리 시간에 1시간 배당했다.

각 교과별 시수 비율은 국민과가 당연히 가장 높다. 총 175시간(남아의 경우) 중 71시간으로 40.6% 할애되어 있다.

이렇게 국민과가 중시된 이유는 국민과가 '황국의 도에 즉해' 황국신민을 양성하는 데 본지를 두고 있었기 때문이다. 따라서 황국의 사명이 무엇인가를 자각시키기 위해서 일본 국민으로서의 정신을 함양하고 국체에 관한 신념을 깊게 하여 충군애국의 지기를 가르치는 교과가 된다. 특히 '충군애국'은 일본에서의 국민과 목표에 비해 추가된 조문이었는데 이는 전쟁에 참여하는 '황국신민'이 가져야 할 덕성이기도 했다. 국민과는 이와 같은 교육내용을 직접적으로 취급하는 교과이며 '황국의 도'를 연성시키는 각 교과 중에서도 중핵을 차지했다.

한편, 국민학교의 실시와 함께 일본에서는 1941년에 1, 2학년용, 1942년에 3, 4학년용과 같이 5개년에 전부 교과서 편찬을 마치도록 되어 1941년도에는 모든 1, 2학년생이 새로운 교과서로 배우고 3학년부터는 기존 교과서를 그대로 사용했다. 그러나 조선총독부는 조선의 특수성을 가미해 반드시 교육해야 할 교과목의 교과서 편찬은 특히 신중해야 하므로 문부성에서 발행하는 1,

2학년용 교과서를 참고로 1942년(昭和17)부터 교과서를 개정하기로 했다. 문부성 편찬의 교과서에 표준을 둔다고 해도 그 내용은 3분의 2까지는 조선의 실정에 따라 수정해 황민교육을 시키도록 했다.[51] 1942년에 1학년부터 4학년까지의 교과서 편찬을 마치는 즉시 1943년부터 이 교과서를 사용시켜 3개년에 편찬을 완료하기로 한 것이다. 그리고 일본인(내지인)을 주로 수용하는 국민학교 초등과 1, 2학년에 한해 문부성 발행의 국민학교용 교과서(창가, 습자를 뺀)를 사용하고 그 외는 종래의 교과서를 사용하도록 했다.[52]

이상과 같이 국민학교 제도는 문부성과 조선총독부에서 같은 시기에 실시했지만, 그 특징상 양자의 차이가 보였다. 4, 6, 8년제의 국민학교 제도 설치, 직업과의 초등과 설치, 교육목표에서 '국민'이 아닌 '황국신민'의 연성 강조 등이 그 차이라고 할 수 있다. 즉, 전쟁 상황하에서 보다 자발적인 전쟁 참여를 이끌어 내기 위해 교육은 겉으로 '동화'의 대원칙을 고수했지만, 실제 그 시행에서는 민족성의 말살, 전쟁의 강제 동원, 국가주의 강조를 위한 교육적 측면의 왜곡 등으로 인해 이러한 차이가 나타날 수밖에 없었던 것이다.

---

51 『東亞日報』, 昭和15(1940)年 7月 30日.

52 井下田緊雄, 『國民學校教則案解說』, 東亞出版社, 1941(昭和16), p. 24(民族問題研究所 編, 『日帝下 戰時體制期政策資料叢書』 第43卷, 韓國學術情報株式會社, 2000에 수록).

3　국민과 운용의 식민지적 변용과 특징

국민학교에서 통합교과체제의 도입으로 국민과가 설치되었다. 국민학교에서의 통합교과체제는 목표와 실제 면에서 일본과 차이가 있었는데, 국민과도 마찬가지로 그 식민지적인 변용을 겪게 되었다. 여기서는 '조선'에서의 국민과 목표, 교수방침, '환경의 관찰'의 신설, 조선어 폐지 등 일본과 다른 특질을 중심으로 고찰하고자 한다.

국민과의 목표는 국민학교 규정 제3조에 다음과 같이 규정하고 있다.[53]

> 국민과는 우리 국가의 도덕, 언어, 역사, 국토·국세 등을 습득하고, 국체의 정화를 명확하게 해 국민정신을 함양하고 황국의 사명을 자각시켜 충군애국의 지기를 양성한다.

'충군애국의 지기를 양성'하는 데 일본에서보다 더 역점을 두

53　朝鮮總督府,『國民學校規定』第3條 國民科, 昭和16(1941)年 3月 31日.

어 황국신민화에 기여할 수 있도록 했다.

국민과의 교수방침은 첫째, 황국신민으로서의 자각과 경신봉공(敬神奉公)의 진의를 체득시킬 것, 둘째, 우수한 국민성을 가지고 문화의 독자적 발전에 정진할 정신을 기를 것, 셋째, 세계정세를 명확히 판단하고 대국민으로서의 자질을 계배(啓培)하도록 힘쓸 것, 넷째, 국민과는 타 교과와 긴밀한 관련을 맺어 정치, 경제, 국방, 해양 등에 관한 사항을 교재로 취급할 것의 네 가지로 집약할 수 있다.

이를 일본에서의 국민과 교수방침과 비교하면 [표 18]과 같다. 조선의 국민과 교수방침은 두 번째 항목에서 "우리 국가 문화의 특질을 명확하게 한다"는 부분이 일본과 다르게 첨가되어 있다. 또한 일본의 국민과 교수방침에는 "대국민의 자질을 키운다"라는 내용이 첨가되어 있는데, 이는 같은 역사와 문화를 지니지 않은 조선을 '동화'시키기 위한 도구로서 국민과가 강조되었음을 알 수 있게 하는 부분이다. 즉, 일본에서는 국민과의 목표가 '동화'보다는 전쟁을 미화하고 '동아 및 세계'로 나아가는 '국민연성'을 기르는 데 더욱 주력했음을 알 수 있다.[54]

국민과는 도의, 언어, 국토, 국세를 습득시켜 국민정신을 체득하고 국체에 대한 신념을 확립하도록 하는 것이고, 국민과 수신은 소학교 규정에서는 단지 수신서를 읽으며 설명하는 것에 불과했으나 국민학교에서는 실지로 수신서에 있는 내용을 실행시키는 데 특징이 있었다. 특히 국민학교 저학년에서는 '예의범절(躾)

54 中村榮孝,『國民學校國民科校則案について』(上), p. 5.

[표 18] 조선과 일본의 국민과 교수방침

구분	조선	일본
국민과 교수방침	(1) 황국에 태어난 기쁨을 느끼고 경신(敬神), 봉공의 진의를 체득시킨다. (2) 우리 국가의 역사, 국토가 우수한 국민성을 육성하는 이유를 알림과 함께 우리 국가 문화의 특질을 명확하게 해 그 창조발달에 힘쓰는 정신을 기른다. (3) 타 교과와 상응하는 정치, 경제, 국방, 해양 등에 관한 사항의 교수에 유의한다.	(1) 황국민의 기쁨을 느끼고 경신(敬神) 봉공한다. (2) 일본의 국민성 및 문화를 창조발전시킨다. (3) 동아 및 세계의 대세와 대국민의 자질을 키운다. (4) 타 교과와 상응하는 정치, 경제, 국방, 해양에 관련된 사항의 교수에 유의한다.

출처: 文部省,『國民學校令施行規則』, 昭和16(1941)年 3月 14日.
朝鮮總督府,『國民學校規定』, 昭和16(1941)年 3月 31日.

을 가르치는 것'부터 하게 된다. 이것이 아동교육에 제일 중요한 것으로 장래 장성했을 때 영향을 미치는 것이라고 했다. 처음에는 자각없이 시키는 대로 할 것이나 점차 자각 있는 '국민적 연성'이라는 방향으로 향하게 될 것이기 때문에 처음에는 극히 평범한 것부터 실천시켜야 한다. 즉, 유희(遊戲), 여러 가지 학교행사에 대한 것, 학교교사에 대한 태도, 학우와의 교제, 학용품, 기타 소지품의 취급, 복장, 가정에서의 조석(朝夕) 인사, 길 걷기, 전차 타기, 차 안에서 주의점, 신사참배 등 아동이 알기 쉽고 실행하기 간단한 것부터 지도해야 한다고 했다.[55]

따라서 국민과 수신의 수업 방침은 특히 친밀한 실천의 지도

55 宮村正輿,「國民學校의 敎育的 內容과 家庭-各家庭 어머니들에게」,『朝光』第7卷 4号, 昭和16(1941)年 4月, p. 245.

를 제일로 하고 현재 행해지고 있는 도덕 생활을 직접적으로 가르쳐야 한다고 했다. 즉, 수신의 시간은 학교에서의 생활시간 전체로 확산되어 수신의 교실은 아동의 생활 장소 전체로 확장시켜야 한다.[56]

앞서 언급했듯이 일본의 국민학교 교육과정에는 4학년에 국사를 중심으로 지리를 통합한 '향토의 관찰'이라는 과목이 있었다. 조선의 국민학교에서는 같은 4학년 지리 과목에 '환경의 관찰'을 1시간 두는 차이가 보인다. 역사는 제2차 조선교육령 발포 이후 계속해서 초등 5, 6학년에 각 2시간씩 지리과와 함께 이수해 왔는데 국민학교 시기에 이르러 지리가 1시간 더 4학년에 추가된다. 조선에 부과된 '환경의 관찰'이 지리적 성격이 강한 교과라면, 일본에서 부과된 '향토의 관찰'은 국사와 지리가 7:3의 비율로 통합된 형태로 교수되었다.

사실상 조선총독부의 정책상 지리교육은 역사교육보다는 우대를 받았다. 그 근거로, 제1차 조선교육령 발포 당시 『조선어독본』 교과서 편찬취의서에 다음과 같이 쓰여 있다.

> 『국어독본』에 내지[일본]의 역사지리 내용을 첨가했던 똑같은 이유에서 본서에 특히 조선의 지리, 역사, 내용을 더했다. 조선 역사 교재는 권5와 권6에 있고, 조선 지리 교재는 조선어 교과당 권2, 권3 중 특히 권3의 대부분이다.[57]

---

56 春川師範學校 編, 『國民學校教育精說』, 春川師範學校, 昭和17(1942), p. 42.

57 朝鮮總督府, 『朝鮮語讀本 教科書 編纂趣意書』, 大正元年, p. 12.

위와 같이 지리에 관한 교재는 권3에서 대부분을 차지할 정도로 많지만, 편찬취의서에서 권5와 권6에 들어가도록 되어 있는 조선의 역사 내용은 한문의 부분에 들어가 있고 조선어의 부분에는 하나도 없다. 결국 조선인 아동은 조선어로 조선역사나 역사적 인물에 대해 배우지 않았다는 것이 된다.

이처럼 『조선어독본』에는 조선의 역사 내용보다 조선의 지리 내용이 많이 채택되었다. 또한 지리와 더불어 조선의 산업, 행사, 관청 등 지극히 일반적인 것이 제재(題材)로서 채택되었다.

조선 식민지 교육의 기본방책에서 역사보다 지리를 우선했음은 이 외에도 여러 사례에서 찾아볼 수 있다. 조선인 아동에게는 한국사 특히 한국의 영웅적 인물보다는 한국의 풍물을 교수하는 편이 민족의식, 독립의식 고취를 경계하는 데는 좋았을 것이다.

전술했듯이 '생활환경의 지리적 관찰' 즉 '환경의 관찰'은 문부성에서 '향토의 관찰'이라고 불리는 것과 대비해 지리적 성격을 가진 과목이었다. 이는 국민과 지리 교칙 중의 중요한 변경 사항 중 하나였으며 국민과 지리의 일본과 다른 가장 큰 특징이다. 문부성에서는 지리 교수의 출발점 또는 입문으로서 이 '향토의 관찰'을 채택함과 동시에 국민과 '국사' 교수의 출발점으로 해 그 종합지도의 방침을 세운 것으로, 국민과의 분화 과정상에서 중요한 지위를 점했다. 즉, 앞에서 살펴보았듯이 일본의 국민과에서는 '수신, 국어, 국사, 지리' 4과목의 교수에 대해 미분화의 종합적 지도에서 점차 발생적으로 분화시켜 가는 방침을 세워 1, 2학년은 미분화해 우선 수신, 국어의 종합지도에 의한 것으로 하고 4학년에 처음으로 '국사 및 지리'의 종합지도인 '향토의 관찰'을 도입한 것이다. 제5, 6학년의 고학년에서는 이것으로부터 '국사', 지리 양 과목을 분화시켜 가는 체계가 성립되었다.

그러나 조선에서는 앞서 설명한 대로 '국사'보다는 지리 과목이 더욱 중시되었다. 그래서 "조선의 역사적 관찰에 대해서는 그 범위가 한정된 실정이다. 따라서 '향토의 관찰'이라고 하는 것은 오히려 '생활환경의 지리적 관찰(環境の觀察)'이라고 이름 붙이는 것이 가장 적절할 뿐 아니라 개념도 이것에 의해 명확해진다. 특히 향토라고 하는 말은 그 의미가 통속적으로도, 학술적으로도, 전문적으로도 모호한 것이며 정의를 지시해 주어야 비로소 명확해진다는 폐해가 있어"[58] 역사적 개념을 삭제한 '환경의 관찰'이라는 과목이 대신하게 된 것이다.

다음으로 조선에서 특화되어 고쳐진 '생활환경의 지리적 관찰'(이하 '환경의 관찰')은 어떠한 내용 또는 범위를 가르쳤는지 살펴본다.

'환경의 관찰'의 범위는 두 단계로 나눌 수 있다. 첫 단계는 학교를 중심으로 아동이 쉽게 직접 관찰할 수 있는 지역이다. 두 번째 단계는 생활환경 그 자체의 범위에서 점차 이것을 확대해 조선의 특수사정을 고려한 소위 '조선 지방'이라고 하는 것을 단위로 했다. 이 '조선 지방'과 일본의 관계, 즉 황국에서 '조선 지방'이 어떠한 위치를 점하고 있는지를 인식해야 한다고 했다. 지리교수상의 방침으로서 '대륙전진기지'라는 조선의 지위와 사명을 확

58 中村榮孝, 「國民學校國民科校則案について」(四), 『文教の朝鮮』, 朝鮮教育會, 昭和 16(1941)年 6月号, p. 32.

인시키도록 한 이유이기도 하다. 일반적으로 '환경의 관찰'을 지리학습의 출발점이며 또한 기초라고 보았다.[59]

제3차 조선교육령하에서 이미 '국사지리' 통합교과가 설치되어 있었다. 그동안 '국사' 교과를 두지 않았던 4년제 소학교의 4학년에 새로 매주 2시간의 '국사지리' 통합교과가 배치된 것이다.[60] 4년제 소학교용 교과서로서 『국사지리』 상·하권이 새로 편찬되어 1938년 4월과 12월에 각각 발행되었다. 상권은 개정 교육령 실시에 따라 급하게 편찬된 것이라 곧 수정에 들어갔으며 1939년 2월에 개정판이 나왔다. 하권은 제3학기(1월 1일부터 3월 31일까지)의 사용을 목표로 하고 상권에 비해 다소 시간적 여유가 있는 1938년 12월에 발행되어 즉시 개정할 필요는 없었다.

『국사지리』 상·하권은 국민학교제도 시행과 함께 1941년 4월부터 4년제 심상소학교가 6년제 국민학교로 전환됨에 의해 그 필요성이 사라졌다. 그러나 1941년만은 경과적 조치로서 4년제 심상소학교에 재학한 아동이 졸업하기까지 졸업 연한 4년 과정을 세웠기 때문에 『국사지리』 상·하권은 1941년도까지 사용되었다.[61]

---

59 위의 글, p. 28.

60 준거한 법령은 조선총독부령 제24호 소학교 규정의 제2호표 '國史地理科' 第4學年의 항으로, 이것에 의하면 매주 교수시수는 2시간, 요항은 '국사, 일본지리의 대요, 만주 및 지나(중국) 그 외 제 외국지리의 대요'로 표시된다(朝鮮總督府, 「新刊'國史地理'編纂の趣旨と取扱上の主意」, 『教科書編纂彙報』, 第1輯, 朝鮮總督府 昭和13(1938), p. 6).

61 權伍鉉, 「朝鮮總督府下における歴史教育內容史硏究: 國民意識形成の論理を中心に」, 廣島大學博士學位論文, 1999, p. 320.

또한 『국사지리』는 '국체명징'의 취지에 철저하고 일본의 세계적 지위를 강조하는 등의 편찬방침, 인명이나 사건명이 아니라 국가의 발전과정을 나타내는 용어로 단원명을 취한 점[62] 등이 1940년대의 교과서에 앞서 시도되었다.[63]

권오현과 이전은 조선총독부가 편찬한 『국사지리』 교과서의 국민의식 형성의 논리를 고찰하면서, 이 교과서가 가진 구성 원리와 구성 방법을 분석했다. 즉, "『국사지리』는 국가 발전 단계에 따르는 구성 원리를 채택하고, 국사와 지리를 병렬적으로 배열하는 상관적인 구성 방법을 동원해 지리적 현세(現勢)를 공간적으로 인식할 뿐 아니라 시간적으로도 인식할 수 있도록 했다"라고 분석하면서 "이 교과서가 국토의 지리적 특성, 즉 객관적 대상으로 존재하는 자연경관이나 영토 등에 국민의식을 형성하기 위한 주관적 가치와 의미를 부여하고 있다"라고 했다.[64]

---

62 上卷(어역대표, 제1 대일본제국, 제2 천황폐하의 어선, 제3 황대신궁, 제4 국가의 시작, 제5 황실의 은혜, 제6 대륙과의 관계(1), 제7 대륙과의 관계(2), 제8 나라의 수도, 제9 경도의 수도, 제10 무가의 형태(1), 제11 무가의 형태(2), 제12 근왕의 마음, 제13 조정의 위광, 제14 국위의 빛남, 제15 태평의 은혜(1), 제16 태평의 은혜(2), 제17 대일본제국 전도), 下卷(제18 메이지의 신정(1), 제19 메이지의 신정(2), 제20 제국의회, 제21 동양의 평화(1), 제22 동양의 평화(2), 제23 신조선(1), 제24 신조선(2), 제25 세계대전, 제26 지금의 황대(1), 제27 지금의 황대(2), 제28 세계의 일본(1), 제29 세계의 일본(2), 제30 세계의 일본(3), 제31 국민의 각오(1), 제32 국민의 각오(2), 연표)(조선총독부 편찬 『國史地理』 上卷, 昭和14(1939) 개정판과 『國史地理』 下卷, 昭和13(1938)年 12月 판 참조).

63 『國史地理』 上·下卷은 일제의 통합교과서로서 최초였다. 일본에서도 통합교과서를 만들려는 시도가 있었으나 이는 지방적 차원이었고 국가적 차원에서 만들어진 것은 없었다. 『國史地理』 上·下卷은 만주의 통합교과서인 『황국의 자세(皇國の姿)』보다 빠른 시기에 만들어진 것이며, 『황국의 자세』가 만주 소재 관동국민학교에 재학 중인 일본인 아동이 대상인 점에 비해 『國史地理』 上·下卷은 식민지 아동이 대상이었다(權伍鉉, 앞의 글, p. 374).

일본 지리 교과와 또 하나의 차이점은 초등과와 고등과에서의 교재 배당에 있었다. 이것은 이후 상술할 국민과 '국사'의 경우와 같은 맥락에서의 차이였다. 조선 국민학교 규정 제6조에서 다음과 같이 규정했다.

> 초등과에서는 '생활환경의 지리적 관찰'부터 시작해 우리 국토 및 동아를 중심으로 하는 지리의 대요를 가르쳐 우리 국토를 바르게 인식시킴과 함께 세계지리 및 우리 국세의 대요를 가르치도록 하고 고등과에서는 그 정도를 진전시켜 가르친다.[65]

그러나 문부성은 국민학교령 시행규칙 제5조의 제2항에서 다음과 같이 규정하고 있다.

> 초등과에서는 '향토의 관찰'부터 시작해 우리 국토 및 동아를 중심으로 하는 지리의 대요를 가르쳐 우리 국토를 바르게 인식시키도록 한다. 고등과에서는 세계지리 및 우리 국세의 대요를 가르치도록 한다.[66]

즉, 조선에서의 초등과 제2단에 들어 있는 '세계지리 및 우리 국세의 대요를 가르치고'라는 문구를 고등과에 넣고 있다. 일본에

64 권오현, 이전, 「일제강점기 『국사지리』교과서의 지리 내용에 동원된 국민의식 형성 논리에 대한 고찰」, 『문화 역사 지리』 24(1), 한국문화역사지리학회, 2012, p. 1.

65 朝鮮總督府, 『國民學校規定』.

66 文部省, 『國民學校令施行規則』, 昭和16(1941)年 3月 14日 文部省令 第4号.

서 문부성은 초등과에서는 국토 인식을 주로 하고 고등과에서는 세계의 정세 및 우리(일본)의 국세지리를 가르친다고 하는 단계적 내용을 담고 있다. 반면 조선에서 초등과에 '세계지리 및 우리 국세의 대요를 가르치는' 이유에 대해서 "이미 조선의 토지 자체가 대륙의 일부를 이루고 동아의 각지와 밀접불가분의 관계가 있기 때문에 이 토지에서 지리를 배우기 위해서는 널리 그 배경을 생각해야 한다. 또한 현재의 시국을 생각하면 당연 세계의 제 정세와 '우리 국세의 대요'라고 하는 것은 초등과 상응의 정도에서 충분히 가르쳐야 한다"는 관점으로 설명하였다. 이 같은 취지에서 이를 초등과에 모두 합치고 고등과에서는 그 정도를 진전시켜 부과하는 것이다.

또한 다른 관점에서의 이유로, 수업연한 6년의 국민학교가 대부분을 점하고 있는 조선의 상황에서 국민학교의 졸업생은 곧바로 사회생활에 들어가기 때문에 6년제의 국민학교에서도 학교교육을 완성시켜야 한다고 했다.[67]

한편, 제3차 조선교육령에서 수의과목으로 전락했던 조선어는 어떻게 되었을까?

국민학교 규정에서 초등과, 고등과를 포함해 국어(일본어)가 정규과목으로서 필수과목으로 설치되어 있을뿐더러, 그 수업시수를 3학년부터 각 학년마다 2시간 이내로 증가해서 보충수업을 할 수 있도록 하는 강화 규정을 두었음에 반해, 국민학교 초등과와 수업연한 6년의 국민학교에서 조선어는 가설과목으로 하고 다시

67 中村榮孝, 「國民學校國民科校則案について」(四), p. 23.

수의과목으로 규정했으니 국민학교 규정 제1조에 "전항에 의거한 과목 외에 조선어를 설치하고 고등과에서 외국어 및 그 외 필요한 과목을 설치할 수 있다. 전항의 규정에 의해 설정하는 과목은 그것을 수의과목으로 할 수 있다"라고 했다.

국민학교에서 수의과목인 조선어 교수를 실시할 수 있다 함은 조선어 훈련과 습득을 통해 일상생활에서 정확하고 자유로운 조선어사용을 목표로 하는 것이 아니었다. 이것은 어디까지나 일어를 모르는 저학년 아동에게 일어를 교수하기 위해 보조적 수단으로 가설할 수 있도록 한 것이니, 조선어 자체의 교육적 의의보다는 일어의 습득과 철저한 생활화를 돕기 위한 방편에 불과했다.

조선어에 관한 규정을 보더라도 단지 조선어를 수의과목으로 가설할 수 있다고만 규정했을 뿐 그 과정 및 과목내용 그리고 수업시수에 대해서는 전연 제시되어 있지 않다. 이는 사실상 조선어가 국민학교에서는 불필요한 과목일뿐더러 실제로도 교수가 불가능하도록 되어 있다는 해석상의 표현이기도 하다.

폐지과목이나 다름없던 조선어가 국민학교 규정상 가설과목으로 제시되어 있다 하더라도 이미 1938년도 소학교 규정에서 보는 것처럼 필수과목에서 수의과목으로 전락해 버려 각 소학교에서는 거의 조선어 교수가 전폐되다시피 한 터였다. 잠적해 버린 조선어과가 국민학교에서 다시 부활할 것으로 기대할 수도 없었으며 조선인의 일본인화와 '내선일체'의 구체화를 강행하던 전체주의적 통제교육의 수련장이던 국민학교가 갖는 특수성으로 보아서도 일제하의 조선어 교수는 더 이상 학교에서 행해지지 않게 된 것이다.[68]

이상, 조선에서의 국민과는 일본에서의 국민과와 다른 특이점을 가지고 등장했다. 첫째, 목표에서 일본과 달리 '충군애국의 지기를 양성'한다는 것이 첨가되고 교수방침에서도 일본의 역사와 문화의 우수성을 강조하도록 되어 있는데 이것은 '동화'를 강조하는 국민과의 특성을 나타낸다. 둘째, 일본에서 국사를 중심으로 지리를 부가한 '향토의 관찰'이 제4학년에 1시간 배당된 것과 상응해 조선에서는 지리 과목인 '환경의 관찰'이 4학년에 1시간 배당되었다. 이 '향토의 관찰'은 1938년 제3차 조선교육령의 4년제 심상소학교에서 만들어진 '국사지리과'와 연관을 추측할 수 있는데, 국사와 지리의 내용구성이 7:3이라는 점과 국사지리 통합을 추구한 점에서 그 공통점을 찾을 수 있을 것이다. 한편, 제3차 조선교육령에서 수의과목으로 전락한 조선어 과목은 국민학교 교육과정에서 완전히 사라지게 되었다.

68 金奎昌, 「朝鮮語科 始末과 日語教育의 歷史的 背景(Ⅳ)-國民學校制度」, 『서울교육대학논문집』 5, 1973, pp. 34-36.

4 국민과 각 과목 운용의 실제

국민과를 이루는 수신, 국어, 국사, 지리는 학문적 내용이 비슷한 과목을 묶어 하나의 교과가 된 것이 아니라 '황국신민의 연성'이라는 국민학교의 목표 아래, 동시에 '국민정신 함양', '황국의 사명 자각', '충군애국의 지기'라는 국민과의 목표 아래 묶인 과목이었다. 그래서 종적인 축으로는 이들 과목들이 모두 '황국신민화'의 궁극적 목표에 합치되도록 한 것이다.

국민과를 이루는 수신, 국어, 국사, 지리 과목은 조선에서 어떠한 특질을 가지고 운영되었는지 살펴보자.

조선총독부가 발행한 수신 교과서는 1911년에, 1907년도 학무국 편 『보통학교 학도용 수신서(普通學校 學徒用 修身書)』를 시급히 개정해 편찬하면서 처음 발행되었다. 이 시기의 수신 교과서는 문부성에서 편찬한 것으로, 일본의 것과 차이점이라면 인물과 환경을 조선화하고 한글을 사용한 것뿐이었다.[69]

69 朝鮮總督府, 「修身教科書沿革考」, 『教科書編輯彙報』 第2輯, 昭和13(1938)年 9月, p. 30.

1913~1915년에 걸쳐 조선총독부 편찬 『수신서』 권1~4가 발행되었고 제2차 조선교육령이 발포됨에 따라 1922, 1924년에 『보통학교 수신서』 권1~6이 발행되었다.

1928년 임시교육심의회가 설치되고 교육실제화 정책이 추진되면서 1929~1933년에 걸쳐 『보통학교 수신서』 권1~6과 4학년용 『보통학교 수신서』 권1~4가 발행되었다. 이 시기 수신 교과서는 조선의 실정에 비추어 근로애호, 흥업치산, 직업존중 및 자립자영의 정신을 함양하는 자료와 조선에서의 일상생활에 관련한 자료를 늘렸다는 특징을 가지고 있다. 실제로 조선과 관련된 예화가 19과에서 25과로 증가했다.

제3차 조선교육령의 발포와 함께 1938년 『초등 수신서』 권1~6이, 1939년 이를 다시 개정해 『초등수신』 권1~6이 발행되었다. 이 시기 교과서는 조선교육의 목표로서 '국체명징', '내선일체', '인고단련'의 세 가지가 결정된 상황에서 '조선의 특수사정'에 사로잡혀서는 곤란하다는 인식 아래 제국의 현세와 이상을 잃지 않도록 종래보다 한층 문부성에서 출간한 수신 교과서인 『소학수신서』의 내용에 접근했다는 특징을 가지고 있다.

1943년 국민학교 1, 2학년용으로 『착한 아이(ヨイコドモ)』가, 3~6학년용으로 『초등과 수신』이 발행되었다. 이러한 교과서의 분리는 1, 2학년에서는 착한 어린이로 유도하고 이후의 학년에서는 전쟁을 수행할 수 있는 훌륭한 일본 국민으로 거듭나게 하기 위함이었다. 이 1943년도 교과서가 국민과 수신에 해당되는 교과서다.

조선에서의 수신 교과서 개정은 일본 본국의 경우 1904~1945년에 걸쳐 국정 수신 교과서가 다섯 차례 개정된 것과 비교하면 매우 빈번하다. 일본 본국의 경우 교과서 개정은 귀족원과 중의원을 비롯해 교육당국과 학계의 논의를 거칠 필요가 있었으나 조선의 경우 조선인의 정치참여가 배제되어 있어 교육당국의 의도에 따라 자유롭게 교과서 개정이 가능해 일본에 비해 교과서 개정이 잦았다고 볼 수 있다.

내용적인 면에서 수신 교과서는 황국신민으로서의 덕성을 기르며 황국의 도의적 사명을 깨닫게 했는데, 이지적·추상적·교훈적 문장을 일소하고 직관적·구체적 문장으로 바꾸고 제목도 생활과 관련된 제목으로 바꾸는 등 아동이 실천하기 쉽게 했다.[70]

1943년 6월 이후 국민학교 제5학년용의 수신 교과서인『초등과 수신』의 목차 앞에 교육칙어, 청소년학도에게 하사한 '칙어'와 '신칙'을 게재한 다음 일본의 국체, 일본식 도덕과 충의에 관해서 총 22개 단원을 게재하고 있다.

소위 '신칙'과 단원명만 보더라도 이 교과서가 민족의식을 억압하고 일본의 국체 호지의 신념 및 일본 '천황'에 대한 충성심을 양성하고 또한 주입하기 위한 책이라는 것을 알 수 있다.

예컨대 제1과 '대일본'과 제19과 '사해(四海)'의 기술 일부는 다음과 같다.

1. 대일본

우리 대일본은 만세일계의 천황이 통치하는 나라입니다. 대대로 천

70 차향선,「일제하 관공립 초등학교 교과서에 나타난 식민주의 교육의 성격 분석」, 교원대학교 석사학위논문, 1992, p. 69.

황은 신민을 친자식처럼 어여삐 여기시고 신민은 또한 선조 이래 마음을 합해 천황을 어버이처럼 받들어 모시며 충효일본의 대도를 잘 지켜 세세토록 발전해 왔습니다. 이것이 대일본이 세계에 유례가 없다는 점입니다. (중략) 우리들은 이와 같은 고마운 나라에 태어난 것을 생각해 황국의 신민으로서 부끄럽지 않게 매일매일의 행실을 훌륭하게 해 나가는 것이 중요합니다. 우리들은 세심히 노력해 대일본을 더욱더 발전시켜야 합니다.

19. 사해

우리 대일본은 道의 나라이며 義의 나라입니다. 사해 동포와 친분을 맺고 일치협력해 더불어 번영하고 더불어 즐기는 세계평화를 유지하려는 나라입니다.

이 정신은 건국 이래 오늘에 이르기까지 변함이 없습니다. (중략) 세계의 평화를 분명하게 만들어 나가기 위해서는 여러 나라가 서로 도의를 존중하고 공명정대한 교분을 맺어야 합니다 이것을 지키지 않고 타국의 명예를 손상시키고 자국의 이익만을 꾀하는 것은 큰 죄악입니다. 따라서 그와 같은 나라가 있다고 한다면 그것은 세계평화를 문란하게 하는 것으로서 우리들 황국신민은 천황의 마음을 편안하게 해 드리기 위해 단호히 이를 물리쳐야 합니다. 대동아전쟁은 바로 그 발로인 것입니다. 대일본의 진의를 이해하지 않으려는 자를 응징해 동아의 안정을 얻어 세계의 평화를 도모하려는 것입니다. 우리들은 도의의 나라인 일본에 태어나 세계의 사람들을 지도하는 자가 되어 평소의 행실을 조심하고 모범이 되도록 노력해야 합니다.

이상에서와 같이 국민학교의 수신 교과서에서는 '대동아전쟁'이 만세일계의 '천황' 국가의 사명이라고 해 그 정당성을 강조하고 있다. 제3차 조선교육령 시행기에 비해서 군국주의 또는 침략주의가 더욱 강조되고 있음을 알 수 있다.

국민과 가운데 수신 교과는 조선인 의식의 억압과 일본인다운 국가의식 및 일본식 도덕의 실천을 고취하기 위한 국책 교과였다.

[표 19]는 제3차 조선교육령 소학교 규정과 국민학교 규정에서 수신 교과목의 목표를 비교한 것이다.

목표가 종래와 다른 점은 '도덕'을 '국민도덕'으로 바꾼 점이다. 도덕이라는 말은 널리 어느 국가의 도덕에도 사용되지만, 교육이 국가사업인 국민교육인 이상 국민도덕을 강조하는 것은 필연적이기 때문에 용어를 바꾼 것이다. 또한 '아동의 덕성'을 '충량한 황국신민다운 덕성'으로 수정해 아동의 개성을 중요시하는 덕목보다는 황국신민화에 필요한 국가주의적 도덕과목으로의 성격을 강조했다.[71]

다음으로 국어 교과목 목표의 변천을 살펴보자(표 20).

이 규정의 특색을 보면, 종래는 "보통의 언어, 일상의 문자 및 문장을 알린다"고 하는 규정이 국민학교 규정에서는 "일상의 국어를 습득시킨다"고 해 국어(일본어)의 생활화를 더욱 강조하고 있다. 사회의 생활환경 중에 조선어와 국어가 서로 혼재한 '조선의

---

71 京城女子師範學校, 「學校學級教科の經營」, 朝鮮教育硏究會, 昭和14(1939), p. 484(渡部學, 阿部洋, 『日本植民地教育政策史料集成 朝鮮篇』, 1990에 수록).

[표 19] 수신의 목표 변천

구분	소학교 규정 제17조(1938)	국민학교 규정 제4조(1941)
목표	수신은 교육에 관한 칙어의 취지에 따라 아동의 덕성을 함양해 도덕의 실천을 지도함을 요지로 한다.	국민과 수신은 교육에 관한 칙어의 취지에 따라 국민도덕의 실천을 지도해 충량한 황국신민다운 덕성을 양성함으로써 황국의 도의적 사명을 자각시킨다.(추가)

출처: 朝鮮總督府, 『小學校規定』, 昭和13(1938)年 3月 15日.
朝鮮總督府, 『國民學校規定』, 昭和16(1941)年 3月 31日.

[표 20] 국어의 목표 변천

구분	소학교 규정 제18조(1938)	국민학교 규정 제5조(1941)
목표	보통의 언어, 일상의 문자 및 문장을 알게 하고 정확하게 사상을 표현하는 능력을 기르고 이와 함께 황국신민된 자각을 굳건히 하고 지덕을 계발하는 것을 요지로 한다.	국민과 국어는 일상의 국어를 습득시켜 그 이회력(理會力)과 발표력을 양성하고 국민적 사고감동을 통해 국민정신을 함양한다.

출처: 朝鮮總督府, 『小學校規定』, 昭和13(1938)年 3月 15日.
朝鮮總督府, 『國民學校規定』, 昭和16(1941)年 3月 31日.

특수사정'에 의해 이것은 중요한 목표로 다루어졌다.[72]

국민과 국어의 목표로서 도달해야 할 '국민정신의 함양'이라고 하는 말은 국민학교 교칙안에 자주 보인다. 국민과의 목표에도 '국민정신을 함양해'라고 되어 있어 여기에 직접적인 관련이 있다. 예능과 교수방침의 제1항에도 같은 용어가 보인다.[73] 문부성

72 中村榮孝, 「國民學校國民科校則案について」(三), 『文教の朝鮮』, 朝鮮教育會, 昭和16(1941)年 5月号, pp. 6-7.
73 中村榮孝, 앞의 글, 『文教の朝鮮』, 昭和16(1941)年 4月号, pp. 22-23.

의 교칙안에도 사용되는 이 '국민정신'은 광의의 의미로 쓰였다. 이것은 무궁하게 태어나 발전해야 할 황국의 이상에 근거하는 국민의 정신을 일컫는 것이었다.

이상과 같은 방침에 따라 편찬된『초등국어』(1944) 제6학년의 목차를 보면 일본의 역사, 도덕, 인물 등을 선전하는 단원이 총 20개 단원 가운데 80%인 16개 단원이나 되어 이 교과서가 일본어 교과서라기보다는 일본의 역사 또는 도덕 교과서와 같은 인상을 주고 있다. 이 교과서 가운데 일본의 역사, 도덕, 가사, 인물 그리고 일본의 시정 등을 다룬 단원들을 보면 일본 국민의 우세함을 선전하고 있다.

이 중 제20과 '천황의 백성인 우리들'을 살펴보면 다음과 같다.

> 20. 천황의 백성인 우리들
>
> 천황의 백성인 우리들 삶의 보람이 있습니다. (중략) 천지간에 번영이 한창인 천황이 다스리는 이 일본에 태어났음을 생각하면 한 신민인 자신도 마음속 깊이깊이 삶의 보람을 느낀다고 노래하고 있습니다. 그 크나큰 그리고 힘찬 가락 속에 고대의 우리 국민의 소박한 기쁨이 넘쳐 흐르고 있습니다.[74]

즉, 일본에 태어났음을 기쁘게 생각하도록 감명·감득하는 듯한 기술을 하고 있다. 이러한 서술은 정확한 문법과 보편적 문학

---

74 朝鮮總督府,『初等國語 第6學年』, 第20課 天皇の百姓たるの我々, 昭和19(1944), p. 23.

의 정조를 가르쳐야 하는 국어로서의 성격보다는 사상적으로 지극히 국수주의적인 편향의 특징을 가진 것이었다. 일본국의 우위성과 천황제 사상에 대해 선전하고 그것을 조선의 어린이에게 주입함으로써 은연중에 일본국과 일본 '천황'에 대한 충성심과 국가의식을 배양하려 했던 것이다.

한편, 국어는 중학교 입시시험에서도 중요하게 취급되었다. 1939년 입시 위주 교육의 폐단을 고친다는 명분을 내세워 입학시험방식을 바꾸게 되는데, 필기시험(일본어)과 신체검사, 구두시험이 그 주요한 시험과목이었다. 그리고 1942년도부터는 국민과의 국어(일본어) 읽기(讀方)와 이수과의 산술 두 과목으로 필기시험을 보도록 했다.[75]

한편, 지리 교과의 목표는 [표 21]과 같이 변천했다.

1938년의 소학교 규정에서는 '자연 및 인류생활의 정태'를 가르치는 것으로 규정하고 있으나 국민과 지리에서는 이를 생략해 지식적인 면에서의 지리교육을 지양하고, 오직 '황국의 사명'을 자각시키는 성격을 강조하고 있음을 알 수 있다.

소학교의 지리교과서인 『초등지리』 권1(1940), 『초등지리』 권

75 신체검사의 내용은 내구력, 기민성, 현수력(팔힘), 운반능력, 수류탄투척능력 등 다섯 가지였는데 이것은 지원병제도의 실시와 더불어 학교체육의 핵심적 내용으로 자리잡게 되었다. 그러나 1941년 10월 국민총력조선연맹(國民總力朝鮮聯盟)은 1939년부터의 중등학교입학시험에 비판을 가했다. 그 비판의 내용은 필기시험을 일본어 한 과목으로 제한해 시행한 결과 과학의 기초가 되는 수학적 두뇌가 약해졌다는 점이었다. 따라서 신체·구두시험은 그대로 두고 필기시험과목을 국민과·이수과·예능과·직업과·체련과 5과목으로 범위를 넓히며 매년 10월 중에 학무국에서 그 이듬해 입학기의 시험과목을 지정하기로 방침이 결정되었다(『每日新報』, 昭和17(1942)年 10月 3日).

[표 21] 지리의 목표 변천

구분	소학교 규정 제21조(1938)	국민학교 규정 제7조(1941)
목표	지리는 자연 및 인류생활의 정태의 개략을 교수하고 우리 국세의 대요와 제 외국 상태의 일반을 가르치는 동시에 아국의 지위를 이해시켜 애국심을 양성하고 국민의 진취 발전의 지기를 양성하려는 것을 요지로 한다.	국민과 지리는 우리 국토·국세 및 제 외국의 정세에 대해 그 대요를 이해시켜 국토애호의 정신을 양성함으로써 동아 및 세계에서의 황국의 사명을 자각시킨다.

출처: 朝鮮總督府,『小學校規定』, 昭和 13(1938) 3月 15日.
朝鮮總督府,『國民學校規定』, 昭和 16(1941), 3月 31日.

2(1941)를 보면 권1은 한국을 포함한 일본지리, 권2는 일본지리의 일부 및 세계지리로 구성되어 있다. 이들 교과서에서는 일본의 국세를 과장하고 일본국의 우월성을 선전하는 한편 침략적인 해외 진출을 고취하는 글을 싣고 있다.

이『초등지리』개정판은 제3차 조선교육령 개정에 따라 만주사변 및 중일전쟁 이래 각별한 동향을 나타내고 있는 일본 국세의 추이, '동아 및 세계'의 정세를 내용으로 넣어 상당 범위에 걸쳐 정정이 시행되었다.『초등지리』의 내용은 앞으로 설명할 국사와 같이 제5학년용 즉 권1에서도 국민학교 교칙에 준하고 있으나, 1941년 발행된 제6학년용 즉 권2에서는 더욱 수정이 가해져 국민학교 교육을 위한 국민과 지리의 목표를 담당했다고 볼 수 있다.『초등지리』제5학년(1943) 및 제6학년(1942)의 발간 전까지는 이『초등지리』권1 및 권2가 사용되었는데, 이것에 의해 국민과 지리교육의 목표를 달성하려 했다.

이『초등지리』권1과 권2의 몇몇 기술 예는 다음과 같다.

제1과 대일본제국

조선반도는 일본열도와 대륙을 연결하는 중요한 위치에 있다. 일본열도의 외부는 태평양에 접해 있다. 북쪽은 천도열도로부터 남쪽은 남양에 뻗는 섬들에 의해서 태평양상에 확대한 망을 쳐 놓은 것 같은 형상을 나타내어 아시아의 여러 나라를 이끌고 아메리카 대륙에 다가서고 있다. 이 외에도 최근에 이르러 천황의 위세의 은혜를 입게 된 남방의 여러 지방이나 태평양의 여러 섬을 가하면 우리 나라는 세계 제일의 해양국으로서 세계를 이끌고 세계일가의 정신을 넓히는 데 가장 좋은 위치를 점하고 있다.

제15과 만주

만주는 우리 나라와 경계를 접하고 국방상·경제상 극히 중요한 관계에 있으므로 우리 나라는 이 나라와 국제동맹을 맺고 우리 나라의 가장 친한 우방국으로서 이 나라의 발전에 협력하고 있다. 특히 조선지방은 위치상으로 우리 나라와 만주의 관계가 밀접해짐에 따라 더욱더 그 중요성이 증가해 왔다.

제19과 태평양

다른 입장에서 우리 나라를 보면 일본열도와 남양군도가 적도 이북의 서태평양을 제압해 동아의 방량(放良)이 되어 태평양상에 세력을 잘 신장해 여러 열강에 대항하고 있다. 아시아의 지도자다운 우리 나라는 항상 흔들리지 않는 국방력을 가지고 신동아질서 건설의 성업에 집중해야 한다.

제21과 일본과 세계

우리 나라는 아시아의 동부에 위치해 국토는 아름답고 기후는 온화하며 국민의 자질도 또한 우수해 훌륭히 충군애국의 지성을 다해 왔으므로 국운은 일진 월장하여 이제는 세계 최강국의 하나가 되었다. 드디어 우리 나라는 세계의 해운상에도 무역상에도 매우 우세한 지위를 점해 국세는 점점 융성해졌다. 그러나 세계의 현상으로 본다면 우리 나라가 아시아의 지도자로서 만주와 중화민국을 인도해 동아의 참다운 평화와 올바른 질서를 건설하고 나아가 세계의 열강을 이끌어 천황의 위세에 따라 세계 영원의 평화를 건설하려 함은 결코 쉬운 일이 아니다.

"조선반도는 일본열도와 대륙을 연결하는 중요한 위치에 있다"(제1과 대일본제국), "특히 조선지방은 위치상으로 우리 나라와 만주의 관계가 밀접해짐에 따라 더욱더 그 중요성이 증가해 왔다"(제15과 만주)와 같이 조선은 일본과 대륙을 연결하는 요충지로서의 역할을 강조해 서술되어 있다.[76] 또한 '세계 제일의 해양국'(제1과 대일본제국), '아시아의 지도자'(제19과 태평양, 제21과 일본과 세계), '세계 영원의 평화를 건설'(제21과 일본과 세계) 등의 표현으로 일본을 미화하고 있으며 전쟁의 정당성을 강조하고 있다.

이상, 각 국민과 교과목의 목표를 종래의 소학교 규정과의 비교를 통해 그 특징을 살펴보았다.

76 朝鮮總督府, 앞의 글, 『國民學校特輯 國民學校特輯教科書編輯彙報』 第9輯, 昭和16(1941)年 6月, pp. 42-48(渡部學, 阿部洋, 앞의 책에 수록).

다음으로 각 국민과 교과목의 목표를 일본의 국민과 교과목의 목표와 비교하면 [표 22]와 같다. 국어와 지리 과목의 경우 일본의 것과 같다. 그러나 수신의 목표는 일본의 경우 조선의 소학교 규정(1938)에서 국민학교 규정으로 변화될 때 삭제된 '아동의 덕성 함양'이 남아 있는 것에 반해 조선의 국민과 수신에서는 이것이 사라지고 '충량한 황국신민'의 덕성으로 수정되어 있다. 국사의 경우에도 "국체가 존엄한 이유를 체인시킨다"는 어구가 일본과 다르게 첨가되어 있는데, 이를 통해 조선에서의 국민과가 일본보다 더 황국신민화에 박차를 가하고 있었음을 알 수 있다.

[표 22] 조선과 일본의 국민과 각 과목 목표

과목	목표(조선)	목표(일본)
수신	교육에 관한 칙어의 취지에 따라 국민도덕의 실천을 지도해 충량한 황국신민다운 덕성을 양성함으로써 황국의 도의적 사명을 자각시킨다.	교육에 관한 칙어의 취지에 근거해 국민도덕의 실천을 지도하고 아동의 덕성을 함양해 황국의 도의적 사명을 자각시킨다
국어	일상의 국어를 습득시켜 그 이해력과 발표력을 양성하고 국민적 사고와 감동을 통해 국민정신을 함양한다.	좌동
국사	우리 국가의 역사에 대해 그 대요를 이해시키고 국체가 존엄한 이유를 체인시킴과 함께 황국의 역사적 사명을 자각시킨다.	우리 국가의 역사에 대해 그 대요를 이해시키고 황국의 역사적 사명을 자각시킨다.
지리	우리 국토·국세 및 제 외국의 정세에 대해 그 대요를 이해시켜 국토애호의 정신을 양성함으로써 동아 및 세계에서의 황국의 사명을 자각시킨다.	좌동

출처: 文部省,『國民學校令施行規則』, 昭和16(1941)年 3月 14日.
朝鮮總督府,『國民學校規定』, 昭和16(1941)年 3月 31日.

이러한 국민과 각 교과목의 목표를 가지고 구체적으로 어떠한 교수방침으로 교육되었는지 통합 관련성에 유의하면서 살펴보자. 우선, 국민학교 규정에 나타나 있는 조선과 일본의 국민과 각 교과목의 교수방침은 [표 23]과 같다(국사 과목은 다음의 절에서 상세히 다루도록 한다).

우선, 수신의 경우 조선에서의 조항에 "제사의 의의를 밝힌다"는 것이 추가되었는데, 이는 수신 과목을 '동화주의'에 적극적으로 이용하려는 의도로 보인다.

그 외 정치, 경제, 국방 등의 본의에 관한 규정은 일본과 똑같으나 그 실제에서는 조선의 실정에 맞추어 지도하도록 했다. 마지막으로 조선에 살고 있는 일본인 측도 소위 '조선적' 생활 형태라고 하는 것에 대해 '순화(醇化)'를 해야 하므로 '가정과 연결하여 선량한 습성을 양성하는' 데는 반드시 조선인 교육만 고려될 것은 아니라고 했다는 점이 특이한 점이다.[77] 즉, 규정의 각 조항은 문구적인 면에서는 차이가 없다고 할지라도 그것을 해석하고 실제로 적용하는 데는 '조선의 특수한 사정'이 고려되었다.

다음으로 국어 과목은 그 목표와 같이 교수방침에서도 일본과 같은 것이 특징인데, 이는 앞서 살펴보았듯이 '동화'교육의 최절정을 나타내는 것이었다. 그러면 국민과 국어는 다른 교과와 어떤 관련이 있을까?[78] 우선 이수과와의 관계에서는 설화, 문학 속

77 中村榮孝, 앞의 글, 『文教の朝鮮』, 昭和16(1941)年 4月号, pp. 14-16.

78 국민학교 규정 제2조 제6항에 "각 교과 및 과목은 그 특색을 발휘함과 함께 상호의 관계를 긴밀하게 해 그것을 황국민 연성(鍊成)의 일도로 한다"고 했다.

[표 23] 조선과 일본의 국민과 각 과목 교수방침

구분	교수방침(조선)	교수방침(일본)
수신	(1) 여아에 대해서는 특히 부덕의 함양에 유의해야 한다. (2) 제사의 의의를 밝혀 경신의 마음(念)을 함양함에 힘써야 한다. (3) 우리 국가의 정치, 경제 및 국방이 국체에 연원하는 까닭을 회득시켜 입헌정치의 정신, 산업과 경제의 국가적 의의 그리고 국방의 본의를 밝혀 존법, 봉공의 정신을 함양해야 한다. (4) 예법의 실천을 지도하고 예의 정신을 회득시키는 동시에 공중도덕에 관해서 적절한 지도를 해 품위의 향상에 힘써야 한다. (5) 예의범절(躾)을 중시해 가정과 연결하여 선량한 습성을 양성하는 데 힘을 쓴다	(1) 여아에 대해서는 특히 부덕의 함양에 유의한다. (2) 우리 국가의 정치, 경제, 국방이 국체에 연원하는 소이를 회득하고 입헌정치의 정신, 경제산업의 국가적 의의 및 국방의 본의에서 명확하게 존법, 봉공의 정신을 함양한다. (3) 예법의 실천을 지도하고 예의 정신을 회득시킴과 동시에 공중도덕에 관해서 적절한 지도를 해 품위의 향상에 힘을 쓴다. (4) 예의범절(躾)을 중시해 가정과 연결하여 선량한 습성을 양성하는 데 힘을 쓴다.
국어	(1) 발음을 정확하게 앙양하는 데 주의하고 나아가서는 문장에 따라서 적절한 어법을 교수해 순정(醇正)한 국어의 사용에 습숙(習熟)시킨다. (2) 다른 교과 및 아동의 일상생활에서 순정한 국어를 사용하도록 유의한다. (3) 우리 국어의 특질을 알리고 국어의 존중애호의 마음(念)을 길러 그 순화에 힘쓰는 정신을 기른다.	좌동
국사	(1) 사실의 나열에 그치지 않고 국사의 시대적 양상에 유의해 일관된 조국(肇國)의 정신을 구체적으로 감득·파악하도록 한다. (2) '내선일체'가 유래하는 사실은 특히 유의해 가르친다. (3) 연표, 지도, 표본, 회화, 영화 등은 힘써 그것을 이용해 구체적·직관적으로 습득시킨다.	(1) 국사의 시대적 양상에 유의해 일관된 조국의 정신을 구체적으로 감득·파악시킨다. (2) 향토에 관계 깊은 사실은 국사와의 관련에 유의해 가르친다. (3) 연표, 시대표, 지도, 표본, 회화, 영화 등을 이용해 구체적·직관적으로 습득시킨다.

[표 23] 조선과 일본의 국민과 각 과목 교수방침(계속)

구분	교수방침(조선)	교수방침(일본)
지리	(1) 자연과 생활과의 관계를 구체적으로 고찰해 특히 우리 국민생활의 특질을 명확하게 한다. (2) 대륙전진기지로서의 조선의 지위와 사명을 확인시킨다. (3) 재외방인(在外邦人)의 활동상황을 알려 세계웅비의 정신 함양에 힘쓴다. (4) 간이(簡易)한 견취도, 모형의 제작 등 적당한 지리적 작업을 과한다. (5) 지도, 모형, 도표, 표본, 사진, 회화, 영화 등에 힘을 써 그것을 이용해 구체적·직관적으로 습득시킨다. (6) 항상 독도력의 양성에 힘을 쏟아 소풍, 여행 그 외 적당한 기회에 그것의 실시지도를 행한다.	(1) 자연과 생활과의 관계를 구체적으로 고찰시켜 특히 우리 국민생활의 특질을 명확하게 한다. (2) 향토의 관찰은 국사, 이수과 등과 상호 관련해 통일시켜 지도한다. (3) 간이한 견취도, 모형의 제작 등 적당한 지리적 작업을 과한다. (4) 지도, 모형, 도표, 표본, 사진, 회화, 영화 등을 이용해 구체적·직관적으로 습득시킨다. (5) 항상 독도력의 양성에 힘을 쏟아 소풍, 여행 그 외 다른 적당한 기회에 그것의 실시지도를 행한다.

출처: 文部省, 『國民學校令施行規則』, 昭和16(1941)年 3月 14日.
朝鮮總督府, 『國民學校規定』, 昭和16(1941)年 3月 31日.

의 자연에 대한 접촉의 지도가 있다. 이것은 1941년에 편찬된 『소학국어독본』의 '북풍과 남풍' 등이 해당된다. 체련과와의 관계에서는 무도정신과 보건위생에 관한 지도 등이 있고, 예능과와의 관계에서는 『소학국어독본』 권7의 '피리의 명인'에 보이는 정조의 순화, 취미의 함양 등이 해당된다. 다음으로 직업과와의 관계에서 『소학국어독본』 권8의 '자동직기'와 같이 산업의 국가적 사명을 자각시키는 것이 해당되었다.

다음으로 의식과 학교행사의 연결에서는 의식, 행사의 본의와 그 유래를 알리고 아동의 생활 체험 발표 및 정리 등을 행하도

록 했다.[79]

'국사'의 경우, "'내선일체'가 유래하는 사실은 특히 유의해 그것을 가르친다"라고 규정되어 있는 것에 반해 일본에서는 "향토에 관계 깊은 사실은 국사와의 관련에 유의해 가르친다"라고 규정되어 있다. 조선의 경우 '국사'의 교수방침에서 '내선일체'가 강조되고 있는 것은 일본과 크게 다른 점이라고 할 수 있다.

마지막으로 지리 과목의 경우 조선에서의 교수방침에 "대륙전진기지로서의 조선의 지위와 사명을 확인시킨다"와 "재외방인(在外邦人)의 활동상황을 알려 세계웅비의 정신 함양에 힘쓴다"라는 조항이 첨가되어 있다. 우선 전자는 조선에서 교칙의 특색 중 하나였다. '대륙전진기지'는 조선의 지위와 사명이 강조된 것이다. 즉, 병참기지라고 하는 지위가 조선에 주어진 것은 이미 조선의 생활문화 전면에서 소위 '내선일체'가 철저한 것을 전제로 생각된 것이라고 했다.[80]

후자는 종래의 소학교 규정 제21조의 지리의 요지 중에 '재외방인의 활동 상황을 알리고 해외발전의 정신을 양성하는 자질을 요구할 것'이라는 조항을 삭제하지 않고 국민학교 지리의 교수방침에 삽입한 것이다. 이것은 '황국신민'으로서 세계웅비, 해외발전의 정신을 충분히 양성해 두어야 한다는 취지에서 규정한 것으

---

79 朝鮮總督府,「國民學校における小學國語讀本の取扱-主として第4, 5, 6年用について: 國語の他教科, 他科目, 儀式, 行事などの關係」,『國民學校特輯教科書編輯彙報 第9輯 國民學校特輯 第二』, 昭和16(1941)年 6月, pp. 31-32(渡部學, 阿部洋,『日本植民地教育政策史料集成 朝鮮篇』, 第23卷, 1990 수록).

80 中村榮孝,「國民學校國民科校則案について」(四), p. 31.

로 볼 수 있다. 대륙전진기지의 확인, 세계웅비 정신의 함양 이 두 항이 새로이 가미되어 문부성의 '향토의 관찰'에 관한 주의가 삭제된 것이다.

한편, 1945년까지 사용된 국민과의 교과서는 [표 24]와 같이 편찬될 계획이었다. 또한 국민과 교과서가 발행되기 이전 1941년에 과도적으로 사용된 국민과 교과서는 [표 25]와 같다.

즉, 국민과 수신 교과서는 초등과 2학년까지 일본인 아동을 주로 수용하는 학교의 경우 문부성 편찬의 것, 조선인 아동을 주로 수용하는 학교의 경우 조선총독부가 편찬한 것을 사용하고 3학년부터는 구별 없이 총독부 것을 사용하도록 했다. 국어 교과서는 일본인 아동을 주로 수용하는 학교의 경우 전 학년 문부성 편찬의 독본을 사용하고, 조선인 아동을 주로 수용하는 학교의 경우 초등과 1학년 및 2학년은 조선총독부 편찬의 것을, 3학년부터는 문부성 편찬의 것을 사용하도록 했다.

국사는 국민학교 초등과 및 고등과의 과정에서 교재 배당에 차이가 있고 '국체명징', '내선일체'의 취지강화 및 철저를 위해 교재의 채택상 각별한 주의를 요하기 때문에 조선총독부 편찬의 교과서만 사용하도록 했다. 지리 역시 조선총독부 편찬의 것을 통일적으로 사용했는데, 조선을 생활환경으로 하는 '내선인' 아동에게 조선총독부 편찬의 것을 공용시켰다.[81]

한편, 제3차 조선교육령기 6년제 심상소학교와 6년제 국민학

---

81 朝鮮總督府, 『國民學校特輯 教科書編輯彙報』 第8輯, 朝鮮書籍印刷株式會社, 昭和 16(1941)年 3月, p. 15.

[표 24] 국민과 교과서 편찬 계획 일람

<table>
<tr><th rowspan="2">구분</th><th rowspan="2">학년</th><th rowspan="2">대상학생</th><th colspan="4">국민과</th></tr>
<tr><th>수신</th><th>국어</th><th>국사</th><th>지리</th></tr>
<tr><td rowspan="12">초등과</td><td rowspan="2">1학년</td><td>일본인</td><td>문</td><td>문</td><td></td><td></td></tr>
<tr><td>조선인</td><td>조</td><td>조</td><td></td><td></td></tr>
<tr><td rowspan="2">2학년</td><td>일본인</td><td>문</td><td>문</td><td></td><td></td></tr>
<tr><td>조선인</td><td>조</td><td>조</td><td></td><td></td></tr>
<tr><td rowspan="2">3학년</td><td>일본인</td><td rowspan="2">조</td><td rowspan="2">문</td><td></td><td></td></tr>
<tr><td>조선인</td><td></td><td></td></tr>
<tr><td rowspan="2">4학년</td><td>일본인</td><td rowspan="2">조</td><td rowspan="2">문</td><td></td><td rowspan="2">(조)</td></tr>
<tr><td>조선인</td><td></td></tr>
<tr><td rowspan="2">5학년</td><td>일본인</td><td rowspan="2">조</td><td rowspan="2">문</td><td rowspan="2">조</td><td rowspan="2">조</td></tr>
<tr><td>조선인</td></tr>
<tr><td rowspan="2">6학년</td><td>일본인</td><td rowspan="2">조</td><td rowspan="2">문</td><td rowspan="2">조</td><td rowspan="2">조</td></tr>
<tr><td>조선인</td></tr>
<tr><td rowspan="4">고등과</td><td rowspan="2">1학년</td><td>일본인</td><td rowspan="2">조</td><td rowspan="2">문</td><td rowspan="2">조</td><td rowspan="2">조</td></tr>
<tr><td>조선인</td></tr>
<tr><td rowspan="2">2학년</td><td>일본인</td><td rowspan="2">조</td><td rowspan="2">문</td><td rowspan="2">조</td><td rowspan="2">조</td></tr>
<tr><td>조선인</td></tr>
</table>

비고: '문'은 문부성 편찬, '조'는 조선총독부 편찬 아동용 교과서이며, 그것에는 반드시 교사용이 따른다. '(조)'는 조선총독부 편찬 교사용만 있는 교과서다.

교에서의 수신, 국어(일본어), 국사(일본역사), 지리 및 국민과의 매주 수업시수는 [표 26], [표 27]과 같다(부록 표 6, 7 참조).

[표 26]에서 보듯 제3차 조선교육령의 교육과정에서 수신,

[표 25] 1941년 사용된 국민과 교과서 일람

<table>
<tr><th rowspan="2">구분</th><th rowspan="2">학년</th><th rowspan="2">대상학생</th><th colspan="4">국민과</th></tr>
<tr><th>수신</th><th>국어</th><th>국사</th><th>지리</th></tr>
<tr><td rowspan="12">초등과</td><td rowspan="2">1학년</td><td>일본인</td><td>문</td><td>문</td><td></td><td></td></tr>
<tr><td>조선인</td><td>조(구)</td><td>조(구)</td><td></td><td></td></tr>
<tr><td rowspan="2">2학년</td><td>일본인</td><td>문</td><td>문</td><td></td><td></td></tr>
<tr><td>조선인</td><td>조(구)</td><td>조(구)</td><td></td><td></td></tr>
<tr><td rowspan="2">3학년</td><td>일본인</td><td>문(구)</td><td>문(구)</td><td></td><td></td></tr>
<tr><td>조선인</td><td>조(구)</td><td>조(구)</td><td></td><td></td></tr>
<tr><td rowspan="2">4학년</td><td>일본인</td><td rowspan="2">조(구)</td><td rowspan="2">문(구)</td><td rowspan="2"></td><td rowspan="2"></td></tr>
<tr><td>조선인</td></tr>
<tr><td rowspan="2">5학년</td><td>일본인</td><td rowspan="2">조(구)</td><td rowspan="2">문(구)</td><td rowspan="2">조(구)</td><td rowspan="2">조(구)</td></tr>
<tr><td>조선인</td></tr>
<tr><td rowspan="2">6학년</td><td>일본인</td><td rowspan="2">조(구)</td><td rowspan="2">문(구)</td><td rowspan="2">조(구)</td><td rowspan="2">조(구)</td></tr>
<tr><td>조선인</td></tr>
<tr><td rowspan="4">고등과</td><td rowspan="2">1학년</td><td>일본인</td><td rowspan="2">문(구)</td><td rowspan="2">문(구)</td><td rowspan="2">문(구)</td><td rowspan="2">문(구)</td></tr>
<tr><td>조선인</td></tr>
<tr><td rowspan="2">2학년</td><td>일본인</td><td rowspan="2">문(구)</td><td rowspan="2">문(구)</td><td rowspan="2">문(구)</td><td rowspan="2">문(구)</td></tr>
<tr><td>조선인</td></tr>
</table>

출처: 朝鮮總督府,『國民學校特輯 敎科書編輯彙報』第8輯, 朝鮮書籍印刷株式會社, 昭和16(1941)年 3月, p. 5.

비고: '문'은 문부성 편찬, '조'는 조선총독부 편찬 아동용 교과서이며, 그것에는 반드시 교사용이 따른다. (구)라고 표시된 것은 이전에 만든 교과서와 교사용 지도서를 사용한다는 뜻이다.

일본어, 일본역사, 지리의 비율은 전체 182시수(남아의 경우) 중 84시수에 해당하는 46.2%였다. 이에 비해 앞서 살펴본 대로 수신, 일본어, 일본역사, 지리를 배우는 국민과는 전체 175시수(남아의

[표 26] 6년제 심상소학교의 국민과 관련 교과목 매주 수업시수

과목	1학년	2학년	3학년	4학년	5학년	6학년	계
수신	2	2	2	2	2	2	12
국어	10	12	12	12	9	9	64
국사					2	2	4
지리					2	2	4
전체 시수							182

출처: 朝鮮總督府, 『小學校規定』, 昭和13(1938)年 3月 15日.

비고: 전체 시수란 총교과목의 매주 수업시수를 말한다. 1시수는 45분으로 한다.
조선어가 가르쳐졌는데 제1학년 2시수, 제2학년과 제3학년은 각각 3시수, 제4학년부터 6학년까지 각 2시수였다.

[표 27] 국민학교 초등과의 국민과 과목 매주 수업시수

<table>
<tr><th>교과</th><th>과목</th><th>1학년</th><th>2학년</th><th>3학년</th><th>4학년</th><th>5학년</th><th>6학년</th><th>계</th></tr>
<tr><td rowspan="4">국민과</td><td>수신</td><td rowspan="2">11</td><td rowspan="2">12</td><td>2</td><td>2</td><td>2</td><td>2</td><td rowspan="2">62</td></tr>
<tr><td>국어</td><td>9</td><td>8</td><td>7</td><td>7</td></tr>
<tr><td>국사</td><td></td><td></td><td></td><td></td><td>2</td><td>2</td><td>4</td></tr>
<tr><td>지리</td><td></td><td></td><td></td><td>1</td><td>2</td><td>2</td><td>5</td></tr>
<tr><td colspan="2">전체 시수</td><td></td><td></td><td></td><td></td><td></td><td></td><td>175</td></tr>
</table>

출처: 朝鮮總督府, 『國民學校規定』, 昭和16(1941)年 3月 31日.

비고: 전체 시수란 총교과목의 매주 수업시수를 말한다. 1시수는 40분으로 한다.

경우) 중 71시수에 해당하는 40.6%의 비율이었다. 국민과는 시수의 면에서만 보면 제3차 조선교육령에 비해 줄었는데, 이는 1930년대 말 대폭 증가했던 수신의 시수가 조금 줄고 또한 국어 시수 역시 다소 줄었기 때문이다.

한편, 1941년 조선과 일본의 초등과 국민학교의 국민과 교과과정 매주 수업시수를 비교해 보면, 국어(일본어)의 강조 때문에 식민지 조선에서는 일본보다 1~2시수 많다. 즉, 같은 시기 3학년에서 국어(일본어)의 시수는 일본 국민학교가 8시간, 조선 국민학교가 9시간으로 1시간의 차이가 나는 것이다. 이렇게 국어(일본어)의 시수가 일본과 조선에서 차이가 나는 것은 일본어 강화정책과 관련이 깊다. 그리고 국사와 지리 과목은 조선과 일본 모두 5, 6학년에 매주 2시간씩 할당하는 공통점이 있다.

이상, 국민과의 운용을 국민과 각 과목의 목표 및 내용, 교수방침, 교과서, 수업시수로 구분해 살펴보았다. 이를 위해서 1938년의 '소학교 규정'과 1941년 '국민학교 규정'을 비교, 대조해 그 변천을 살펴보고 일본의 '국민학교령 시행규칙'에 규정되어 있는 국민과를 서로 비교 대조해 일본과의 유사점과 상이점을 분석했다.

국민학교의 수신 교과서에서는 '대동아전쟁'이 만세일계 '천황' 국가의 사명이라고 해 그 정당성을 강조하고 있다. 제3차 조선교육령 시행기에 비해서 군국주의 또는 침략주의가 더욱 강조되고 있음을 알 수 있다. 또한 국어(일본어)의 생활화를 더욱 강조했고 1944년 발행된 『초등국어』 6학년 교과서는 일본어 교과서라기보다는 일본의 역사 또는 도덕 교과서와 같은 인상을 주고 있다. 국민과 지리에서는 지식적인 면에서의 지리교육을 지양하고, 오직 '황국의 사명'을 자각시키는 성격을 강조하고 있음을 알 수 있다.

이를 통해 전체적으로 '국민학교 규정' 각 조문에서는 1938년의 '소학교 규정'에서보다 실천적인 기조가 강화, 확장되고 있음을 알 수 있다. 또한 같은 시기 일본과 비교해서는 그 목표와 교수방침에서 많은 유사점이 보이나, 조문상 미묘한 차이를 두어 전쟁을 수행하는 '예속민'을 만들기 위한 '동화정책' 강화 의도를 드러내고 있다.

제5장

조선에서 국민과 '국사'교육의 이론

1 국민과 '국사'교육의 목표와 방향

국민과 '국사'교육의 논리를 살펴보기 위해서는 우선 조선의 '국민학교 규정'에서 규정하는 '국사'의 목표와 교재의 선택이 일본의 그것과 어떻게 다른가를 분석해 보아야 할 것이다.

국민학교 '국사'교육의 목표는 '국민학교 규정'에 다음과 같이 규정되어 있다.

> 국민과 국사는 우리 국가의 역사에 대해 그 대요를 이해시키고 국체가 존엄한 이유를 체인시킴과 함께 황국의 역사적 사명을 자각시킨다.[1]

즉 국민과의 교수요지와 연결해 일본 국체가 존엄한 까닭을 체인시키는 동시에 일본국의 사명을 자각시킨다는 것이다. 이를 국민학교의 교육목표와 연관해 일본의 그것과 비교하면 [표 28]과 같다.

1 國民學校規程 第6條 昭和18(1943)年 3月 27日 朝鮮總督府令 第57号.

[표 28] 조선과 일본의 국민학교, 국민과, '국사'의 목표

구분		목표(조선)	목표(일본)
학교	국민학교	황국의 도(皇國の道)에 따라 보통교육을 실시하고 충량한 황국신민의 연성을 행한다.	황국의 도에 따라 초등보통교육을 실시하고 국민의 기초적 연성을 행한다.
교과	국민과	우리 국가의 도덕, 언어, 역사, 국토·국세 등을 습득하고, 특히 국체의 정화를 명확하게 해 국민정신을 함양하고 황국의 사명을 자각시켜 충군애국의 지기를 양성한다.	우리 국가의 도덕, 언어, 역사, 국토·국세 등을 습득하고, 국체의 정화를 명확하게 해 국민정신을 함양하고 황국의 사명을 자각시킨다.
과목	국사	우리 국가의 역사에 대해 그 대요를 이해시키고 국체가 존엄한 이유를 체인시킴과 함께 황국의 역사적 사명을 자각시킨다.	우리 국가의 역사에 대해 그 대요를 이해시키고 황국의 역사적 사명을 자각시킨다.

출처: 朝鮮總督府, 『國民學校規定』, 昭和16(1941)年, 3月 31日.
文部省, 『國民學校令施行規則』, 昭和16(1941)年 3月 14日.

조선의 국민학교 목표는 '황국신민의 연성'이며 일본의 국민학교 목표는 '국민의 기초적 연성'이라는 점에서 '연성'이 모두 중요시되고 있는 반면, 조선에서는 '황국신민'을, 일본에서는 '국민'을 기르는 것을 목표로 하고 있다.[2]

국민과 목표에서는 조선과 일본 모두 '국민정신을 함양'하고 '황국의 사명을 자각'하는 것이라고 하고 있다. 그러나 조선의 조문에 '충군애국의 지기를 양성'한다고 해 '황국신민'으로서 '충군

2 1938년 제3차 조선교육령에서의 소학교 목표를 1938년 당시 일본의 소학교 목표와 비교하면 전자는 '충량한 황국신민의 육성'을 목표로 삼고 있는 데 반해 후자는 '보통의 지식기능을 가르침'을 목표로 삼고 있다.

애국'하는 것을 국민과의 목표로 삼고 있다.

일본의 '국사'교육 목표와 비교했을 때 전술한 바와 같이 '역사의 대요를 이해'시킨다는 지식목표와 '황국의 역사적 사명의 자각'이라는 실천적 목표가 함께 서술되어 있는 것은 같다. 그러나 조선의 '국사'교육 목표에 "국체가 존엄한 이유를 체인시킨다"는 구절이 추가되어 있는데, 이를 통해 '국체'에 대한 교육을 일본에서보다 강화하고 있음을 알 수 있다.

학교목표-교과목표-과목목표의 위계는 아래로부터 위로 정해진 것이 아니라 위에서 정해져 아래로 과목이 선정되어 묶이는 형태였다. 따라서 과목 '국사'의 목표는 궁극적으로, 또한 종적으로 학교목표인 국민학교 목표에 귀일했다.

다음은 일본과의 국민과 '국사' 교재 내용과 그 배당에 대한 비교표다(표 29).

[표 29] 조선과 일본의 국민과 '국사' 교재 내용 및 배당

구분	조선	일본
교재 내용 및 배당	초등과에서는 조국의 굉원, 황통의 무궁, 역대 천황의 성덕, 국민의 충성, 거국봉공의 사실 등에 즉해 황국발전의 발자취를 알리고 국운의 융창과 문화의 발전이 조국 정신의 현현인 이유를 회득시킴과 함께 제 외국과의 역사적 관계를 명확하게 해 동아 및 세계에서의 황국의 사명을 자각시킨다. 고등과에서는 상기 교재들의 정도를 발전시켜 과한다.	초등과에서는 조국의 굉원, 황통의 무궁, 역대 천황의 홍업, 충량현철의 사적, 거국봉공의 사실 등에 즉해 황국발전의 발자취를 알린다. 고등과에서는 전항의 취지를 넓혀 국운의 융창과 문화의 발전이 조국 정신의 현현인 이유를 회득시킴과 함께 제 외국과의 역사적 관계를 명확하게 한다.

출처: 文部省,『國民學校令施行規則』, 昭和16(1941)年 3月 14日.
朝鮮總督府,『國民學校規定』, 昭和16(1941)年 3月 31日.

다른 점은 크게 두 가지다. 첫째, '역대 천황의 성덕'과 '역대 천황의 홍업'에 대한 어구, 그리고 '국민의 충성'과 '충량현철의 사적'에 관한 어구다. '역대 천황의 홍업'이 '역대 천황의 성덕'으로 규정되어 있는 이유는, 천황의 사적은 그 성덕을 근원으로 나타나므로 '홍업'이라고 말하는 것보다는 '성덕'이라고 하는 것이 자연스럽다고 보았기 때문이다. 또한 이것은 1938년의 제3차 조선교육령에 근거한 교칙에 이미 '역대 천황의 성덕'이라고 게재되어 있으므로 이것을 답습한 것이었다. 물론 '홍업'이라고 하는 표현은 『일본서기』(720)에서부터 사용되었다. 문부성은 이 점을 생각해 선택한 문자임에 틀림없지만, 조선에서는 이와 같은 고훈(古訓)을 사용해 그 진의를 어렵게 하기보다 아동에게 쉬운 '성덕'이라는 용어를 사용한 것이다.[3]

'국민의 충성'도 '역대 천황'의 성덕과 마찬가지로 이미 1938년 제3차 조선교육령에 근거해 수정되었다. '충량현철의 사적'이라고 하는 것은 국민의 충성 중 일부에 지나지 않으므로 이러한 취지에서 더 큰 개념인 '국민의 충성'이 포함되어야 했다. 특히 '충량현철의 사적'은 종종 위인, 영웅, 충량현철이라고 부르는 사람들의 사적을 나열해 이것이 국사라고 하는 듯한 착각을 일으킬 수 있으므로 국민의 충성이라고 하는 본질에 비추어 이들의 사적을 재음미할 필요가 있다고 했다.[4] 그리고 앞서 설명한 지리 과목

3 中村榮孝,「國民學校國民科校則案について」(四),『文教の朝鮮』, 朝鮮教育會, 昭和16(1941)年 6月号, p. 15.

4 위의 글, p. 13.

과 마찬가지로 '국사'에도 일본의 고등과에 배당된 '국운의 융창(隆昌), 문화의 발전이 조국의 정신의 현현인 이유를 회득시킴과 함께 제 외국과의 역사적 관계'가 초등과에 배당되어 있다. 그리고 고등과에서는 '그 정도를 진전시키는' 정도로 서술하고 있다. 이러한 배당의 상이점은 초등과에서도 국운의 융창과 제 외국과의 관계를 교수해 황국신민의 도를 배워야 한다고 한 데서 나타난다. 또한 이것은 '조선의 특수한 사정'에서 기인하는 것으로 6년제인 국민학교에서 전 교과를 이수하고 졸업하기 위해 취해진 조처였다.[5]

1940년과 1941년에 각각 편찬된 『초등국사』 제5학년과 제6학년 교과서는 일본에서의 1943년도 국민과 '국사' 교과서에 보이는 편성과 같이 기존의 인물중심주의의 서술을 청산하고 황국발전의 역사를 알 수 있게 하는 구성 방식을 취하고 있다. 인물중심주의의 청산은 1938년 제3차 조선교육령에 의해 만들어진 '국사지리과' 교과서에서 이미 보여 주었던 방식이었다. 역사 교과서에 인물중심주의를 선택해 왔던 이유로는 첫째, 아동의 심리에 합치되어 이해하기 쉬운 점, 둘째, 개인의 인격에 접해 도덕의 함양이 가능한 점 등의 장점이 있기 때문이었다. 그렇다면 이것이 왜 청산되어야 했을까? 인물중심주의는 이러한 여러 가지 장점을 가지고 있는 한편 다음과 같이 단점이 지적되었다. 그것은 첫째, 정치사, 영웅사로 편중되기 쉬웠다. 제 외국의 역사는 시대의 영웅에 의해 만들어진 것인 데 반해 일본의 그것은 신의를 예로 받들

5 위의 글, p. 15.

어 황실을 중심으로 창조된 것이라 했다. 둘째, 국체관념의 명징, 황국 발전의 모습을 나타내기 힘들었다. 종래의 '국사'교육에서는 우선 한 인물의 어린 시절부터의 생애를 공부하고 이윽고 그들이 입신출세해 후세에도 이름을 남기는 사적에 감동받게 한 경우가 많았다. 그러나 그러한 인물의 업적이 국사의 대요에 어떠한 의의가 있는지는 깊이 생각하지 못했다고 지적하고 있다. 또한 국사는 황실 중심으로 인식되어 이해해야 하며 단순히 인물 개인의 업적을 연속한 것은 아니라고 했다. 그러나 기존의 '국사'교육에서는 역대 '천황'의 성덕과 신민(臣民)의 업적을 병렬해 기술하기까지 했다는 것이다. 이렇듯 아동 중심의 역사교육에서는 '국체명징'을 나타낼 수 없었다는 논리였다.[6]

또한 현대생활과의 관련을 중시하기 위해서 "시대의 선후에 속박되는 것 없이 역사의 조류에 일관되게 명료히 서술하는 것을 주안으로 하는 태도를 가지고, 관련된 기술을 명소(各所)에 배당한다"라는 내용구성을 목표로 하고 있다. 즉 연대사적 배열을 무시한 주제사적 내용구성에 의한 과가 교과서에 배치되어 있다.[7]

이와 같이 1940년대의 '국사' 교과서는 국체의 '존엄함'을 강조하는 방법으로 전 역사를 일관해 '천황' 중심의 역사이고 시대구분도 없는 '천황' 중심의 '일시대(一時代)'로 기술했다. '천황'이 통치자로 정해진 때를 '조국(肇國)'으로 하고 일본의 역사는 그러

6 東山一男,「新刊 '初等國史'をして生命あらしむる道」,『文教の朝鮮』, 朝鮮教育會, 昭和16(1941)年 5月号, p. 65.

7 權伍鉉,「朝鮮總督府下における歷史教育內容史硏究: 國民意識形成の論理を中心に」, 廣島大學博士學位論文, 1999, p. 443.

한 국체를 근본으로 해 영원무한한 생명으로 계속 발전해 온 역사라는 것이다.[8] 또한 기존의 교과서에서 주요한 인물명과 사건명을 단원명으로 취하고 있는 데 비해, 새 교과서는 '국사 발전의 자취를 더듬어 중심 사조가 되는 것'을 단원명으로 삼았다. 이는 개개의 사건이나 인물의 성격을 묘사하거나 가르치는 것이 목표가 아니라 '국가의 발전에 대해 그 특색 있는 성격을 명징하게'하는 것이 목표였기 때문이었다.

이상, 국민과 역사교육의 구성논리를 그 목표, 교재의 내용과 배당으로 나누어 일본과의 비교를 통해 살펴보고, 종래와 다른 인물중심주의의 청산과 황국 발전에 의한 구성이라는 새로운 교재 구성 논리에 대해 알아보았다. 국민과 역사교육은 국민과의 목표와 국민학교의 목표에 합치되는 것이었고, '황국신민의 연성'이라는 근본적인 원칙에 따라 그 논리도 성립되었다.

---

8 朝鮮總督府, 앞의 글, 昭和15(1940)年 3月; 『教科書編纂彙報』第5輯, 昭和15(1940)年 3月, p. 147.

2 국민과 '국사'교육의 특징

국민과 '국사'는 조선에서 황국신민화 교육의 목표를 성취할 수 있는 주요한 과목이었다. 조선 국민과 '국사'가 일본의 그것과 다른 특이점으로는 교재배열의 쇄신으로서 순환적 배열 방법의 채용, '내선일체'를 강조한 교육방침 등이 있다.

우선 교재배열에서 순환법의 채용이라는 것은 소학교의 5학년과 6학년에 걸쳐 일본통사를 1회만 교수한다고 하는 종래의 순진적 배열법을 수정해 두 학년의 정도에 따라 각각 고대로부터 현대까지의 통사를 2차 더 반복하는 순환적인 내용구성을 말한다.[9] 이것은 1940년 편찬된 『초등국사』 제5학년과 1941년 편찬된 『초등국사』 제6학년, 그리고 1944년 편찬된 개정판에 해당한다. 앞서 살펴본 대로 교수내용의 배열 방식은 '순진적 배열'과 '순환적 배열'이 있다. 순진적 배열은 교수의 전 내용을 질서에 따라 순차적으로 제시하는 것이다. 순환적 배열은 내용이 동시에 취급되어

9 朝鮮總督府, 「國民科 國史」, 『國民學校特輯 教科書編輯彙報』 第8輯, 朝鮮書籍印刷株式會社, 昭和16(1941)年 3月. p. 41.

학년의 진전과 함께 이해하기 쉬운 것으로부터 어려운 것으로의 진전이 있고 몇 번이나 반복해 교수되는 배열이다. 순진적 배열이 논리적인 것인 데 반해 순환적 배열은 심리적인 것이었다.

『초등국사』가 획기적 '국사' 교과서라고 평가받는 이유는 인물중심주의의 편찬 태도를 폐기해 철저히 '천황' 중심으로 하고 5, 6학년 각각에 새로운 각도에서 국사를 서술하는 순환법을 채용한 데 있다. 이러한 순환법의 채용 이유는 다음과 같다. 첫째, 순진법에 의하면 한 번밖에 교수하지 않으므로 망각하기 쉽다. 둘째, 순진법은 아동의 학습 능력에 적합한 내용을 제시하기 어렵다. 셋째, 현대생활을 기조로 한 이념을 목표로 하는 신교과서에 순환법을 채용하는 것은 편익이 많다. 넷째, 조선에서는 고등과를 병치하는 학교가 적으므로 5학년과 6학년에 2회 순환하는 것이 필요하다.[10]

순환적 배열과 순진적 배열을 그림으로 표현하면 [그림 1]과 같다.[11]

즉 순환적 배열에 의하면 신대로부터 현대에 이르기까지 5학년과 6학년에서는 그 내용의 범위가 확대되면서 비슷한 시기를 2년에 걸쳐 두 번 다루게 된다. 순진적 배열에 의하면 5학년에는 신대로부터 중세까지 배우게 되며 6학년에는 그 이후로부터 현대까지 2년에 걸쳐 한 시기를 한 번씩만 배우게 되는 구조다.

한편, 1938년 3월 15일 조선총독부령 제25호로 발표된 소학

---

10 東山一男, 앞의 글, p. 65.
11 위의 글, p. 63.

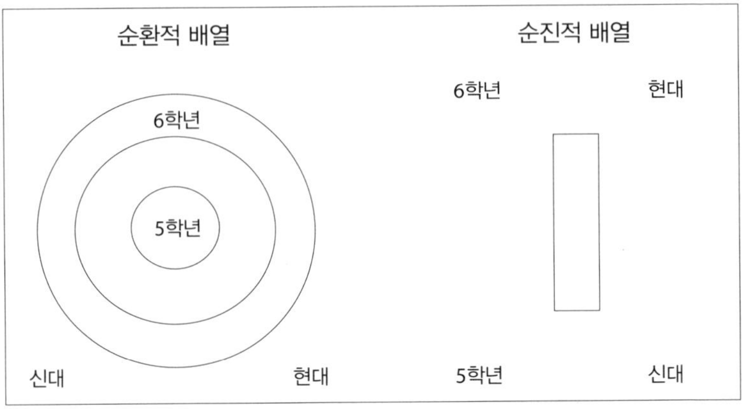

[그림 1] 순환적 배열과 순진적 배열

교 규정에 제시된 국사 과목의 교수요지를 국민학교 규정과 비교해 표로 정리하면 [표 30]과 같다.

'국민학교 규정'에서는 '국사' 과목의 목표를 '황국의 역사적 사명을 자각시키는 것'으로 규정하고 있는 것에 반해 1938년의 '소학교 규정'에서는 '황국신민의 정신을 함양'하는 것으로 규정하고 있다. '국민학교 규정'에서는 '자각'이라는 실천적 용어를 사용해 '황국신민'의 '정신의 함양'만이 아니라 '황국'의 '역사적 사명'을 '자각'하도록 하는 것을 목표로 하고 있는 것이다. 그 역사적 사명이란 '내선일체'의 사실을 깨닫고 전쟁을 수행하도록 하는 것이었음은 분명하다.

'국민학교 규정'에서는 '소학교 규정' 교재 내용의 '현철의 사적, 문화의 진전' 등이 삭제된 것이 가장 큰 변화라고 할 수 있다. 또한 제 외국과의 관계에 대해서는 '동아 및 세계에서의 황국의 사명'을 자각시킨다고 명시하고 있다. '천황'을 제외한 위인의 기

[표 30] 소학교 규정(1938)과 국민학교 규정(1941)의 '국사' 교수요지

구분	소학교 규정 第20조	국민학교 규정 第6조
목표	조국(肇國)의 유래와 국운진전의 대요를 가르치고 국체가 존엄한 소이를 알려 황국신민적 정신을 함양하는 것을 요지로 한다.	우리 국가의 역사에 대해 그 대요를 이해시키고 국체가 존엄한 이유를 체인시킴과 함께 황국의 역사적 사명을 자각시킨다.
내용	심상소학교에서는 조국의 체제, 황통의 무궁, 역대 천황의 성덕, 국민의 충성, 현철의 사적, 문화의 진전, 외국과의 관계 등을 가르쳐 국초부터 현시에 이르기까지 국민정신의 국사를 일관하는 사실을 이해시킨다. 고등소학교에서는 전항의 취지를 넓혀 특히 근세사에 중점을 두어 그것을 가르쳐 세계에서 우리 국가의 지위를 알린다.	초등과에서는 조국의 굉원, 황통의 무궁, 역대 천황의 성덕, 국민의 충성, 거국봉공의 사실 등에 즉해 황국 발전의 발자취를 알리고 국운의 융창과 문화의 발전이 조국 정신의 현현인 이유를 회득시킴과 함께 제 외국과의 역사적 관계를 명확하게 해 동아 및 세계에서의 황국의 사명을 자각시킨다. 고등과에서는 상기 교재들의 정도를 발전시켜 과한다.
지도상의 유의사항	국사를 가르칠 때 사실의 나열에 그치지 말고 항상 그 정신을 중시하고 또한 되도록 도화, 지도, 표본 등을 나타내고 위인의 언행 등을 인용해 아동의 감명을 깊게 해 특히 수신의 교수사항과 연결시키도록 한다.	(1) 사실의 나열에 그치지 않고 국사의 시대적 양상에 유의해 일관된 조국의 정신을 구체적으로 감득·파악하도록 한다. (2) '내선일체'가 유래하는 사실은 특히 유의해 가르친다. (3) 연표, 지도, 표본, 회화, 영화 등은 힘을 써서 그것을 이용해 구체적·직관적으로 습득시킨다.

출처: 朝鮮總督府, 『小學校規定』, 昭和13(1938)年 3月 15日.
朝鮮總督府, 『國民學校規定』, 昭和16(1941)年 3月 31日.

술이 '천황'에 대한 존숭심을 저해한다는 판단하에 '현철의 사적'이 생략되었을 가능성이 컸을 것이고, '동아 및 세계에서의 황국의 사명'은 조선의 아동들이 전쟁 상황에서 희생하도록 하는 것을 목표로 하고 있다. 또한 교수요지에 "'내선일체'가 유래된 사실은 특히 유의해 가르친다"라는 문구가 첨가되어, 제3차 조선교육령

과 다르게 조선사와 관련된 사항이 언급되었다. 총독부 편수관 나카무라 히데타카(中村榮孝)의 해설에 의하면 '내선일체의 사실'은 '한국병합' 이래의 역사이며, 병합 이전 반도의 역사는 '내선일체'에 유래하는 사실'로 구별해야 한다고 했다. 가령 진구(神功)황후의 신라정벌은 '내선일체가 유래하는 사실'이지 '내선일체'의 사실이 아니다.[12] 또한, 국민학교 '국사'의 교수요지에서 일본과 같이 '영화' 활용을 언급한 것은 특색이라 하겠다. 그러나 교수에서 영화는 학생을 중심으로 한 '문화영화관'을 설치하고, 문부성, 혹은 후생성의 추천 영화를 활용하도록 했고, 공리적·개인적 자유주의의 세계관을 포기하고 전체주의의 세계관으로써 파악되는 영화만 활용하도록 했다.[13]

'국사'의 교수방침을 일본과 비교하면 [표 31]과 같다. 이와 같이 일본에서 "향토에 관계 깊은 사실은 국사와의 관련에 유의해 교수한다"라고 하는 내용을 "'내선일체'가 유래하는 사실은 특히 유의해 가르친다"라고 했다. 조선을 하나의 지방으로 보고 그 역사도 일본사의 하나로 교수하는 근본적 방침에 의해 '국사'의 교수방침에서 가장 중요한 것이자 일본과의 차이점으로 '내선일체'를 강조한 것이다.

『초등국사』 제5학년(1940), 제6학년(1941)은 일본사 중심의 일원적인 내용구성이다. 즉 종래의 일본사와 한국사의 대립이라

12 中村榮孝, 앞의 글, p. 12.

13 崔麟, 朴興植, 吳兢善, 「新政治體制와 近衛新內閣に對する朝鮮人要望」, 『三千里』 第12卷 第8号, 昭和15(1940)年 9月号.

[표 31] 조선과 일본의 '국사' 교수방침

구분	국민학교 규정 제6조(조선)	문부성 국민학교 시행규칙 제4조(일본)
교수 방침	(1) 사실의 나열에 그치지 않고 국사의 시대적 양상에 유의해 일관된 조국(肇國)의 정신을 구체적으로 감득·파악하도록 한다. (2) '내선일체'가 유래하는 사실은 특히 유의해 가르친다. (3) 연표, 지도, 표본, 회화, 영화 등은 힘을 써서 그것을 이용해 구체적·직관적으로 습득시킨다.	(1) 국사의 시대적 양상에 유의하고 일관하고 있는 조국의 정신을 구체적으로 감득·파악시킨다. (2) 향토에 관계 깊은 사실은 국사와의 관련에 유의해 교수한다. (3) 연표, 시대표, 지도, 표본, 회화, 영화 등을 이용해 구체적·직관적으로 습득시킨다

출처: 文部省,『國民學校令施行規則』, 昭和16(1941)年 3月 14日.
朝鮮總督府,『國民學校規定』, 昭和16(1941)年 3月 31日.

고 하는 일원적 내용구성이 완전히 모습을 감추고 있다. 이 구성은 『초등국사』 권1, 권2에서도 보이지만 『초등국사』 제5학년과 제6학년에서는 보다 철저하게 되어 있다.

또한 『초등국사』 제5학년과 제6학년에서는 새로운 교칙의 정신에 근거해서 일본사의 발전과정과 직접 관련이 없는 한국사 내용을 삭제해 일본사 교육의 일원화를 꾀했다. 즉 고대로부터 한국강점에 이르기까지의 밀접한 한일관계를 나타내는 사실이 교재 내용으로 선택되어 '내선일체'가 고래(古來) 양국의 관계로부터 보아 필연적이었다고 하고 있다. 이것은 조선의 아동을 전쟁에 동원하기 위해 '내선일체'를 강조하고 있던 조선총독부의 정책을 반영한 것이며 이 시기 교과서의 특수성이라고 보인다.

이상, 국민과 '국사'교육의 특징으로서 순환적 교재배열과 '내선일체'를 강조한 교육방침에 대해 살펴보았다. 일본과의 '동화'를 원칙으로 하는 '국사'교육이었지만 그 실제에서는 일본과 다른 차이가 존재했으니, 바로 그것이 '국사'교재의 내용 배열상, 교육방침상 차이로 나타난 것이었다고 볼 수 있다. 역사교재는 제5학년과 제6학년에 걸쳐 두 번 반복할 수 있는 순환적 교재배열을 따랐는데 이것은 시간적 배열에 따라 한 번만 교수되는 순진적 교재배열을 따르는 일본의 교과서 배열 방법과 다른 것이었다. 이러한 차이는 결국 일본보다 짧은 조선의 국민학교 연한에 기인한 것으로, 짧은 기간 국민학교에서 교육을 '완결'하고 저급한 노동자, 군인을 양성하려던 의도에서 비롯되었다.

제6장

조선에서 국민과 '국사'교육의 실제

1 '국사' 교과서의 내용과 '내선일체'의 강화

국민과 '국사'교육의 내용을 살펴보기 위해 국민과 '국사' 교과서 내용을 분석하고자 한다. 국민과 '국사' 교과서 내용의 분석은 종적으로는 1938년 제3차 조선교육령 시기에 사용된 교과서와의 비교, 횡적으로는 일본의 국민과 '국사 교과서'와의 비교를 통해 보다 입체적인 것이 될 수 있다. 이때 주의할 것은 교육령 및 제 학교 규정의 공포시기와 교과서 간행 및 사용의 시기 사이에 간격이 있는 경우가 있다는 점이다.

1937년 4월에 개정판이 나온 『보통학교국사』 권1은 1938년에 『초등국사』 권1로 이름만 바꾸었고 『초등국사』 권2는 1938년 4월에 나왔다가 이후의 사실을 덧붙여서 1939년 4월에 다시 개정판이 나왔다.

『초등국사』 권1, 권2의 특질과 역사적 의식을 정리하면 다음과 같다. 첫째, 내용구성의 특질로는 일본사 교재와 병립하고 있던 한국사 내용을 해체하고 일본사 교재 중에서만 내용을 선택하여 조직함으로써 일원적 내용구성으로 전환된 점이다. 둘째, 교재 선택의 특질로는 '국체명징' 취지의 철저, '내선일체'의 강조, 국민의 해외 진출 중시 등이 있다. 먼저 '국체명징'의 취지를 철저히 하기 위해 역신의 불충과 악정, 조정과 황실의 쇠퇴, '천황'과 신하의 정치적 대립 등 '국체명징'의 관점에서 보아 맞지 않은 교재는 삭제하거나 수정하고 있다. 셋째, 대외관계의 내용 증가와 국민의 해외진출에 관한 기술의 중시는 대외관계사를 경시해 온 종래의 교과서와는 대조적이다. 여기에는 일본의 대외적 팽창을 지지하는 국민의 해외발전적 태도를 육성하려는 의도가 반영되어 있다.[1]

이상과 같은 교재선택의 특징은 조선인 아동을 일본 국민으로 만들어 대외전쟁에 동원하기 위한 보다 철저한 국체관념의 주입, '내선일체'의 강조에 의한 국민적 자각의 육성, 해외발전의 태도의 육성에 의해 나타났다.

그러나 조선총독부는 『초등국사』 권1, 권2에도 '신시대'가 요구하는 바에 불충분한 점이 있다고 판단하고 『초등국사』 권2만을 과도기적 조치로서 사용시키는 한편, 새로운 교과서 편찬에 착수했다.[2] 따라서 1940년도부터는 5학년까지 '국사' 교과서 일체화의 방침을 확대함과 동시에 1940년 3월 새로이 『초등국사』 제5학년을 편찬했다. 이후 1941년 3월에는 『초등국사』 제6학년을 발행하고 소학교 '국사' 교과서의 일체화를 완성했다.[3]

---

1 權伍鉉, 「朝鮮總督府下における歷史教育內容史研究: 國民意識形成の論理を中心に」, 廣島大學博士學位論文, 1999, pp. 368-369.

2 위의 글, p. 319.

3 朝鮮總督府, 「過渡期においての國史科授業のために」, 『國民學校特輯 教科書編輯彙報』 第8輯, 朝鮮書籍印刷株式會社, 昭和16(1941)年 3月号. p. 153.

『초등국사』 제5학년, 제6학년은 제3차 조선교육령에 의한 소학교 규정 제20조와 국민학교 규정 제6조의 두 가지를 편찬근거로 하고 있다. 그런데 국민학교 규정 제6조는 『초등국사』 제5학년, 제6학년의 편찬이 완료된 후에 제정된 것이다. 조선총독부는 새로운 규정의 제정에도 불구하고 『초등국사』 제5학년과 제6학년을 그대로 사용시켰다. 『초등국사』 제5학년과 제6학년에서는 새롭게 제정된 국민학교 규정 제6조의 취지도 사실 반영되고 있다고 판단했기 때문이다.[4]

교사용 지도서의 경우 제5학년용이 1941년 12월에, 제6학년용이 1943년 3월에 발행되었다. 또한 편찬취의서의 경우 제5학년용은 1940년 5월, 제6학년용은 1941년 5월에 발행되었다. 아동용서의 경우 『초등국사』 제5학년, 제6학년이 모두 1944년 3월에 개정되었다(부록 표 8 참조).[5]

1940년 『초등국사』 제5학년부터 황실의 계보라 할 수 있는 '만세일계(萬世一系)'가 등장하게 되는데 1938년, 1940년, 1944년 '국사' 교과서의 순서는 다음과 같다(표 32).[6]

『초등국사』 권1(1937)의 '어역대표(御歷代表)'는 이후 교과서의 연대표와 같다. 이 어역대표는 진무(神武)천황부터 시작되고 있으나 『초등국사』 제5학년(1940)부터 나오는 '황실어계도(皇室御系圖)'는 아마테라스 오미카미(天照大神)부터 시작해 역사와 신화를 유기

4 위의 글, p. 41.

5 權伍鉉, 앞의 글, p. 320.

6 加藤章, 「戰後の歷史教育の出發と社會科の成立」, 『講座歷史教育: 歷史教育の歷史』, 弘文堂, 1982, pp. 213-215.

[표 32] 1937, 1940, 1944년 '국사' 교과서 순서

『초등국사』 권1(1937)	목차-어역대표(御歷代表)-본문-연표
『초등국사』 제5학년 (1940)	목차-삽화와 지도 목차-만세일계(萬世一系)-황실어계도(皇室御系圖)-본문-연대표(み代のすがた)
『초등국사』 제6학년 (1944년 개정판)	삽화와 지도 목차-목차-만세일계-황실어계도-본문-연대표

출처: 朝鮮總督府, 『初等國史(改訂版)』 卷一, 昭和12(1937)年 2月 28日.
朝鮮總督府, 『初等國史 第5學年』, 昭和15(1940)年 3月 31日.
朝鮮總督府, 『初等國史 第5學年(改訂版)』, 昭和19(1944)年 3月 31日.

적으로 관련짓고 있음을 보여 준다. 만세일계는 앞에서 살펴본 일본의 교과서에서 '신칙'의 내용과 같은 것이다. 일본에서와는 강조점이 다르게 '만세일계'라 해 '내선일체'의 사상을 강조하고 있다.

[표 33]은 『초등국사』 권1, 권2 그리고 『초등국사』 제5학년과 제6학년의 목차를 나타낸다.

목차에서 살펴보면, 『초등국사』 권1, 권2는 '인물중심'으로 단원이 구성되어 있는 데 반해, 『초등국사』 제5학년과 제6학년은 '주제중심'으로 단원이 구성되어 있다.[7]

또한 『초등국사』 제5학년과 제6학년에 일본의 고유어가 많이 보인다. 바로 '국가 발전에 대해 특색 있는 성격을 명징하게' 표현하기 위해 단원명으로 채택된 일본의 고유어인 것이다. '성전(聖戰, ことむけ)', '정사(政事, まつりごと)',[8] '신의 가호(神のまもり)' 등

7 차유미, 「일제강점기 〈國史〉의 敍事 고찰-『普通學校國史』와 『初等國史』를 중심으로」, 전남대학교 석사학위논문, 2016, p. 16.

8 다르게는 '정치'(풀어쓴 말씨). 옛날에는 제정일치의 사회였으므로 まつりごと(祭り事)는 제사의 뜻이다(安田吉實, 孫洛範, 『엣센스 日韓辭典』, 民衆書林, 1995, p. 208).

[표 33] 『초등국사』 권1, 권2와 『초등국사』 제5학년, 제6학년의 목차

『초등국사』 권1 (1937)	『초등국사』 권2 (1939)	『초등국사』 제5학년(1940)	『초등국사』 제6학년(1941)
1과 天照大神	31과 織田信長	제1 국체(くにがら)	제1 황국의 목표(目当て)
2과 神武天皇	32과 豊臣秀吉	제2 국가의 시작	제2 황실의 은혜(御めぐみ)
3과 日本武尊	33과 豊臣秀吉(계속)	제3 성전(聖戰, ことむけ)	제3 해외의 정사1
4과 神功皇后	34과 徳川家康	제4 정사	제4 해외의 정사2
5과 人徳皇后	35과 徳川家康(계속)	제5 신의 가호(まもり)	제5 국가의 기세(まじはり)1
6과 聖徳太子	36과 徳川家光	제6 세상의 진행(すすみ)	제6 국가의 기세2
7과 天智天皇과 藤原鎌足	37과 徳川光國	제7 개신의 기초	제7 제도의 정비(とどのひ)1
8과 天智天皇과 藤原鎌足(계속)	38과 徳川吉宗	제8 개신의 정사	제8 제도의 정비2
9과 聖武天皇	39과 徳川氏의 쇠운(衰運)	제9 수도의 번영(さかえ)1	제9 해외와의 왕래(ゆきき)1
10과 桓武天皇	40과 존왕론	제10 수도의 번영2	제10 해외와의 왕래2
11과 最澄과 공해(空海)	41과 양이와 개항	제11 국풍의 나타남(あらはれ)	제11 신국(神國)의 자랑(ほこり)
12과 菅原道眞	42과 양이와 개항(계속)	제12 무가의 일어남(おこり)	제12 해외발전의 기세(いきほひ)
13과 藤原道眞	43과 孝明天皇	제13 무사의 마음가짐(心がまへ)	제13 세계의 동향(うごき)1
14과 後鳥翊上皇	44과 왕정복고	제14 친정의 존의(尊意)	제14 세계의 동향2
15과 源義家	45과 明治天皇	제15 세계의 움직임(うつりかはり)	제15 영웅의 마음가짐(こころざし)
16과 平氏의 발흥(勃興)	1. 메이지유신	제16 勤王의 진심(まごころ)	제16 국위(國威)의 빛남(かがやき)
17과 平重盛	2. 서남의 역(役)	제17 천황의 위세의 빛(みいつのひかり)	제17 무역의 성행(にぎはひ)
18과 무가정치의 시작	46과 明治天皇(계속)	제18 태평의 은혜(めぐみ)	제18 신국의 지킴(まもり)
19과 後鳥翊上皇	1. 헌법발표	제19 국가의 모습(すがた)	제19 발전의 기초(もとい)
20과 元寇	2. 청일전쟁(메이지 27, 28년 전역(戰役))	제20 일신(一新)의 기초(もとい)	제20 국민의 눈뜸(みざめ)1
21과 元寇(계속)	47과 明治天皇(계속)	제21 일신의 정사1	제21 국민의 눈뜸2
22과 後醍醐天皇	1. 조약 개정	제22 일신의 정사2	제22 동아의 지킴1
23과 楠木正成	2. 러일전쟁(메이지 37, 38년 전역	제23 헌법의 굳건함(かため)	제23 동아의 지킴2
24과 新田義貞	48과 明治天皇(계속)	제24 국체(國體)의 빛남(かがやき)1	제24 동아의 지킴3
25과 北昌親房과 楠木正行	1. 한국병합	제25 국체의 빛남2	제25 동아의 굳건함
26과 菊池武光	2. 천황의 붕어(崩御)		제26 약진의 자랑스러움(ほまれ)
27과 足利氏의 잠상(潜上)	49과 大正天皇		제27 세계의 경쟁(きそひ)
28과 足利氏의 쇠미(衰微)	50과 쇼와의 시기		제28 국력의 나타남1
29과 足利氏의 쇠미(계속)			제29 국력의 나타남2
30과 後奈良天皇			제30 대국민의 마음가짐(心がまへ)

출처: 朝鮮總督府, 『初等國史(改訂版)』 卷一, 昭和12(1937)年 2月 28日.
朝鮮總督府, 『初等國史(改訂版)』 卷二, 昭和14(1939)年 1月 25日.
朝鮮總督府, 『初等國史 第5學年』, 昭和15(1940)年 3月 31日.
朝鮮總督府, 『初等國史 第6學年』, 昭和15(1940)年 3月 31日.

의 용어에 대해 『초등국사 제5학년용 편찬취의서』에서는 그 용어의 출처인 『고사기』(712), 『일본서기』(720) 등에서 사용하는 일본 고유의 의미를 일반적인 한자용어로 보아 고유명사의 참된 의의를 몰각해서는 안 된다고 주의를 주고 있다.[9]

조선총독부의 교과서 편찬취의서를 살펴보면, '국사'교육의 지도방법에 대해서는 단순한 개별적 사실의 나열이 아닌, 국사를 일관하는 조국의 정신의 발전을 중심으로 한 하나의 체계로서 국사를 인식시키는 것이 요구된다고 했다.

특히 '성전'은 소위 성전의 본의를 나타내는 데 가장 적절한 말이며 황국신민으로서 반드시 알아야 할 뿐 아니라 실천되어야 할 말이라고 강조하고 있다.[10]

'천신강림' 신화에 대한 이야기는 『일본서기』와 『고사기』에 나타난다. 이야기에 따르면 처음 일본이 만들어질 때, 하늘이 열리고 천신들이 이자나기(男神)와 이자나미(女神)를 지상으로 보내 국토를 만들게 했다고 한다.[11]

태양신이자 가장 높은 천신인 아마테라스 오미카미는 자신의

---

9 朝鮮總督府, 『初等國史 第5學年用 編纂趣意書』, 昭和15(1940)年 5月 5日, p. 34. 교사들이 이에 관해 지도할 때는 고어가 갖는 무한한 풍미를 살리도록 해야 하며 '聖戰(ことむけ)'을 '聖戰', 이를 실행하는 '천황의 군대(み軍)'를 '皇軍'과 같은 한자용어로 설명해서는 안 된다고 주의를 주고 있다(阿部一正, 「ことむけとは」, 『教科書編纂彙報』 第6輯, 昭和15(1940)年 7月, p. 55. 김경미, 「'황민화' 교육정책과 학교교육: 1940년대 초등교육 '국사' 교과를 중심으로」, 『동방학지』 124, 연세대학교 국학연구원, 2004, p. 675 재인용).

10 朝鮮總督府, 『初等國史 第5學年用 編纂趣意書』, 昭和15(1940), pp, 34-35.

11 "僕者將降裝束之間 生一子 其名天邇岐志國邇岐志天津日高日子番能邇邇藝命 此子應降也"(『古事記』), "天津彦彦火瓊瓊杵尊,天饒石國饒石天津彦火瓊瓊杵尊とも記される"(『日本書紀』).

손자인 니니기노 미코토(邇邇藝命)에게 3부 즉 구슬, 거울, 칼을 주어 지상으로 내려보낸다. 이러한 사건을 나타내는 'ことむけ'라는 용어는 『초등국사』 제5학년(1940)에서 처음 사용되었는데 이 용어를 더욱 확대해 '천황'의 이름으로 벌이는 모든 정복 전쟁을 '신(천황)을 위한 전쟁'으로 미화하면서 '성전'으로 동일시해 사용한 것이다. 진무천황의 동국정벌(東國征伐)부터 진구황후의 소위 삼한정벌, 도요토미 히데요시(豊臣秀吉)의 조선침략, 청일전쟁, 러일전쟁, '한국병합', 만주사변, 중일전쟁, 태평양전쟁 등은 '성전'이라고 하는 말로 미화되어 '천황'을 위해 벌이는 정복 전쟁은 정당하다는 인식을 심어 주게 되었다.

한편, 일본의 임나 지배를 비롯해 신라와 백제의 관계는 '해외의 정사'[12]로 표현되었다. '정사'라는 용어는 『초등국사』 제5학년(1940)에서 처음 사용되었는데 아마테라스 오미카미가 앞서 언급한 3부를 주어 손자를 지상에 내려보내면서 가르친 정치의 방법이다. 아마테라스 오미카미는 그를 수행하는 신들에게 각각 '제사(まつり)'와 '정사'에 관해 신칙을 내린다. 그를 수행하는 신에게 팔척경을 주면서 "이 거울은 내 혼으로서 나를 모시는 것과 같이 제사를 모셔라"라고 했는데, 이는 아마테라스 오미카미의 뜻을 널리 펴기 위해서는 언제나 거울에 제사를 지내야 한다고(まつり) 깨우치게 한 것이다. 또 지상에 내려가는 신들에게는 늘 제사를 지내도록 했는데, 이에 따라 '천황'을 섬기는 자가 아마테라스 오미카미의 뜻을 펴 가는 것을 '정사'라고 한다고 했다.[13] 즉 '제사'는

---

12 朝鮮總督府, 『初等國史 第5學年』, 昭和15(1940)年 3月 28日, pp. 12-28.

아마테라스 오미카미의 뜻을 펴기 위한 '천황'의 정치이고, '정사'는 이를 실현하는 '천황'을 받드는 자의 정치다.[14] 모리타 요시오(森田芳夫)와 같은 식민사관 학자는 황국사관에 입각한 한국사 서술의 전형을 보여 주었다. 그는 조선은 일본과 같이 '천황'을 중추로 민족의 결속이 이루어지지 못했으며, 여기에서 일본의 역사와 조선의 역사 간 본질적 차이가 발견된다고 했다.[15]

이러한 일본의 독특한 정치행위를 고대 한국 국가들과의 관계에 적용한 것은 한국과의 관계를 '일체' 관념 위에서 국내의 '정사'가 해외로 확대된 것으로 본다는 의미다.[16] 즉 일본과의 관계에서 한국을 국가로 인정하지 않는다는 말이며, 이후 한국과 중국과의 관계를 구별하려는 것이었다.

전쟁 동원에 필요한 '신의 가호'에 대한 신념은 조선인에게도 징병령(1943. 3. 1.)을 적용하면서 더욱더 요구되었다. 역사적 사실에서 배운 바대로 신의 가호는 신에 대한 '제사'를 통해 얻을 수 있는 것이었다. 총독부는 1936년 8월 신사규칙 개정 이후 조선인에게 점점 더 강압적으로 신사참배를 강요했다.

조선총독부는 『초등국사』 제5학년,[17] 제6학년[18]의 편찬취의

---

13 朝鮮總督府, 『初等國史 第5學年』, 昭和15(1940)年 3月 28日, pp. 16-17.

14 朝鮮總督府, 『初等國史 第5學年(改訂版)』, 昭和19(1944)年 3月, p. 18.

15 森田芳夫, 『歷史と朝鮮』, 昭和14(1939)(民族問題硏究所 編, 『總動員政策과 團體 6 日帝下 戰時體制期 定策史料叢書』 第54卷, 2000, p. 422에 수록).

16 阿部一井, 「初等國史第六學年教材解說」, 『國民教育』, 國民教育硏究會, 昭和16(1941)年 6月号, p. 30.

17 朝鮮總督府, 『初等國史 第5學年』, 昭和15(1940)年 3月 28日.
朝鮮總督府, 『初等國史 第5學年 教師用』, 昭和16(1941)年 12月 22日.
朝鮮總督府, 『初等國史 第5學年用 編纂趣意書』, 昭和15(1940)年 5月 5日.

서를 발행했다. 제6학년용에서 이전의 교과용 도서와 현저한 차이를 나타내고 있는 점은 소위 외국관계 교재의 격증이다. 즉 제5학년은 '국체명징'을 중심목표로 했고 제6학년은 이것을 기조로 해 국운의 발전을 주요 사항으로 하고 양자를 통해 국사의 특질을 확실하게 이회(理會)하도록 했다. 즉 전자는 일본사의 독자성 이해에 주안점을 두었고 후자는 일본사의 세계적 보편성 이해에 주안점을 두었다.[19]

구체적으로 말하면 제5학년에서는 "국체의 결정과 함께 표방된 '팔굉일우(八紘一宇)'의 이상이 만세일계 '천황'의 통치에 의해 국사의 발전과 함께 현현되어 간 모습을 교수함으로써 조국(肇國)의 정신의 본질과 그 기초를 이룬 국체의 존엄을 체인시켜 황국의 역사적 사명이 유래하는 바가 오래되고 중차대함을 자각시킨 후, 이를 기초로 해 다시 제6학년에서 황국의 이상현현과 더불어 진전되어 온 국운 발전의 모습을 교수해 세계사상 일본의 지위가 시대를 따라 향상 발전해 온 모습을 알고, 이것이 동아 및 세계에서 어떠한 의의를 갖는가를 분명히 이해시킴으로써 황국의 역사적 사명에 대한 자각을 깊게 하고, 대국민다운 자질을 계배하는 데 힘쓰도록 한다"는 것이다.[20]

한편, 편찬취의서에서는, 『초등국사』 제6학년을 제5학년과 관

---

18 朝鮮總督府, 『初等國史 第6學年』, 昭和16(1941)年 3月 28日.
朝鮮總督府, 『初等國史 第6學年 教師用』, 昭和18(1943)年 3月 31日.
朝鮮總督府, 『初等國史 第6學年用 編纂趣意書』, 昭和16(1941)年 5月 5日.

19 朝鮮總督府, 『初等國史 第6學年 教師用』, 昭和18(1943)年 3月 31日.

20 朝鮮總督府, 「新'初等國史' 第6學年取扱者のために」, 『國民學校特輯 教科書編輯彙報』 第8輯, 朝鮮書籍印刷株式會社, 昭和16(1941)年 3月, pp. 100-101.

련하여 지도를 할 때에는 서로 연결시켜 가르쳐야 한다고 했다.

『초등국사』 제5학년의 제1과부터 제5과까지와 『초등국사』 제6학년의 제1과와 제2과는 각 권의 지도정신과 목표 등을 나타내는 도입단원이다. 이는 교과서의 초두에 도입단원과를 설치해 국사를 일관하는 근본정신과 지도의 목표를 명확하게 인식시킨 후 구체적인 사실의 학습에 들어가려고 하는 의도에 의한 것이다.

제6학년 편찬취의서에는 다음과 같이 서술되어 있다.[21]

> 국민학교령의 실시에 따라 조선교육령은 다시 개정되어 조선 국민학교 규정의 제정과 함께 구소학교 규정은 폐지되고 곧 소학교는 모두 국민학교로 개칭되어 교육의 본지가 확립되었다. 제6학년용 교과서에서는 교과과목의 체계가 변화되었고 내용도 자연히 쇄신되었다. 특히 제6학년용은 발행과 동시에 국민학교에서 국민과 국사의 교과용 도서로 사용되었다. 『초등국사』 제6학년은 물론 소학교 규정 교칙에 준거한 것은 제5학년용과 같지만, 그 편찬 중에 이미 국민학교 규정의 교칙안은 결정을 보아 준비도 역시 진행되고 있었다. 따라서 교칙안의 취지도 충분히 염두에 두고 있었다. 자연히 제6학년용은 제5학년용에 비해 국민학교용으로 더 적절하다고 해도 틀리지 않다.

즉 『초등국사』 제6학년이 『초등국사』 제5학년에 비해 국민과 '국사'의 성격이 좀 더 강한 것으로 보았다.

---

21 朝鮮總督府, 『初等國史 第6學年用 編纂趣意書』, 昭和16(1941)年 5月 5日.

[표 34]는 조선의 역사 중 특히 한일관계의 기사가 가장 많이 나타난 상고와 삼국시대, 조선중기, 조선후기, 한국강점의 서술을 『초등국사』 권1, 권2와 『초등국사』 제6학년을 통해 분석한 것이다. 한국사와 관련된 내용은 주로 『초등국사』 제6학년에 서술되어 있다. 『초등국사』 제5학년의 경우 한일관계의 내용이 서술되어 있지만 그 분량이 극히 적다. 제5학년에서는 일본발전에 관한 내용을 주로 선택하고 있기 때문이다.

제5학년에는 '국체', '정치', '나라의 정세'에 관한 내용이 많고, 제6학년에는 '신민의 의무'와 '세계의 정세'에 관한 내용이 많다는 점도 특징적이다.[22] 이러한 이유로 아래에서는 주로 『초등국사』 제6학년을 중심으로 검토한다.

[표 34]에서 알 수 있듯이 『초등국사』 권1, 2에서 삭제 혹은 간략화된 내용의 대부분은 한국사의 정치적 변천과 문화의 발전 등에 관한 것이다. 조선시대에 관련한 내용 중 대외관계에 대한 부분은 삭제하였다. 다른 한국사와 관련된 내용으로 한일관계 외에 삼국시대 이전의 조선 정세, 한의 낙랑군 설치, 삼국의 건국과 항쟁, 신라의 통일, 발해와 신라의 발전과 쇠퇴, 고려의 건국과 불교의 발전, 고려의 금요몽고로의 복속, 조선의 건국, 임진왜란 시 조선의 국정, '한국병합' 이전의 조선의 국정과 내란 등이 『초등국사』 제6학년에 수록되었다.

또한 한일관계에 관한 내용의 경우 특히 '내선일체'의 유래와 의의 등이 강조되어 있다. 『초등국사』 제6학년에서는 한일관계의

22 차유미, 앞의 글, p. 17.

[표 34] 『초등국사』 권1, 권2와 『초등국사』 제6학년에 나타난 한일관계 기사
(상고, 삼국시대, 조선중기, 조선후기, 한국강점의 서술을 중심으로)

시대	『초등국사』 권1, 권2(1938/1939)	『초등국사』 제6학년(1941)
상고	기씨조선, 마한, 진한, 변한의 분립	삼국시대 이전 조선의 정세, 임나일본부, 한의 낙랑군
삼국시대	주몽의 고려건국, 온조의 백제건국, 박혁거세의 신라건국, 고려의 백제공격, 백제의 부여천도, 신라의 발전과 고려, 백제의 임나공격, 백제와 고려의 멸망, 임나의 일본복종, 일본과 백제·신라와의 왕래, 호공의 중용, 신라의 왕자 아메노 히보코(天日槍)의 귀화(진무황후의 조선), 삼국의 일본복종, 왕인의 학문전래, 일본부의 설치, 신라의 일본조공과 김춘추의 방일, 신라의 당복속, 일본의 백제구원, 백제·고려유민의 일본귀화	조선과 일본 왕래, 고려·백제·신라의 건국과 항쟁, 진구황후의 신라원정, 일본에 의한 신라와 백제의 돌봄, 고려와 일본의 왕래, 백제의 친밀함, 신라의 번영, 임나의 종결, 신라와 당의 백제공격, 신라의 삼국통일과 번영, 일본의 백제구원, 부여신궁(夫餘神宮)
조선중기	정치의 혼란, 선조의 이황·이이 중용, 당쟁의 시작, 당쟁의 격화(四色), 도요토미 히데요시의 계획, 이에야스(家康)와의 수교, 후금의 침략, 청의 침략과 화전론, 청의 속국, 조선통신사, 부산의 무역(왜관설치), 영조·정조의 당쟁억제 실패, 왕권쇠퇴와 외척정치	도요토미 히데요시의 계획, 당쟁에 의한 내분, 임진왜란·정유재란과 동아일체의 실마리, 조선과 일본의 교역과 부산무역
조선후기	이태왕[고종] 즉위, 흥선대원군의 집권(인재중용, 기독교 탄압), 프랑스군함 격퇴와 쇄국양이, 일본의 국교요청거부, 강화조약과 개국, 구미제국과의 통상, 병사의 폭동, 박영효·김옥균 등의 정변, 2회의 일본공사관방화와 조선의 사죄, 청의 내정간섭, 천진조약, 동학신도의 내란, 갑오개혁, 국호개칭(한), 조선의 보호국화, 한국강점까지의 과정	당쟁의 격화와 쇄국정책, 조선과 일본의 국교와 '내선일체'의 실마리, 조선의 내란, 청일전쟁과 조선의 지도, 포츠머스 조약과 '내선일체'의 추구
한국강점	한국강점과 의의, 조선총독부의 설치와 강점 후 조선의 발전, 조선신궁	조선의 보호와 병합, 조선의 신정치, '내선일체'의 모습(산업개발, 교육확대 등), '내선일체'의 마음과 대륙전진기지

출처: 朝鮮總督府, 『初等國史(改訂版)』 卷一, 昭和12(1937)年 2月 28日.
朝鮮總督府, 『初等國史(改訂版)』 卷二, 昭和14(1939)年 1月 25日.
朝鮮總督府, 『初等國史 第6學年』, 昭和16(1941)年 3月 31日.

비고: 이 표는 權伍鉉, 「朝鮮總督府下における歷史敎育內容史硏究: 國民意識形成の論理を中心に」, 廣島大學博士學位論文, 1999. pp. 532-533에서 인용한 것임.

교재로서 진구황후의 신라원정, 임나일본부의 경영, 신라와 백제를 돌봄, 고구려·신라·백제에 대한 업적, 백제를 구원함, 통일신라와 발해에 대한 업적, 삼포의 무역, 도요토미 히데요시의 조선 침략, 부산의 무역, 국교의 재개와 '내선일체'의 실마리, 포츠머스 조약과 '내선일체'의 추구, 조선의 보호, '한국병합', '내선일체'의 자세(병합 후 조선의 발전), '내선일체'의 마음가짐과 대륙전진의 기지 등이 선택되고 있다.

따라서 이후 한일관계의 중요한 교재로서 '진구황후'의 신라 원정', '임나일본부설', '전쟁 관련', '한국강점' 등의 네 가지 서술 내용을 더욱 구체적으로 살펴볼 것이다.

『초등국사』 권1, 권2와 비교할 경우 일본이 우위에 서서 밀접한 한일관계가 지속되어 왔음을 강조한 점은 공통이다. 그러나 『초등국사』 제6학년에서는 '내선일체'의 유래와 그 의의 등을 보다 명확하게 한 내용 선택과 기술이 이루어졌다.

『초등국사』 제5학년, 제6학년 교과서와 일본문부성 편찬의 『초등과 국사』 상·하의 유사점은 다음과 같다.

첫째, 교과서의 편찬방침을 구체화하기 위한 교재선택 관점으로서 조국(肇國) 정신의 일관성과 황국의 역사적 사명의 자각이 강조되고 있는 점이다.

둘째, 종래 인물 중심의 구성방법으로는 '천황'과 신하를 동례로 취급하고 대의명분을 바르게 하기 어렵기 때문에, 그 대신 황국의 발전과정을 내용에 포함했다는 점이다.

셋째, '-이었다(であった)' 문체에서 '-이었습니다(でありました)'조의 쉬운 문체로 변화되었다는 점이다.

『초등국사』 제5학년, 6학년은 1944년에 모두 개정되었다. 체재는 동일하지만 목차에 적지 않은 변화가 있고, 본문의 분량이 각각 204페이지에서 226페이지로, 228페이지에서 289페이지로 크게 증가했다. 개정의 이유는 1941년 12월 태평양전쟁의 발발로 전쟁이 확대된 사실과 밀접한 관련이 있었다. 개정교과서는 일본, 만주, 중국 중심의 '동아신질서 건설',[23] '동아공영권 건설'[24]에서 동남아시아까지 포함한 '대동아 신질서 건설',[25] '대동아공영권 건설'[26]로 슬로건을 바꾸고 미국과 영국을 상대로 한 태평양전쟁의 정당성 확보와 전쟁 참여의식을 고취하는 방향으로 전 교과서 내용을 조정했다. 특히 1944년 3월에 출판된 『초등국사』 제6학년은 콰잘린(Kwajalein), 루옷토 두 섬에서 동년 2월 벌어진 '옥처럼 아름답게 부서져라(교쿠사이, 玉碎)'라는 전쟁의 참여를 미화하는 내용까지 포함하고 있다. 콰잘린과 루옷토는 모두 마셜제도에 위치한 환초(環礁)섬으로, 제2차 세계대전이 한창이었던 1944년 2월에 미국과의 전쟁에서 패한 곳이기도 하다(콰잘린 전투).[27]

1944년 발행된 국민학교 제5학년, 제6학년용의 『초등국사』를 보면 일본사를 신대에서부터 현대에 이르기까지 총 24개 단원에 걸쳐 미화해 기술하고 있다. 그 단원의 목차를 이번에는 1940년과 1941년에 각각 편찬된 『초등국사』 제5학년, 제6학년과 비교

---

23 朝鮮總督府, 『初等國史 第6學年』, 昭和16(1941)年 3月 28日, pp. 218-226.
24 위의 책, p. 182.
25 朝鮮總督府, 『初等國史 第6學年(改訂版)』, 昭和19(1944)年 3月 31日, p. 1.
26 위의 책, p. 267.
27 김경미, 앞의 글, p. 671.

해 살펴보자(표 35 참조).

이 교과서의 본문은 소위 황국사관에 입각해 철저한 '천황' 중심의 기술로 일관되고 있다. 이를 구체적으로 살펴보면, 『초등국사』 제5학년(1940)의 제11 국풍의 나타남, 제12 무가의 일어남, 제13 무사의 마음가짐, 제14 친정의 존의(尊意, 思し召し)가 각각 『초등국사』 제5학년(1944)에서 제11 무가의 일어남1, 제12 무가의 일어남2, 제13 신위(神威)의 나타남, 제14 통일의 정사(政事, まつりごと)로 수정되었다. 즉, 제13 신위의 나타남 장이 등장해 역사의 신화화가 더욱 강조되어 당시 전시체제하 결전의 교과서였음을 나타내 주고, 전국시대의 통일을 '정사'로 해 '천황'에 귀일하고 있다.

이는 천황제를 옹호하고 그것을 정당화하는 정신을 배양함으로써 체제 옹호의 정치적 과제를 달성하기 위해 역사교육을 이용했던 것을 나타낸다. 따라서 일본사 교과서의 기술은 천황제에 대한 미화와 찬사로 가득할 수밖에 없었던 것이다. 『초등국사』 개정판의 모든 단원의 기술 속에는 '천황' 또는 천황제를 미화하거나 찬양하는 구절이 반드시 삽입되어 있는바, 『초등국사』 제5학년(1944)의 몇몇 예를 보면 다음과 같다.[28]

제1과 국체

천황폐하는 국민을 친자식처럼 생각하시고 마치 어린이를 기르는

28 朝鮮總督府, 『初等國史 第5學年』, 昭和19(1944)年 3月 31日과 『初等國史 第6學年』, 昭和19(1944)年 3月 31日 참조.

[표 35]『초등국사』 제5학년, 제6학년과 그 개정판의 목차

『초등국사』 제5학년(1940)	『초등국사』 제5학년(1944)	『초등국사』 제6학년(1941)	『초등국사』 제6학년(1944)
제1 국체(國體, くにがら) 제2 국가의 시작 제3 성전(聖戰, ことむけ) 제4 정사(政事, まつりごと) 제5 신의 가호(まもり) 제6 세상의 진행(すすみ) 제7 개신의 기초 제8 개신의 정사(政事, まつりこと) 제9 수도의 번영(さかえ)1 제10 수도의 번영2 제11 국풍의 나타남 제12 무가의 일어남(おこり) 제13 무사의 마음가짐(心がまへ) 제14 친정의 존의(尊意) 제15 세계의 움직임(うつりかはり) 제16 勤王의 진심(まごころ) 제17 천황의 위세의 빛(みいつのひかり) 제18 태평의 은혜(めぐみ) 제19 국가의 모습(すがた) 제20 일신의 기초 제21 일신의 정사1 제22 일신의 정사2	제1 국체 제2 국가의 시작 제3 성전 제4 정사 제5 신의 가호 제6 세상의 진행 제7 개신의 기초 제8 개신의 정사 제9 수도의 번영1 제10 수도의 번영2 제11 무가의 일어남1 제12 무가의 일어남2 제13 신위(神威)의 나타남(あらはれ) 제14 통일의 정사 제15 세계의 움직임 제16 勤王의 진심 제17 태평의 기초(もとい) 제18 태평의 은혜 제19 일신(一新)의 기초 제20 일신의 정사1 제21 일신의 정사2 제22 헌법의 굳건함 제23 국체의 빛남1 제24 국체의 빛남2	제1 황국의 목표(目当て) 제2 황실의 은혜(御めぐみ) 제3 해외의 정사1 제4 해외의 정사2 제5 국가의 기세(まじはり)1 제6 국가의 기세2 제7 제도의 정비(とどのひ)1 제8 제도의 정비2 제9 해외와의 왕래(ゆきき)1 제10 해외와의 왕래2 제11 신국의 자랑(ほこり) 제12 해외발전의 기세(いきほひ) 제13 세계의 동향(うごき)1 제14 세계의 동향2 제15 영웅의 마음가짐(こころざし) 제16 국위(國威)의 빛남(かがやき) 제17 무역의 성행 제18 신국의 지킴(まもり) 제19 발전의 기초(もとい) 제20 국민의 눈뜸1 제21 국민의 눈뜸2 제22 동아의 지킴1 제23 동아의 지킴2 제24 동아의 지킴3 제25 동아의 굳건함(かため) 제26 약진의 자랑스러움(ほまれ)	제1 황국의 목표 제2 황실의 은혜 제3 해외의 정사1 제4 해외의 정사2 제5 국가의 기세 제6 태양의 근본의 번영(日の本のさかえ) 제7 박다(博多)한 기세(にぎはひ) 제8 신국(神國)의 눈뜸(みざめ) 제9 동아의 왕래1 제10 동아의 왕래2 제11 세계의 동향 제12 영웅의 마음가짐 제13 국위의 빛남 제14 무역의 성행(にぎはひ) 제15 남진(南進)의 선구(さきがけ) 제16 신국의 지킴 제17 발전의 기초 제18 국민의 눈뜸1 제19 국민의 눈뜸2 제20 양이의 진심 제21 세계웅비의 기초(もとい) 제22 동아의 지킴1 제23 동아의 지킴2 제24 내선일체의 진심 제25 약진의 자랑스러움 제26 세계의 경쟁(きそひ)

[표 35] 『초등국사』 제5학년, 제6학년과 그 개정판의 목차(계속)

『초등국사』 第5학년(1940)	『초등국사』 第5학년(1944)	『초등국사』 第6학년(1941)	『초등국사』 第6학년(1944)
제23 헌법의 굳건함(かため) 제24 국체의 빛남1 제25 국체의 빛남2		제27 세계의 경쟁 제28 국력의 나타남1 제29 국력의 나타남2 제30 대국민의 마음가짐	제27 동아안정의 맹세(ちかひ) 제28 공영(共榮)의 기쁨(よろこび)

출처: 朝鮮總督府, 『初等國史 第5學年』, 1940年 3月 31日.
朝鮮總督府, 『初等國史 第6學年』, 1941年 3月 31日.
朝鮮總督府, 『初等國史 第5學年(改訂版)』, 1944年 3月 31日.
朝鮮總督府, 『初等國史 第6學年(改訂版)』, 1944年 3月 31日.

것처럼 깊이 사랑하십니다. 국민은 천황폐하를 친어버이처럼 받들어 모시고 맑고 밝고 반듯한 마음으로 섬기며 각자의 일에 힘쓰고 있습니다. 참으로 훌륭한 국체입니다.

제3과 성전

천황의 존의는 어느 천황의 치세에서도 변함이 없으며 쇼와의 성대에 이르러 천황폐하는 널리 동아의 각지를 우리 쪽으로 끌어들이시고 천황의 뜻에 따라 대동아공영권이 차츰 구축되고 있습니다.

제4과 정사

현재는 천황폐하가 등용하신 대신을 비롯해 여러 관리가 정해진 업무에 따라 정사를 맡아 보고 있습니다. 각 지방에도 각각 천황폐하의 명령을 받들고 있는 관리가 있습니다. 일억의 국민은 모두 마음을 합쳐 충의를 다하고 있습니다. 북쪽은 사할린에서부터 남쪽은 대만, 남양군도 서쪽은 조선에 이르기까지 황실의 은혜가 퍼져 가고 있습니다. 더욱이 대동아전쟁으로 말미암아 말레이 반도나 동인도의 제도에 이르기까지 황실의 은혜가 깃들고 북쪽은 만주에서부터 몽고, 지나[중국] 남쪽은 태국, 버마에서부터 필리핀을 비롯해 동아의 각지에 천황의 위세가 깊숙이 떨쳐져 점차 한집안처럼 친숙해져 가고 있습니다.

제22과 헌법의 굳건함
제국헌법에는 먼저 만세일계의 천황이 우리 나라를 통치하심을 밝힘으로써 국체를 명시하고 천황은 현신으로서 정사를 통할하신다는 것을 명시하고 있습니다.

제24과 국체의 빛남2
우리들은 오늘날 쇼와시대의 처음에 내려 주신 천황의 말씀에 따라 마음을 하나로 해서 대군주를 섬기는 기쁨에 젖으면서 사해의 모든 동포와 함께 세계를 지도하는 쇼와의 성대를 축복하고 있습니다.

이상과 같이 이 교과서는 철두철미하게 천황제 이데올로기를 찬양, 선전하고 그것을 조선의 어린이에게 주입시키려 한 의도에 따라 기술되었다.

한일관계사에 관해서는 '진구황후의 신라원정', '임나일본부설', '전쟁 관련', '한국강점'의 서술 내용과 그 특징을 살펴보도록 한다.

1) 진구황후의 신라원정

『고사기』와 『일본서기』에는 고대 일본의 진구황후가 신라를 정벌하고 삼한(三韓)을 복속시켰다는 소위 '삼한정벌' 기사가 실려 있다. 이 기사를 '설화', '전설', '전승'으로 부르기도 하지만 이 책에서는 진구황후에 관한 기록이 일본 건국신화의 연장선상에 있고 그가 신과 교감하는 존재이며, 일본의 권력자로서는 처음 해외 '정벌'을 했다는 이데올로기적 성격을 중시해 '신화'라고 하겠다.[29]

『일본서기』에 따르면 진구황후는 신라의 왕자로 도래인이었던 아메노 히보코(天日槍)의 후손으로 츄우아이 천황(仲哀天皇)의 황후다. 진구황후는 천황과 함께 규슈(九州) 구마소(熊襲)의 반란을 평정하던 중 구마소인 신라를 먼저 공격하라는 신탁을 받았다. 츄우아이 천황은 신의 뜻을 의심했으나 15대 '천황'이 될 오우진(應神)을 잉태했던 진구황후는 남장을 하고 신라 출정에 나섰다. 신라를 복속시키면 구마소는 저절로 복속될 것이었다. 풍신(風神)과 해신(海神)이 바람과 파도를 일으키고 대어(大魚)가 군선(軍船)의 진행을 돕는 등 신의 도움으로 신라에 도착하니, 신라왕은 진구황후 군대의 기세를 보고 싸우지도 않고 항복했다. 신라왕은 "동쪽에 일본이라는 '신국(神國)'이 있다고 들었다. 해가 서쪽에서 뜨더라도 매년 조공을 바치겠다"고 맹세했다. 뒤이어 백제와 고구려도 스스로 항복해 왔다고 하니, 이것이 소위 삼한(三韓)이다.[30]

---

29 董宣喜, 「日帝의 '神功神話' 解析과 歷史教育-同化主義와 侵略主義를 中心으로」, 『韓日民族問題研究』 第2卷, 2002, pp. 163-164.

진구황후 신화에 대한 논의에서 주로 문제가 되는 것은 신화의 사실성 문제, 진구황후의 실재 여부, 진구황후 신화가 형성되는 배경에 대해서다. 가장 핵심이 되는 문제는 4~5세기 일본이 한반도를 침략, 지배했는가, 한반도와 일본열도의 나라들은 어떤 관계에 있었는가다. 이에 대해서는 첫째, 일본의 지배와 진구황후 신화의 사실성을 모두 인정하는 견해, 둘째, 일본의 지배를 인정하되 진구황후의 사실성을 부인하는 견해, 셋째, 진구황후 신화뿐 아니라 일본의 한반도 지배를 부정하는 견해, 넷째, 진구황후 신화를 부정할 뿐 아니라 반대로 백제 등 한반도 나라들이 일본을 지배했다는 견해가 있다.

전후 일본의 진구황후 신화 해석은 대체로 첫 번째와 두 번째 입장 사이에 스펙트럼이 형성되어 신화의 '부분적인 사실성'을 인정했으나, 1970년대 이후 점차 세 번째 입장이 힘을 얻었다. 현재는 한국과 일본의 학자들이 대체로 세 번째 입장으로 수렴되고 있다고 보아도 좋을 듯하다.[31]

일본의 고대 한국 지배를 상징하는 일로 늘 기술되어 왔던 것은 임나 경영과 함께 진구황후의 신라정벌이다.[32] 진구황후의

30 위의 글, p. 166.

31 야마구치 고이치, 「일본의 현대일한관계사 연구 동향」, 『역사 교과서 속의 한국과 일본』, 2000(혜안) 참조.

32 「진구황후의 신라 침공」(朝鮮總督府, 『普通學校國史』 上卷, 1922, pp. 6-10).
"이 무렵 조선에는 신라, 백제, 고려의 삼국이 있어 이를 삼한이라고 했다. 그 가운데서도 신라는 가장 우리 나라와 가깝고 또한 그 세력이 강했다. 그런데 황후는 먼저 신라를 복종시킨다면 태룡은 스스로 평정될 것이라고 생각하고 다케우치노 스쿠네(武內宿禰)와 함께 계략을 꾸미고 스스로 병을 이끌어 신라를 토벌했다. 이는 기원 860년 일이었다. 황후는 군함을 이끌어 대마도에 건너가 그곳에서부터 신라

신라정벌 기사도 시점에 따라 조금씩 변화를 보인다. 『초등국사』 권1까지 진구황후가 신라정벌에 나선 이유는 규슈 남부에 있는 구마소가 신라를 믿고 자주 반역하기 때문인 것으로 기술되어 왔으나,[33] 1940년대의 교과서에는 신의 계시에 의한 것으로 그려진다.

> 황후는 규슈 지방에 갔을 때 아마테라스 오미카미의 뜻을 전한 신으로부터, 신들을 제사지내기만 하면 싸움까지 하지 않고도 금은과 보물이 풍부한 신라국이 반드시 복종해 온다는 계시를 받고 신라정벌에 나섰다. 황후가 산과 바다신을 제사지내고, 뱃머리에는 신라신의 영혼을 제사지내고 신라로 갔더니 신라왕이 즉시 매년 조공을 바치겠다고 맹세했다. 그리고 황후는 이 신을 신라의 수호신으로 정해 수도에 모시고 군을 철수했다.[34]

즉, 진구황후의 신라정벌을 정치적 이유 때문이 아니라 아마테라스 오미카미의 계시에 의한 것으로 설명하면서, 나아가 아마테라스 오미카미의 뜻을 전한 신을 신라의 '수호신(まもり神)'으로 삼고 있다. 이는 신라를 무력이 아니라 신적인 힘에 의해 정복, 지배했다고 하려는 것이다.

로 밀려들었다. (중략) 그리하여 이때부터 조선은 천황의 덕에 이끌려 따르게 되고 태풍도 스스로 평정되었다."

33 朝鮮總督府, 『初等國史(改訂版)』 卷一, 昭和12(1937), pp. 19-20.

34 朝鮮總督府, 『初等國史 第5學年』, 昭和15(1940)年 3月 28日, pp. 30-31.
朝鮮總督府, 『初等國史 第5學年(改訂版)』, 昭和19(1944)年 3月 31日, pp. 28-30.

1940년대 교과서에서 진구황후 신화의 서술은 '정복'적·'침략'적 측면이 현저히 약화되었다. 진구황후의 공적은 한반도에 미친 황화(皇化)의 한 '부분'으로 상대화되었다. 또한 1941년과 1944년 제6학년 교과서에는 다이카(大和)에서 시작되는 굵은 화살표가 일본의 동북쪽, 규슈, 한반도 김해 쪽을 향하는 '황화의 빛'이라는 지도를 싣고 진구황후의 삼한정벌을 '정벌'이 아닌 '성전(聖戰, ことむけ)'으로 지칭했다.[35]

1940년대 교과서에는 신라의 수호신이 등장함과 동시에 메이지천황도 조선의 수호신으로 그려진다. 1925년에 세워진 조선신궁에 대해 1937년의 『초등국사』 권1에는 "경성에 있는 조선신궁은 아마테라스 오미카미와 메이지천황을 모시는 궁이다"[36]라고 기술되었으나 1940년대의 교과서에는 "다이쇼천황은 경성에 조선신궁을 세우셔서 아마테라스 오미카미를 모시고 '정사(政事, まつりごと)'의 근본을 나타내시고 메이지천황을 모시고 '정사'의 시작을 분명히 하셨으며 조선의 수호신으로 하셨습니다"[37]라고 기술했다. 아마테라스 오미카미의 '정사'의 뜻을 메이지천황이 완수해 조선에 '정사'를 시작했다는 의미로, 조선이 일본의 지배하에 있는 것은 이미 신대의 아마테라스 오미카미가 뜻한 바였다는 것이다. 이를 근본으로 삼아 근대 한국을 지배하기 시작한 메이지천황을 조선의 수호신으로 삼음으로써 '조선인'의 정치적 성격뿐 아니

35 董宣喜, 앞의 글, pp. 193-194.

36 朝鮮總督府, 『初等國史』 卷一, 昭和12(1937)年 3月, p. 169.

37 朝鮮總督府, 『初等國史 第6學年』, 昭和16(1941)年 3月 28日, pp. 179-180.
朝鮮總督府, 『初等國史 第6學年(改訂版)』, 昭和19(1944)年 3月, pp. 226-227.

라 정신까지 지배하려 한 것이다.

2) 임나일본부설

'내선일체'를 강화하는 하나의 방법은 '내선일체'의 유래가 유구함을 보이기 위해 일본이 한국을 지배했던 상한선을 올리는 것이었다. 이는 한국고대사의 독자성을 완전히 말살하는 것으로 나타난다.

일선동조론과 임나일본부론의 기술은 1940년대에서 더욱 많아졌다. 이전의 교과서가 조선사의 첫머리를 기자(箕子)로부터 시작한다면 후기 교과서는 수사노 오노미고토(素盞嗚尊)로 시작한다.[38]

조선총독부가 편찬한 '국사' 교과서의 한국고대사에 대한 기본시각은 중국의 북부지배, 일본의 남부지배설이었다. 1930년대까지의 교과서는 일본이 한국을 지배했던 역사를 임나 지배로부터 시작했다.[39] 1938년에 편찬된『초등국사』권1에서 임나 지배 이전 고대 한국의 역사는 다음과 같이 기술되었다.

> 처음에 조선 지방은 북에는 기자가 세운 조선국이 있고 남은 마한, 진한, 변한의 삼한으로 나뉘어 있었다. 후에 만주 지방에 주몽이 일

38 董宣喜, 앞의 글, p. 194.
39 김경미, 앞의 글, p. 677.

으킨 고려국이 조선의 북쪽 지방을 공격해 세력이 강해졌다. 이윽고 남쪽에서는 온조가 시작한 백제국과 박혁거세가 세운 신라국이 차례로 강해졌다. 고려, 백제, 신라는 함께 삼국이라고 불리고 또 삼한이라고도 불린다. 또 백제, 신라의 사이에 임나국이 있었다. 조정은 일찍부터 임나를 복종시켰기 때문에 백제와 신라와도 빈번히 왕래가 있었다.[40]

단군조선을 부정하고 중국에서 온 기자가 설립한 고조선을 시초로 삼아서 한반도의 북부는 일찍이 중국의 지배하에 있었고 임나지배설을 통해 한반도의 남부는 삼국시대부터 일본의 지배 및 영향하에 있었던 것으로 규정했다. 1940년대 들면서 이 부분에 대한 개정이 조금씩 진행된다. 먼저 『초등국사』 제6학년(1941)의 이에 관한 기사는 다음과 같다.

옛날 조선에서는 남부에 한인, 북부에는 만주인이 살고 서로부터는 지나인[중국인], 남으로부터는 우리 나라[일본] 사람들이 섞여 갔습니다. (중략) 이윽고 황위가 빛나서 지금의 낙동강과 섬진강, 금강의 유역에는 황실의 은혜가 널리 퍼졌습니다. 이 지방은 작은 나라들로 나뉘어 있었고 지금의 김해에 있던 임나라는 나라가 중심이었기 때문에 임나라고 불렀습니다. 천황은 관리를 파견해서 이 지방을 다스리게 하고 나라들은 모두 황실에 복종해 여러 가지 공물을 바쳤습니다. 그즈음, 지금의 평안남북도로부터 남만주 부근에는 지

40 朝鮮總督府, 『初等國史』 卷一, 昭和13(1938), pp. 21-22.

> 나인[중국인]이 많고 평양을 중심으로 조선이라는 나라가 이루어져 있었으나 지나[중국]에서 일어난 한이라는 나라에 공격당해 멸망했습니다. 그래서 평양 부근에는 한의 낙랑군이 설치되었습니다.[41]

한국 역사의 시작에 대해 한반도의 북부는 중국인이 주로 살았던 지역이라고만 하고 고조선의 설립에 대한 언급은 뒤로 돌렸으며 남부에는 일찍이 일본 사람들이 들어왔다는 점을 첨가하는 동시에 마한, 진한, 변한의 역사는 삭제했다. 그러고는 이어서 남부의 임나 지배를 기술함으로써 일본의 지배하에 있던 임나가 한반도 최초의 국가인 듯이 설명했다. 이와 함께 한이 고조선을 멸망시키고 낙랑군을 설치한 기원전 108년의 일보다 임나에 관한 일을 앞에 기술해 한국 최초의 국가 고조선이 마치 4세기 중엽부터 6세기 중엽까지 있었다는 임나와 동일한 시기에 존재했던 것과 같은 효과를 내고 있다. 시대 기술을 모호하게 함으로써 마치 일본의 조선 지배가 중국의 조선 지배보다 늦지 않았던 것처럼 여기게 하기 위한 것이라고 생각된다.[42]

『초등국사』 제6학년 개정판(1944)에서는 한국고대사의 독자성에 대한 말살의 정도가 강화되어 아예 한국의 역사는 일본의 신에 의해 시작되고 중국의 지배를 의미했던 고조선은 사라지고 만다. 그 기술은 다음과 같다.

---

41 朝鮮總督府, 『初等國史 第6學年』, 昭和16(1941)年 3月 28日, pp. 12-14.

42 김경미, 앞의 글, p. 678.

> 신대의 옛날, 일본의 신은 다카마가하라(高天原)란 곳에서 조선 지방에 내려가셔서 황실의 은혜를 널리 퍼지게 하는 기초를 여셨습니다. (중략) 황실의 은혜는 지금의 낙동강, 섬진강, 금강 유역에서부터 점차 널리 퍼져 갔습니다. 이 지방은 작은 나라들로 나뉘어 있었고 지금의 김해에 있었던 임나라는 나라가 중심이었기 때문에 임나라고 불렀습니다. 천황은 관리를 파견하셔서 이 지방을 다스리게 하시고 나라들은 모두 황실에 복종해 여러 가지 공물을 바쳤습니다. 그즈음, 지금의 평안남북도로부터 남만주에 걸쳐서는 지나인[중국인]이 많이 살고 있고 평양 부근을 중심으로 점점 개화되었습니다. 이윽고 지나[중국]에 한이라는 나라가 일어나자, 이 지방에 세를 넓혀서 낙랑군을 설치했습니다.[43]

신이 다카마가하라에서 조선에 내려와 황실의 은혜를 퍼트렸다고 해 일본의 한반도 지배의 단초를 아예 신화의 영역으로 끌어올렸다. '일본신의 한반도 천강(天降)-임나 지배-진구황후 친정(親政)-삼한지배'의 순서가 된다.

한국 역사의 시작이 일본의 신에 의해 시작되었다는 것은 '황실의 은혜가 널리 퍼지게 하는 기초' 즉 '내선일체'의 기초가 이미 한국 역사의 시작부터 마련되었다는 것을 말한다. 이와 함께 국가로서의 고조선이 사라짐으로써 중국의 한반도 지배는 한의 낙랑군 설치까지 시기가 늦추어지게 된다.[44]

---

43 朝鮮總督府,『初等國史 第6學年(改訂版)』, 昭和19(1944)年 3月 31日, pp. 18-20.
44 김경미, 앞의 글, pp. 678-679.

이전의 교과서에서는 진구황후 신화의 '정벌'과 '복속'의 측면을 강조했으나 1940년대 간행된 교과서부터는 조선반도 사람들이 진구황후 정벌을 계기로 '천황'의 은덕을 입게 되었다는 점을 강조했다. 진구황후 신화는 일본을 주체로 하고 조선을 객체로 한 고대한일관계를 설명하는 중요한 모티브였으므로 식민통치가 끝날 때까지 교과서에서 사라지지 않았다.[45]

한편, 일본에서 사용된 교과서에서의 진구황후 신화 서술은 거의 변함이 없다가 국민과 '국사' 교과서에서 다소 차이를 보인다. 문부성 교과서는 개정될 때마다 '조선에 대한 우월감정을 불러일으키는 표현이 강화'되었고, '새로운 침략전쟁을 고취해 국민의 각오를 설교하고', '침략전쟁의 성과를 역사 교과서에 집어 넣는 데 극히 신속'했다고 평가된다.[46] 1943년의 국민과 '국사' 교과서에서는 '황후의 어출발'이라는 새로운 삽화를 싣고 진구황후의 출발을 마치 대동아전쟁의 광경처럼 묘사했다.

> 온 나라에서 용감한 장병과 많은 군선이 소집에 응해 모여듭니다. 정말 나라의 힘을 느끼게 하는 광경입니다. 황후는 공손히 신들에게 전승을 비시고 장병은 결사의 각오를 맹세했습니다. 군선은 화살처럼 해면을 미끄러져 갔습니다.[47]

---

45 董宣喜, 앞의 글, p. 195.

46 小澤有作, 「戰前の教育における朝鮮觀」, 朝鮮史研究會 編, 『朝鮮史研究會論文集』 第2集, 清溪書舍, 1965 참조(董宣喜, 위의 글, p. 195 재인용).

47 海後宗臣 編, 『日本教科書大系』 第20卷, p. 254(董宣喜, 위의 글, p. 196 재인용).

이 시기에는 진구황후가 신라왕에게 '관용을 베푸는' 장면이 삽입된 것이 이채롭다. "기세가 오른 장병 중에는 이미 항복한 왕을 참살하려는 사람도 있었지만, 황후는 이를 가로막고 항복을 받아들였다"는 것이다. 이는 이전에 진구황후의 정벌연대, '신국(神國)', '신병(神兵)' 등만을 운운하는 서술과 다른 형태다.

문부성 교과서의 진구황후 기술은 시종일관 '국위의 발양'과 군사적 침략주의를 고무했다. 총독부 교과서와 문부성 교과서의 차이는 계속 침략을 확대해 나가는 일본과, '내선일체'의 역사를 강조해 동화시키고 전쟁에 나아가야만 하는 조선의 현실이 달랐던 데 기인했다.[48]

3) 전쟁 관련

임진왜란은 조선인이 일본인에게 적대감을 갖게 하는 역사적 기억이었다. 조선인 아동에게 임진왜란의 정당성을 이해시키는 것은 '국사'교육의 중요 과제였다. 『초등국사』 권2(1938)에서는 도요토미 히데요시가 중국을 쳐서 복종시키고 나아가 널리 해외 여러 나라를 황위에 복종시키고자 조선에 길안내를 요구했으나 조선은 명의 속국이었고 당파싸움으로 정치가 혼란해 응하지 않았기 때문에, 먼저 군을 조선에 보내어 진군을 방해하는 자를 쳐부수고 나서 명으로 공격해 들어가려 했던 것이라고 기술했다.[49] 즉 전쟁

48 董宣喜, 위의 글, p. 197.

의 목표는 어디까지나 중국이었으며 조선에서 전쟁이 벌어진 원인은 조선이 명의 속국이었고 당파싸움으로 정세를 명확히 알지 못한 데 있다는 것이다. 또한 마지막에는 "도요토미 히데요시는 낮은 신분에서 일어나 뛰어난 지용을 가지고 국내를 평정해 깊이 황실을 존중하고 인민을 평안하게 했고 외정의 군대를 일으켜 국위를 해외에까지 빛낸 영웅이었다"[50]고 인물의 덕성을 서술하고 있는 점이 특징이다.

1940년대의 '국사' 교과서는 이를 '성전'의 논리로 설명한다. 도요토미 히데요시는 동아 여러 나라에 황실의 은택이 널리 퍼지도록 동아를 일체로 하기 위한 뜻을 펴기 위해서 우선 중국을 황위에 복종시키려 한 것이며, 먼저 조선에 가서 그 뜻을 알리고 방해하는 자가 있으면 그를 평정하고 나서 중국에 들어갈 것을 결심했는데 조선은 그러한 뜻을 몰랐던 것이라고 기술했다.[51]

1941년 편찬된 『초등국사』 제6학년의 제16과 국위의 빛남에서 임진왜란에 대한 기술이 다음과 같다.

> 도요토미 히데요시는 조선이 사절을 보내 국중(國中)이 평탄해지는 것을 바랐으므로 우리 국위에 복종했다고 생각하고 조선에 중국으로 들어가는(唐入り) 안내를 명하고 다이묘(大名)들에게는 바다를 건널 준비를 급하게 시켰습니다. 그러나 그즈음 조선에서는 대신을

49 朝鮮總督府, 『初等國史』 卷二, 昭和13(1938), pp. 17-22.
50 위의 책, p. 19.
51 朝鮮總督府, 『初等國史 第6學年』, 昭和16(1941)年 3月 28日, pp. 97-101.

비롯해 상하의 사람들이 당파를 세워 싸우고 의견이 일치하지 않았기 때문에 히데요시의 명령에 대해 여러 가지 의론이 일어날 뿐 방침이 세워지지 않았습니다. 히데요시는 준비가 완전히 되어도 조선에서 어떠한 반응도 없으므로 우선 조선에 건너가 그 목표를 넓혀 방해하는 것이 있으면 이것을 평정하고 나서 중국으로 들어갈 것을 결심했습니다. (중략) 지금부터 350년 정도 전의 일이었습니다. 조선에서는 히데요시의 목표를 몰랐으므로 전쟁이 일어났습니다. 다이묘들은 속속 부산에 도착해 선두는 경성을 목표로 진행해 갔습니다. (중략) 히데요시는 이윽고 뜻을 정해 조선의 각 도를 다스렸습니다. (중략) 3개월 기간에 조선은 거의 평정되어 천황의 위세에 복종해 동아의 일체가 되었습니다. (중략) 먼저 조선의 왕은 전쟁이 일어나자 도요토미 히데요시의 마음을 몰랐으므로 너무 놀라 경성을 나와 의주로 향해 명에 사절을 보내어 도움을 요청했습니다. (중략) 명의 대군은 평양을 공격해 경성까지 들어왔지만 우리 군은 경성에 모여 명군을 크게 무찔렀습니다. 이에 명은 강화를 요청해 왔습니다. 히데요시는 칙허를 받고 강화의 조건을 나타냈습니다. 그 후 2년간 여러 교섭이 있었습니다만, 명은 도요토미 히데요시에게 일본국왕의 호를 주고 다이묘들에게도 명의 관직을 사하는 조건으로 강화의 사절을 보냈습니다. 이때 히데요시는 오사카성으로 돌아가 있었는데 명이 조금도 약속을 지키지 않을 뿐 아니라 우리 국체를 인정하지 않는 무례한 태도를 보여 크게 노여워하고 그 사절을 내쫓았습니다. 이렇게 하여 다시 전쟁이 시작되어 (중략) 전후 7년에 걸친 큰 전쟁을 끝냈습니다. 당시의 연호에 의해 문록경장(文祿慶長)의 역[임진왜란과 정유재란]이라고도 부릅니다. 도요토미 히데요시는 동아를 일체로 하려고 했으나 목표를 다하지 못한 채로 죽었습니다. 그러나 바다를 건너 조선에서 용감하게 싸운 장사는 무명을 남기고 히데요시의 명령을 지켜 황실의 은혜를 넓히는 것에 힘을 쏟았으므로 국위는 크게 해외로 빛났습니다. 그래서 국민의 원기는 점차 성하게 되어 발전의 위세는 눈에 띄게 되었습니다.[52]

즉 전쟁의 목표는 '사해일가'를 이루어 황실의 은혜를 널리 펼치려는 것이었고,[53] 조선에서 전쟁이 일어난 원인은 조선이 도요토미 히데요시의 동아일체의 정신을 이해하지 못하고 행군을 방해했기 때문이었으며, 황위에 복종하는 사람들에 대해서는 일본인과 조금도 다름없이 자애를 베풀었다고 가르치고 있다.[54]

그뿐 아니라 도요토미 히데요시의 조선침략은 '동아일체의 뜻을 다하지 못한 것'으로 해석하고 있다. 도요토미 히데요시의 조선침략을 당면과제인 동아공영권 건설과 연결함으로써 동아공영권의 건설은 도요토미가 품었던 위대한 뜻을 이루려는 역사적 의미를 지닌 것이 된다. 이러한 기술은 전쟁의 목표를 '동아(東亞)'가 아닌 '중국(明)'으로 기술했던 1938년 『초등국사』 권2의 기술과 다른 점이기도 하다.[55] 그리고 전쟁으로 인해 국위가 해외로 빛나고 발전하게 되었다고 해석해 전쟁의 참상을 전하기보다는

52 朝鮮總督府, 『初等國史 第6學年』, 昭和16(1941)年 3月 28日, pp. 100-107.

53 朝鮮總督府, 『初等國史 第6學年(改訂版)』, 昭和19(1944)年 3月 31日, pp. 100-101.

54 朝鮮總督府, 『初等國史 第6學年 教師用』, 昭和18(1943)年 3月 31日, p. 98.

55 김경미, 앞의 글, p. 675(朝鮮總督府, 『初等國史』 卷二, 昭和13(1938), pp. 17-22 참조).

전쟁의 유효성을 인지시키고자 했다.

1944년 개정된 교과서에서는 다음과 같이 서술되었다.

> 도요토미 히데요시는 또한 중국으로 들어가서 중국을 압박하고 나아가 동아를 일체로 하는 것에 대해 명확한 계획을 세우고 있었습니다. 우선 북경에 고요제이 천황(後陽成天皇)의 행행을 베풀고 이것을 수도로 삼아 동아의 중심으로 정하여 널리 황실의 은혜를 넓혀 더욱 진전해 다이묘들을 인도로 보내어 자신은 지금의 영파로 향해 해상으로부터 남방의 경영에 이르려고 생각하고 있었던 것입니다. 이 같은 큰 계획은 히데요시가 세계의 움직임과 해외에 발전하는 국민의 위세를 생각해 세운 것으로 지금 우리 국가가 목표로 하고 있는 대동아공영권의 건설과 매우 비슷합니다.[56]

이와 같이 1944년도의 '국사' 교과서는 보다 명확하게 도요토미 히데요시와 '대동아공영권'을 위한 현재의 전쟁을 연결시키고 있다. 즉 중국뿐 아니라 멀리 인도와 '남방(南方, 동남아시아)'까지도 경영하려고 한 것이 도요토미 히데요시의 의도였다고 서술하고 있다.

한편, 이와 연속해 1944년판 제6학년 교과서에는 전쟁을 상세하고 생생하게 묘사하고 '황국을 위해 아름답게 산화하며 죽는' 군인들의 모습을 미화, 찬양하면서 전의를 불러일으키는 기사가

56 朝鮮總督府, 『初等國史 第6學年(改訂版)』, 昭和19(1944)年 3月 31日, pp. 105-106.

이어진다. 다음은 러일전쟁에 관한 기사다.

> 과연 요새의 구조는 견고하며 적병의 수비는 움직이지 않고 좀처럼 함락되지 않습니다. 우리 충용한 장병의 육탄은 차례차례로 적을 피로 물들이며 꽃처럼 흩어졌습니다. 제3회의 총공격을 맞아 악전고투를 계속하던 9일째 12월 5일, 드디어 요해 203고지의 포대 높이 일장기가 펼쳐졌습니다.[57]
>
> 오전 5시 5분 적함 발견의 보고를 받은 도고 사령관은 즉각 전 함대 40척의 출동을 명함과 함께 대본영에 타전해 적함 격멸을 맹세하고 오키나와 부근을 결전의 장소로 심사숙고해 확정하여 오전 6시 30분 주력 함대를 이끌고 기지를 출발했습니다. 오후 1시 39분 우리 함대의 좌현에 적함대의 모습이 나타나기 시작했습니다. (중략) 이윽고 우리 기함의 단두 높이에 전투기와 함께 긴급 신호기가 펼쳐졌습니다. 황국의 흥폐, 이 일전에 있다. 각원 일층 분기 노력해라. 전 함대의 장병은 몹시 감격해 소리조차 없었습니다.[58]

마치 전쟁을 앞에서 보는 듯한 생생한 묘사다. 이에 비해 3년 전 출판된 『초등국사』 제6학년에서는 '러일전쟁'에 대해 다음과 같이 비교적 담담하게 간단히 기술되어 있다.

> 태평양 함대가 멀리 유럽에서 블라디보스토크를 향해 왔습니다만,

57 위의 책, pp. 208-209.
58 위의 책, pp. 211-212.

우리 해군의 연합함대는 일본해의 해전에서 이를 전멸시켰습니다. 이때 함대의 사령장관이었던 해군대장이 전투를 시작하면서 "황국의 흥폐, 이 일전에 있다. 각원 일층 분기 노력해라"라는 신호를 기함에 내걸고 장병을 격려했다는 것은 유명한 이야기입니다.[59]

다음은 태평양전쟁에 관한 1944년판의 기사다.

이 해전에서 적의 군항 깊이 참입해 있던 특별공격대는 모두 20세의 청년 용사들이었습니다. 모두 칠생보국의 맹세를 굳게 하고 정전의 날을 목표로 생사를 잊고 훈련을 쌓아 온 것입니다.
아무것도 아낌없는 젊은 벚꽃, 흩어져 보람 있는 목숨이라면 몸은 설령 이역의 바다에 흩어진다 해도 지키지 않고는 물러서지 않으리. 용사들은 모두가 다 이와 같은 용감한 각오로 임무에 종사해 훌륭한 공훈을 세우고 이역의 바다에 꽃처럼 흩어졌습니다.[60]

육군중장을 비롯해 우리 수비부대의 용사는 대의에 사는 기쁨을 가슴에 새기고 전원 모두 옥처럼 부서져 북방의 수호를 위해 목숨을 바쳤습니다.[61]

마킹, 다라와 두 섬의 우리 수비부대는 5만의 대적을 맞아 분전하고

59 朝鮮總督府, 『初等國史 第6學年』, 昭和16(1941)年 3月 28日, p. 168.
60 朝鮮總督府, 『初等國史 第6學年(改訂版)』, 昭和19(1944)年 3月 31日, pp. 272-273.
61 위의 책, p. 282.

전원 4천5백은 다함께 모두 옥쇄했습니다. (중략) 2월 초 마셜제도의 우리 육해군 수비부대 6천5백은 대적을 맞아 싸우기 7일, 분하게도 연락이 끊어져 힘이 다해 콰잘린, 루옷토 두 섬에 애국의 뜨거운 피를 쏟으며 아름답게 산화하면서 죽었습니다(교쿠사이, 玉碎).[62]

이와 같은 비장한 기사 뒤에는 "잇단 황군 정예의 죽음에, 일억 국민의 가슴은 찢어지기만 합니다. 지금에 와서 신국(神國)의 영예를 훼손해서는 선조에 대해 면목이 서지 않습니다. 눈물을 삼키고 마셜의 하늘을 노려보며 몽고침략(元寇)의 옛날을 생각해 내어 적국 항복의 맹세를 굳게 했습니다"[63]라는 내용이 따른다. 교과서는 수많은 병사들의 죽음을 아무런 미련없이 깨끗이 흩어지는 벚꽃(桜)으로, 또한 아름답게 부서지는 옥(玉)으로 미화하면서 어린 학생들에게 '천황'을 위해 기꺼이 죽음의 대열에 나서기를 고무하고 있다. 책이 출판되기 불과 몇 달 전 '남양(동남아시아)'에서 벌어진 잇단 '죽음'에 사실상 전쟁의 장래가 절망적인 상황에서 신국 일본의 국체 수호를 위해 목숨을 바칠 수 있는 '황민'이 될 것을 조선인에게 강요하고 있는 것이다.[64]

62 위의 책, pp. 284-285.

63 위의 책, p. 285.

64 김경미, 앞의 글, p. 695.

4) 한국강점

한국강점에 대해서는 1941년판『초등국사』제6학년에 다음과 같이 자세히 서술되어 있다.

> 제25과 동아의 굳건함
>
> 메이지천황은 유럽과 미국의 세력이 점차 세계에 확장되고 동아의 국가들이 아직 세계의 진전에 도달하지 못한 것을 매우 걱정해 우리 국가를 성하게 함으로써 국토를 지키는 것을 단단히 하는 것뿐 아니라, 나아가 동아의 국가들을 이끌어 서로 힘을 합쳐 산업을 일으켜 문화를 진전시키며 동아를 지키고 평화를 세우는 것이 황국의 사명이라고 생각하게 되었습니다.
>
> 그래서 우리 국가에 가장 가깝고 옛날부터 관계가 깊은 조선을 이끌도록 하는 큰 마음으로 일방적이지 않게 힘을 쏟았습니다. 그래서 러시아와의 전쟁에서 만주에 들어가 조선에 압박을 가하던 러시아 세력을 무찌르고 곧 이토 히로부미를 보내어 조선의 세력을 회복시키는 것에 한의 황제와 상담을 하게 했습니다. 그 결과 황제는 외교를 일절 우리 국가에 맡기게 되었습니다.
>
> (중략) 그래서 천황은 이토 히로부미에게 통감을 맡기고 경성에 통감부를 두어 조선을 이끌어 서로 힘을 합쳐 동아를 지키도록 했습니다. (중략) 이윽고 한의 황태자였던 지금의 창덕궁 이왕[영친왕]은 도쿄에 유학을 가서 친밀한 교류를 했고 '내선일체'를 추구하게 되었습니다. 이윽고 황제는 세계의 모습과 동아의 형세를 보고 조선인을 행복하게 해 동아의 평화를 지키기 위해서는 우리 국가와 일

체가 되어 황실의 은혜를 받는 것이 가장 좋다고 생각하게 되었습니다. 조선의 사람들 중에도 같이 생각하는 사람이 많았으므로 황제는 메이지 43년에 이것을 메이지천황에게 물었습니다. (중략) 그래서 내선은 일체가 되어 동아의 공영권을 쌓도록 하는 것이 가능해져 갔습니다. (중략) 그리하여 조선을 통치하기 위해 조선총독을 두어 정무를 하게 하고 경성에 조선총독부를 두고 데라우치 마사타케(寺内正毅)를 시작으로 조선총독을 맡겼습니다. (중략) 또한 조선 지방의 사람들을 황국신민으로 했고 (중략) 경성에 조선신궁을 세우게 되었고 아마테라스 오미카미를 제사지내게 되었고 메이지천황을 제사지내 정사의 시작을 명확하게 함으로써 조선을 지키는 신이 되었습니다. 이같이 하여 황실의 은혜는 조선에 미쳐 사람들은 편한 생활을 영위하고 '내선일체'의 마음이 점차 깊어지게 되어 평화의 추구가 단단해졌습니다. (중략) 따라서 세상은 평안하게 되어 산업은 개발되고 그중에서도 농업과 광업의 진전이 현저하며 근년은 공업의 발전도 현저해 해륙의 교통기관이 구비되고, 상업이 번창하고 무역은 해마다 발전해 갔습니다. (중략) 지방의 정치에는 자치가 넓혀져 교육도 내지[일본]와 같게 되었습니다. 특히 육군은 특별지원병의 제도가 가능해져 조선인도 국방의 의무를 지게 되어 이미 전쟁에 나간 용감한 전사는 야스쿠니(靖國) 신사에 모셔져 호국의 신이 된 사람도 있으며 씨를 칭하는 것이 허가되어 내지와 같은 이름을 붙이게 되었습니다. 금일 조선 지방 2천4백만의 주민은 국민총력운동조선연맹[65]을 조직하고 일제히 황국신민의 서사를 외워

65 국민정신총노동연맹, 국민총력운동조선연맹 등은 당시 학교제도를 통한 교육 외

신애협력하고 '내선일체'의 참마음을 나타내어 충군애국의 지기에 열렬해져 모두 오직 황국의 목표를 향해 진전하고 있습니다. 특히 지나사변[중일전쟁]이 일어나면서는 조선 지방의 지위가 극히 중해져 대륙전진의 기지로서 동아공영권을 건설하는 것을 목표로 우리나라 발전상에 큰 역할을 지게 되어 '내선일체'의 참마음이 점차 닦아져 날로 빛을 더하고 있습니다.[66]

즉, 일본 통감의 지도로 한일 간의 친선이 두터워지고 평화가 유지되고 있다는 주장이다. 을사조약은 일본이 조선의 독립을 지켜 동양의 평화를 유지하기 위해 맺은 것이며, 통감의 지도로 한국의 정치가 안정되어 평화롭게 살고 있고, 영친왕의 일본유학은 한일 간의 친선관계가 깊음을 나타낸다는 것이다.

을사조약을 맺어 조선을 보호국으로 한 것도 조선의 국력이 약하므로 주변 다른 나라들이 조선을 침략하려 했고 이는 동양의 평화를 어지럽히는 요인이 되므로 일본이 이를 막고 조선을 보호하기 위함이었으며, 통감부의 정치개선으로 조선이 어느 정도 안정되었으나 너무 오랫동안 정치의 폐단이 컸기 때문에 민심이 아직도 안정되지 못하고 어려운 상황이며 이를 해결하기 위해 일본에 조선을 병합하는 것이 조선인의 행복을 위해서는 다행스런 일

에도 사회교육이 중시되면서 나타난 조직으로, 일본어 강습회, 시국강연회 등을 수시로 개최해 사회생활까지 간섭하고 한국 전역을 황국신민화하려는 의도로 만들어진 것이다(이인애, 「식민지 지배도구로서의 제국주의와 교육에 관한 연구-일본 제국주의의 대한 침략을 통해서 본」, 『교육연구』 50, 1982, p. 162).

66 朝鮮總督府, 『初等國史 第6學年』, 昭和16(1941)年 3月 28日, 第25科 東亞のかため, pp. 173-182.

이었다는 것이다. 나아가 '한일병합'은 일본의 독단이 아니라 한국인 가운데서 이를 희망하는 사람들이 적지 않았다고 해 일본의 침략을 감추고 일본의 소위 '한일병합'이 역사적으로 당연한 것으로 생각하도록 서술하고 있다.

한국강점('한일병합')의 이유에 관한 기술은 종래와 비슷한 논리다.[67] 즉, 조선인민의 행복과 동아의 평화를 위해 병합이 필요

---

67 제51과 메이지천황1. 한국병합: 포츠머스 조약에 따라 노국[러시아]은 우리 나라가 한국에서 특별한 권리가 있음을 인정했으므로 우리 정부는 한국과 협약을 체결하고 그 외교를 취급하고 이를 우리의 보호국으로 해 경성에 통감부를 설치, 이토 히로부미를 통감에 임명하고 점차 한국의 내정을 개혁했다. 이는 한국이 독립을 실현할 수 없고 항상 타국의 압박을 받아 동양의 평화를 파괴할 우려가 있기 때문이다. 한국은 우리 나라의 보호하에 있기를 이미 수년에 이르러 정치는 점차로 개선되었으나 다년간의 폐정을 완전히 제거할 수 없고 민심은 아직도 편안하지 않으므로 국리민복을 증진시키기 위해서는 일한양국을 합할 수밖에 없음이 점차로 분명해졌다. 한민(韓民) 중에도 이를 희망하는 자 적지 않았다. 이에 한국황제는 통치권을 천황에게 양여하고 제국의 신정에 따라 더욱더 국민의 행복을 증진할 것을 희망했고 천황 또한 그 필요함을 인정해 메이지 43년 8월 드디어 한국의 병합을 보기에 이르렀다(朝鮮總督府, 『普通學校國史』 下卷, 1922, pp. 132-134).

제48과 메이지천황1(계속). 한국병합: 포츠머스 조약에 따라 러시아는 한국에 관한 우리의 특별한 권리를 인정했다. 그래서 우리 나라는 메이지 38년 11월 한국과 신협약을 맺어 보호국으로 하고 그 외교를 취하고 타국에서 강압을 받아 불이익적인 약속을 하거나 타국을 의지하거나 당파의 싸움을 하는 것이 없도록 해 오로지 내정을 개선하도록 했다. 이를 위해 이토 히로부미를 통감으로 임하고 경성에 통감부를 설치해 한국의 보호지도에 힘을 쏟도록 했던 것이다. 그런데 한국에서는 오랫동안 계속된 폐해가 잘 개선되지 않으므로 그때 정부에 반대하는 사람들이 타국을 의지해 모처럼의 개혁을 교란시키려고 하므로 메이지 40년 한국황제는 매우 걱정해 왕위를 황태자에게 양위했다. 이렇게 하여 신황제는 더욱 전의 협약을 넓혀 우리 통감의 지도에 의해 내정을 개선하고 부강을 꾀해 국민의 행복을 증진하도록 했다. 이로부터 양국의 관계는 점차 밀접하게 되어 우리 황태자는 친밀히 한국황제를 방문했고 또한 한국황제는 그 황태자를 우리 국가에 유학시켰다. 이렇게 하여 한국정부는 우리 국가의 사람들을 초대해 관리로 임명하고 진전된 문물을 취하려고 힘을 다했으므로 문화는 개방되고 내정도 개선되었다. 그러나 새로운 정치를 기뻐하지 않고 대신들을 미워하고 폭동을 꾀하는 사람들이 있어 인민은

하다고 생각한 조선황제와 조선인의 요청을 메이지천황이 은혜로 받아들였다는 점이 병합의 이유로 제시되고 있다.[68]

또한 한국강점 이후의 '조선반도의 발전'에 관한 기술도 1938년도 『초등국사』 권2와 거의 변화가 없다.[69] 역대 '천황'에

이 때문에 아직 불안한 생활을 보내고 있었다. 그 때문에 한국인민 중에는 일한의 양국을 합병하고 싶다고 희망하고 이를 황제에게 원하는 사람들조차 많았다. 이것은 한국의 국리민복을 증진하고 동양평화를 가져오기 위해서는 어떻게 하더라도 내정을 개선할 필요가 있고 이를 위해서는 양국이 일체가 되어 우리 국내와 같도록 천황의 권위에 의해 다스리는 것이 가장 좋음을 확실히 해 왔기 때문이다. 그래서 한국황제는 일체의 통치권을 천황에게 양위할 것을 부탁하고 국민을 행복하게 하고 싶다고 희망하게 되었다. 천황도 한국이 온화하지 않아 매우 마음을 쓰고 있었으므로 그 희망을 취해 받도록 해 기원2570년(明治43) 8월에 한국을 우리 국가에 병합하는 칙어를 내려 천하에 공포했다. 한국황제도 또한 그 국민에게 알렸는데 우리 제국에서는 이를 한국병합이라고 부른다(朝鮮總督府, 『初等國史』 卷二, 昭和13(1938)年 2月 28日 pp. 154-157).

여기서 한국강점의 배경과 이유는 포츠머스 조약의 성립, 한일양국의 행복증진, 국리민복의 증진, 동양평화의 유지 등이라고 하고 있다.

68 대한제국은 1897년 10월에 수립되어 1910년 8월에 멸망했다. 이는 오랫동안 주목받지 못했는데 이는 대한제국의 존속기간이 매우 짧을뿐더러 근대 주권국가로 발전하지 못하고 국망의 원인을 제공했다는 비판을 면치 못했기 때문이다. 이러한 비판의 대열에는 일본제국주의자와 함께 한국인들 역시 가담했다. 전자의 경우 대한제국 정부의 무능과 부패를 지적했고 후자의 경우 전자와 맥락을 같이하면서 대한제국 정부가 독립협회를 탄압함으로써 조선이 문명개화국가로 나아가지 못했다고 비판했다. 일제강점기의 한국 근대사 연구가 매우 일천했음을 감안할 때, 이는 주체의 자세에서 엄밀하게 검토한 학문적 성과라기보다는 정치논리와 근대 계몽주의에 바탕한 신념의 소산이었다(金太雄, 「大韓帝國 認識의 변천과 國史教材의 서술」, 『歷史教育의 方向과 國史教育』, 尹世哲教授停年記念歷史學論叢刊行委員會, 솔, 2001, pp. 715-716).

69 제51과 메이지천황1(계속). 한국병합: 이처럼 조선인들은 모두 제국의 신민이 되어 천황의 은혜를 받게 되었다. 이로부터 정치는 일층 정비되고 예로부터의 폐해는 점차 사라져 세상이 평안하게 되어 산업은 개발되고 무역은 발전되고 있었다. 그뿐 아니라 조선은 예로부터 우리 국가와의 관계가 밀접해 어느 시대에도 왕래가 있었던 것뿐 아니라 기후, 풍토, 인정 등이 비슷해 친밀함이 깊었으므로 병합 이래 점차로 융합동화해 또한 교육을 보급하고 문화는 진전했으므로 그 발전에 따르게 하기 위해 제도도 점차 개정되었다. 이 때문에 지금까지는 잘 융화해 일체

의한 일시동인의 자혜로움에 의해 교육의 보급, 각종 산업과 무역의 발전, 교통기관의 발달, 지방자치의 실시, 문화의 진전 등이 이루어졌다고 기술되어 있다. 그런데 1938년도 『초등국사』 권2에서부터 한국의 발전이 한국과 일본의 문화, 전통상의 유사점으로부터 기인했다고 설명하고 있는 데 반해 1941년도 『초등국사』 제6학년에서는 정사, '내선일체'라는 표현이 직접적으로 나타나는 특징이 보인다. 또한 한국강점의 의의에 관한 기술에서는 몇 가지 변화가 보이는데, 그것은 교과서가 발행되기 직전 실시가 공포된 특별지원병제도(1938. 2.)라든가 황국신민의 서사 암송(1937. 10. 2.), 창씨개명(1939. 11.)과 같은 제도들이 나타나 있고 이를 '내선일체'를 시행하는 일본의 '은혜로운' 치적으로 서술하고 있다는 점이다. 즉, 전쟁에 나가서 전사할 경우 일본인과 같이 야스쿠니 신사에 모셔질 수 있으며 일본인과 같은 성을 가질 수 있다고 호도되어 있다. 또한 한국강점에 의해서 동아공영권의 기본이 구축된 점이 강조되어 조선인 학생이라 할지라도 '내선일체'의 같은 역사를 지닌 일본을 위해 전쟁수행을 하는 것이 당연하다고 하고 있다.

이러한 서술 방식은 1944년 판 『초등국사』 제6학년에도 계승되었는데 그 내용은 아래와 같다.

가 되고 힘을 합쳐 제국의 발전을 꾀하고 인민의 행복은 점차 증진했으며 동양평화의 기초가 강해졌다(朝鮮總督府, 『初等國史』 卷二, 昭和13(1938)年 2月 28日, pp. 159-162).

제24과 내선일체의 진심

메이지천황은 메이지 37, 38년 전역 후 한의 세력을 회복시켜 이 지방이 평안하도록 다스리고 싶다고 생각하시어 이토 히로부미를 보내어 한(韓)의 황제와 상담을 시켰습니다. (중략) 그래서 천황은 이토 히로부미에게 통감을 맡기고 경성에 통감부를 두어 한을 이끌었습니다. 이윽고 한의 내정에 대해서도 모두 통감이 지도해 개선을 꾀하는 것이 되어 '내선일체'의 추구가 가능해져 갔습니다. (중략) 한의 황태자였던 지금의 창덕궁 이왕[영친왕]은 도쿄에 유학을 했습니다. 이처럼 우리 국가와 한 사이는 점차 친밀함이 깊어졌습니다.

한의 황제는 세계의 모습과 동아의 형세를 생각해 하나가 되어 한의 나라를 우리 국가에 병합해 일가가 되어 국민이 모두 황실의 은혜를 받아 공영의 생활을 누리고 동아의 평화를 단단히 하고 싶다고 희망하게 되었습니다. 조선 지방의 사람들 중에도 같은 희망을 가진 사람이 점차 많아지게 되었습니다. 메이지 43년이 되어 한의 황제는 이윽고 이것을 메이지천황에게 물었습니다.

마치 신대의 옛날에 대국주신이 아마테라스 오미카미에게 국토를 세우도록 한 것과 같은 생각이었습니다. (중략) 지금으로부터 30년 정도 전의 일로 이것을 한국병합이라고 합니다.

메이지천황은 조선 지방을 다스리기 위해 새로이 조선총독을 두어 정무를 하게 하고 경성에 조선총독부를 두어 데라우치 마사타케를 시작으로 조선총독을 맡겼습니다. (중략) 경성에 조선신궁을 세워 아마테라스 오미카미를 제사지내게 되었고 메이지천황을 제사해 정사의 시작을 명확하게 함으로써 조선을 지키는 신이 되었습니다. (중략) 이같이 하여 황실의 은혜가 높아져 '내선일체'의 참마음이 점차 양성되었습니다. (중략) 산업은 개발되고 그중에서도 농업과 광업의 진전이 현저하고 근년은 공업의 발전도 현저해 해륙의 교통 기관은 정비되고, 상업이 번창하고 무역은 해마다 발전해 갔습니다. 지방의 정사에는 자치가 넓혀져 교육도 내지[일본]와 같게 되고 내지와 같이 씨를 칭하는 것이 허가되어 내지와 같이 집의 이름을 붙이게 되었습니다. 또한 특별지원병의 제도가 생겨 조선인도 국방을 지게 되는 도가 넓혀져 전쟁에 나간 용감한 전사는 야스쿠니 신사에 모셔져 호국의 신이 된 사람도 있으며 더욱이 절(節)이 실시되어 국민개병의 명예를 받게 되었습니다.
특히 지나사변[중일전쟁]이 일어나면서는 조선 지방의 지위가 극히 중해져 대륙전진의 기지로서 동아공영권을 건설하는 것을 목표로 우리 나라[일본] 발전상에 큰 역할을 지게 되었습니다
조선 지방 2천5백만의 주민은 국민총력조선연맹을 조직해 애국반의 생활을 근간으로 일체가 되어 모두 국체의 존중에 눈떠 일제히 황국신민의 서사를 외워 충군애국의 지기에 열렬해져 모두 신애협력하고 오직 황국의 목표를 향해 진전하고 있습니다.[70]

한국강점에 대한 이유나 강점 이후의 사회변화에 대한 서술 내용은 1941년도의 교과서와 비슷하다.

그러나 한국강점의 의의에 관한 기술에는 몇 가지 변화가 보인다. 첫째, 한국강점을 "마치 신대의 옛날에 대국주신이 아마테

70 朝鮮總督府, 『初等國史 第6學年(改訂版)』, 昭和19(1944)年 3月 31日, pp. 175-186.

라스 오미카미에게 국토를 세우도록 한 것과 같은 생각이었습니다"라고 해 그 정당성을 신화적인 요소에 비유하고 있는 서술이 처음으로 나타나고 있는 점이다. 이는 1941년 교과서에 비해 더욱 구체적으로 '내선일체'를 강조하는 서술임이 틀림없다. 둘째, 1941년 교과서의 발행 이후 공포된 징병령(1943. 3. 1.)이 '국민개병의 명예'로서 처음으로 서술되어 나타나고 있다. 전쟁의 긴박함과 함께 이를 학생의 마음속에서 구체화하고 체현하기 위한 서술이다. 또한 부차적인 특징이지만 1941년 교과서에서는 '조선 지방 2천4백만 주민'이 1944년 교과서에서는 '조선 지방 2천5백만 주민'으로 인구의 변화가 나타나 있어 전쟁의 격화 속에 현실적인 문제들을 얼마나 적극적으로 교과서 속에 반영하고 있는가를 보여 주고 있다.

한편, 당시 일본 문부성의 국민과 '국사' 교과서에서는 한국 강점에 대해 다음과 같이 서술되어 있었다.

> 이 동안 우리 국가는 화태(華太, 사할린)의 개발, 관동주의 경영에 임하는 것과 함께 동아의 안정을 목표로 한(韓)의 보호에도 힘을 이용했습니다. 우선 한에 대해 타국의 간섭을 일체 제거하고 이어 내정의 개혁을 지도했습니다. 이리하여 한은 점차 우리 국가에 대한 신뢰를 깊게 하고 한민(韓民) 중에는 동양의 평화를 지니기 위해 일한 양국이 일체로 될 필요가 있다고 생각하는 사람이 점차 많아지게 되었습니다. 한국황제도 이것을 희망하게 되었으므로 메이지 43년 천황에 일체의 통치권을 양도하게 되었습니다. 메이지천황은 이 청, 특히 한국병합의 소(昭)를 받아들이게 되어 한국황제도 또한 한민

> 에 대해 일본의 정치에 따르게 하고 이윽고 행복한 생활을 보낼 수 있도록 되었습니다. 또한 한이라고 하는 이름도 조선이라고 바꾸고 새롭게 둔 총독이 일체의 정무를 하도록 되었습니다. 고래 우리 국가와 가장 관계가 깊었던 반도인들은 여기에 황국의 신민이 되어 동양평화의 기초가 드디어 굳건해진 것입니다.[71]

조선총독부가 발행한 1941년도의 교과서에서는 8페이지에 걸쳐 서술되어 있는 한국강점에 관한 서술 내용이 문부성이 발행한 교과서에서는 1페이지 정도로 비교적 간략하다. 이것은 '내선일체'를 강조해야 하는 조선에서의 실정과 다르기 때문이다. 그러나 한국강점의 이유로 '한(韓)'의 황제를 비롯해 많은 사람들이 원했다는 점을 들고 있고 동양평화의 기초를 굳건히 하게 되었다고 그 의미를 찾고 있는 점에서 그 근본적인 서술 방침은 같았다고 볼 수 있다.

이상, 국민학교 시행기에 사용된 '국사' 교과서에 서술된 한일관계의 내용을 분석해 그 내용상의 특질을 살펴보았다. 국민학교가 시행되면서 '국사' 교과서의 내용에 일본 고유의 역사용어가 사용되어 그 국수주의적 성격을 더해 갔다. '국사' 교과서의 내용은 '내선일체'를 보다 강조하는 데 중점이 두어졌고 전쟁이나 학생들이 현재 살아가는 시기와 밀접한 소재를 교과서에서 다룸으로써 전쟁수행에 거부감 없이 자발적으로 참여할 수 있도록 하는 것이 목적이었다.

71 文部省,『初等科 國史』下, 昭和18(1943)年 3月, 第3課 東亞のまもり, p. 165.

2 '국사'교육의 실제와 '연성'의 실현

'국사' 교과서의 내용상 목표가 '내선일체'의 강조였다면, '국사'수업의 실제에서는 '연성'의 실현을 목표로 삼았다. 이 절에서는 '국사'교육의 실제를 살펴보기 위해 '국민학교 규정'에 제시된 교수 방침과 '교사용 지도서'의 지도상 주의점을 분석해 본다.

1930년대 전반 조선의 교육계에서는 1920년대 일본 다이쇼기의 자유주의 사조의 영향을 받아 아동들의 자학자습 활동을 중시하는 '자학주의'와 교사의 설명을 위주로 하는 학습인 '설화주의'가 혼재되었는데, 점차 '설화주의'가 역사수업의 중심이 되면서 자학학습을 가미하는 수업의 형태가 주류를 이루었다.

1928년부터 1933년까지 잡지이자 논문집 『조선의 교육연구(朝鮮の教育研究)』[72]에는 경성사범학교 부속보통학교의 훈도(교사)인 에비 미치타카(蝦道隆)와 경성사범학교 부속소학교의 훈도인 요시

72 『조선의 교육연구』에는 1928년 4월부터 1940년 6월까지 총 330편의 지도안이 수록되어 있는데 이 중 역사교육과 관련된 것은 수업지도안 20편, 교수세목 특집 9편, 교재해설 형식의 50편 등 총 79편 정도다(김봉석, 「『朝鮮の教育研究』에 나타난 일제강점기 초등 역사수업 실천」, 『사회과교육』 46, 2007, p. 57).

오 이사오(吉尾勳)의 역사교육이론과 수업지도안과 같은 방법론들이 수록되어 보통학교 교원들에게 널리 읽혔다. 에비 미치타카는 1931년 7월호에 자학주의와 설화주의의 2대 논쟁과 관련지어 "신사조(新思潮)에 뿌리 깊게 자리 잡은 아동중심주의 학습법과, 교사의 설화(說話)를 중시하는 설화주의와의 대립으로 많은 갈등이 있다"는 논설을 게재했다.[73] 그러나 아동 중심 자학자습의 수업 방법을 주장하는 경우도 '국민된 지조(志操)의 함양'이라는 당시 역사교육의 목적을 벗어나는 학습은 아니었다.[74]

이러한 역사교육계의 교수방침은 1940년대 국민학교와 국민과 체제가 실시되면서 더욱 강화되었다. 전술했듯이 국민학교 규정 제5조에 나타난 국민과 '국사'의 교수방침은 다음의 3항목이다.

(1) 사실의 나열에 그치지 않고 국사의 시대적 양상에 유의해 일관된 조국(肇國)의 정신을 구체적으로 감득·파악하도록 한다.
(2) '내선일체'가 유래하는 사실은 특히 유의해 가르친다.
(3) 연표, 지도, 표본, 회화, 영화 등은 힘을 써서 그것을 이용해 구체적 · 직관적으로 습득시킨다.

조선의 '국사'에서는 '내선일체'에 유의해 가르치도록 했는데, 앞서 살펴보았듯이 총독부 편수관 나카무라 히데타카(中村榮

---

73 蝦道隆, 「生活指導の國史教育法(二)」, 『朝鮮の教育研究』 1931년 7월호.
74 김봉석, 「1930년대 전반기 재조 일본인 교사의 역사교육인식과 수업실천 양상」, 『역사문화연구』 42, 2012, pp. 80-87.

孝)의 해설에 의하면 '내선일체의 사실'은 '한국병합' 이래의 역사이며, '병합' 이전의 반도의 역사는 '내선일체에 유래하는 사실'로 구별해야 한다. 가령 진구황후의 신라정벌은 '내선일체가 유래하는 사실'이지 '내선일체의 사실'이 아니다. '내선일체'는 이름, 실제, 형태 모든 것에서 '내선'이라는 구별조차 볼 수 없는 상태에 도달하는 것을 이상으로 하며, 오늘날의 '내선일체'가 이루어지기까지는 역사적 필연성이 있다. 그러므로 어떻게 어떠한 흐름이 역사를 관통해 여기에 이르렀는가 자취를 검토해 그 정신을 가르치는 것이 근본문제다. 이를 위해 황국의 발전, 국사의 진전을 위해 공헌하고 중요한 관계를 갖는 조선사의 사실을 국사에 포함해 가르쳐야 하며, 국사를 중심으로 하여 그 지방의 본질적 관련을 명확히 파악해야 한다고 했다.[75] 즉 조선의 역사는 '내선일체가 유래한 사실'로서 선택, 해석되어 그것이 일본사 속에서 황국의 발전을 위해 공헌해 온 바를 가르치고 그러한 역사적 필연성으로 오늘의 '내선일체'에 이르게 된 것을 알게 된 조선인은 황민으로서의 역사적 사명을 자각하게 된다는 것이다.

교육의 실제에서 '내선일체'가 정적인 개념으로 교육 실제의 '내용 목표'로서 사용된 것이라면, '연성'은 동적인 개념으로 '황국의 역사적 사명을 자각'하는 교육 실제의 '실천 목표'에 해당되는 것이었다.

이상과 같은 교육방침에 의거하고 있는 '국사' 교과는 교재의

---

75 中村榮孝, 「國民學校國民科校則案について」(四), 『文教の朝鮮』, 朝鮮教育會, 昭和16(1941)年 6月号, pp. 13-14.

전부가 '국체명징'을 위한 자료라고 할 수 있으며 정신적·근본적인 '내선일체'의 실현을 이룰 수 있는 과목이며 조국(肇國) 이래의 국사 내용이 무엇보다도 '국민의 연성(錬成)'을 강화하는 인고단련의 결정체로서 이루어진 것으로 '황국신민화' 교육에서 '국사'교재의 중요성은 한층 더 강하게 인식되었다.[76]

특히 교육내용에 영화와 방송을 취급하도록 한 것은 매우 중요하다. 국민학교가 실시되면서 교수방침에 영화 등이 사용되었는데 주로 조선총독부가 지정한 영화만이 교수에 사용되었다. 조선총독부령 제215호(1941. 9. 27.)로 국민학교 교과용 영화검정규정을 공포했는데, 영화의 대본 및 수업용 해설서를 전부 조선총독에게 제출토록 했다. 그 내용으로는 영화의 제목, 제작자의 주소 및 성명, 영화의 길이, 목표하는 학년과 교과의 명칭 등이 있다.

일본에서는 이미 1917년 11월 제국교육회가 발흥해 영화가 교육계에 미치는 여론을 정리한 '활동사진취제건의'를 문부성 및 경시청에 건의한 바 있었다. 한편 '조선영화령시행규칙'에 의하면 그 50조와 51조에 "연소자의 교육상 지장이 없다고 인정한 영화만을 상영할 경우를 빼고는 14세 미만의 아동을 영화를 상영하는데 입장시키는 것은 안 된다. 단 보호자를 동반하는 6세 미만의 아동은 이 한계에 해당되지 않는다"고 규정했다. 그러나 당시 '조선'의 중등남녀, 국민학교 학생들은 모두 영화를 좋아해 이미 소학교 시기에 영화가 성행함에 따라 관람의 일환으로 행해진 것이

---

76 朝鮮初等教育研究會, 『皇國臣民教育の原理と實踐』, 朝鮮公民教育會, 昭和13(1938), pp. 205-206.

1941년 국민학교 실시에 따라 정식 교육 외 보조수단으로 이용되어 아동은 점차 영화에 친밀감을 느끼게 되었고 조선에서도 영화 이용 학교 수는 상당히 많아졌다.

또한 1942년부터는 전쟁이 격화되면서 사상통제의 세뇌화에 따라 국민학교 방송이 시작되었고 이것도 교재로 사용했다.[77] 방송이 시작되면 모든 수업은 중단되었다.[78]

앞에서 살펴본 교과서 내용이 실제로 이 시기 어떻게 교수되었는지 교사용 지도서의 지도상 요점을 살펴보도록 한다.

먼저 '진구황후의 신라정벌' 교수의 전제가 되었던 '정사'에 대한 교사용 지도서의 지침은 [표 36]과 같다.

『초등국사』 제5학년의 1~5과는 역사 교과서로서의 입문에 해당되는 내용이었다는 것은 전술한 바와 같다. 따라서 '정사'에 대해서는 마찬가지로 '현대의 정사'와 연관지어 지도하도록 했다.

[표 37]은 '임나일본부설'에 대한 수업의 실제 지도안이다.

---

77 『毎日新報』, 昭和17(1942)年 3月 15日.
국민학교 방송이 개시되다. 이 학교 방송은 국민학교를 상대로 하는 것으로 수업 시간에도 교수를 중지하고 이 방송을 듣게 하는 등 방송을 하나의 교재로 채용한다는 것이다.

78 조선에서 국민학교 규정 제61조에 조선총독이 지정한 종목의 방송은 수업, 조례훈화, 학교 라디오 시간에 사용할 수 있도록 했고 본년 1월 7일 조선총독부고시 제11호를 가지고 종목의 지도가 행해져 조선방송협회에서는 그 4월부터 학교방송실행위원회를 조직해 방송심사를 협의 편성하고 전 조선 각 학교에 '국민학교 방송 프로그램'을 배포하도록 했다. 영화와 방송을 도구로 삼는 것은 잘못이라는 생각이 있다. 이러한 의미에서 학교 방송이 국민학교 교육에서 일으키는 효과를 생각할 때, 일본 당국이 학교 방송의 종목을 지정하는 의도를 알 수 있을 것이다(田中稔, 「國民學校放送聽取指導の要領」, 『國民學校』, 朝鮮公民敎育會, 昭和17(1942)年 8月号, p. 71).

[표 36] '정사(政事, まつりごと)'의 지도상 주의

『초등국사』 제5학년 교사용 지도서(1941)
제4과 정사
1. 요지: 신을 제사하는 것과 정치를 논하는 것의 근본은 일치한다는 이념을 명확하게 하고 천황은 이 정사를 팔굉(八紘)으로 널리 펼쳤음을 알게 한다.
2. 시간배당: 제1시 정사
   제2시 진무천황의 정사
   제3시 황실의 은혜, 지금의 정사
3. 내용: 정사
4. 지도상의 요점
   1) 신을 제사하는 것과 정치를 하는 것이 근본적으로 일치한다는 점과 정사의 참뜻을 이해시킬 것
   2) 대대의 천황이 오로지 아마테라스 오미카미의 은혜를 제사했음을 알릴 것
   3) 옛날도 지금도 변하지 않는 정사의 은혜를 생각할 것
   4) 정사의 모습은 현대의 모습으로 계속해서 변해 왔다는 점을 알릴 것
5. 지도상의 주의
(생략)

출처: 朝鮮總督府,『初等國史 第5學年 教師用』, 昭和16(1941)年 12月 25日, pp. 23-25.

이 수업지도안은 경성여자사범학교 부속국민학교의 한 교사가 만든 것이다. 수업의 목표를 수업의 과제였던 '연성'의 목표라 하고 '황국 역사'의 의의와 유래를 고대사에서 고찰하는 가운데 '내선일체'의 필연성을 강조하고 있다. 문화의 섭취가 결코 피동적인 것이 아니었음을 주지시키면서 '조선 지방'의 지위를 가르치고 현대와의 관련을 강조하고 있는 것이 눈에 띈다. 이 수업지도안에서는 수업을 통해 지식을 얻는 것뿐 아니라 '자각'하고 '실천'해 '연성'하고자 하는 의도가 보인다.

[표 38]은 임진왜란에 대한 지도상 주의점이다.

임진왜란의 수업에서는, 그것이 결코 정복 전쟁이 아니었고 '성전(聖戰, ことむけ)'의 뜻을 조선이 이해하지 못해 일어난 전쟁이었음을 강조하고 있다. 또한 임진왜란과 현 전쟁의 수행자를 '황

[표 37] '임나일본부설'의 지도상 주의

제3과 해외의 정사1[79]

1. 연성의 목표
   고대의 내지[일본], 조선, 지나[중국]의 정치, 무역, 통신 등의 교류에 대해 그 근본 뜻을 깊이 이회시켜 황국의 역사의 유래, 의의를 자각시킨다.
2. 연성관
   우리 고대문화가 소위 외래문화를 섭취동화하고 이것을 순화해 독자의 문화를 창조발전한 점에 특색이 있으며 이 특질이 시대와 함께 발전한 것에 일국문화의 진전이 보인다는 점이다. 고유문화의 주장을 강화하기 위해 편협한 태도를 나타내면 안 된다.
   고대문화의 발전과 대륙문화와의 관계는 금일에는 고고학적 검토에 의해 일층 명확해졌다. 우리 국가가 외래문화 섭취의 능력이 비상한 특질이 있다는 점이 원시시대부터 지금에까지 이르렀다.
3. 연성계획
   1) 지도방침
   -조선사력에 대해서는 국사진전상에 조선 지방이 고래 어떠한 지위를 점하고 이 지방의 역사적 연혁이 국사에 어떠한 관련이 있는지를 명확하게 이해시킨다.
   -본 과의 사실(史實)은 오늘날 '내선일체'의 역사적 필연성을 알고 하나된 정신을 체득하는 자질을 기르도록 하는 것에 특히 주의를 요하도록 한다.
   2) 시간배당(2시간): 제1시 임나의 정사
   제2시 조선, 지나와의 교류, 지나문화의 흐름

출처: 京城女子師範學校附屬國民學校 編,『國民學校の本義と實踐』, 京城女子師範學校附屬國民學校, 昭和16(1941), pp. 212-213.

군(皇軍)'의 의미와 연결하고 있는 점이 눈에 띈다. 전쟁 속의 '영웅'들을 지금의 전쟁 수행자와 관련시킴으로써 학생들이 전쟁에 자발적으로 참여하도록 감명·감득시키려는 의도로 보인다.

[표 39]는 한국강점에 대한 지도상 주의점이다.

한국강점에 대해서는 '종전의 보통학교 국사에서의 역사적·민족적인 설명방법'을 '절대로' 취급하지 않도록 하고 교과서 그대로 '내선일체'의 관점에서 교수하도록 하고 있다. 또한 한국강

79 朝鮮總督府,『初等國史 第6學年』, 昭和16(1941)年 3月 31日, pp. 12-18.

[표 38] '임진왜란'의 지도상 주의

제16과 국위의 빛남 1. 요지: 도요토미 히데요시는 동아를 일체로 하기 위해 지나[중국]에 들어가는 도중 조선에서 명군을 무찔렀다. 이에 명은 크게 염려해 화의를 희망했으나 명의 불신에 의해 다시 병사를 조선에 내었다. 하지만 히데요시의 유언에 의해 군사를 퇴각시켰다. 그러나 국위는 그에 의해 점차 해외로 발전해 국민의 의기가 왕성하게 된 것을 알리고 히데요시의 큰 뜻과 황실의 조선에 대한 은덕을 알려 종합한 다음, 그것에 감명받도록 한다. 2. 시간배당(2시간): 제1시 동아일체의 길, 명군과의 전쟁 제2시 명의 불신, 국위의 빛남 3. 지도상의 주의 1)『초등국사』 제5학년 제17과 '천황의 위세의 빛'의 '국위의 빛남' 항과 연결해 취급할 것은 전 과와 같다. 2) 본 과는 동아를 일체로 하기 위해 지나에 건너가는 도중 조선에서 전쟁이 일어난 것이 전 과의 교재에 의해 가르쳐진 대로 조선을 상대하기 위해서가 아니라 지나로 건너가는 것이 주요한 목표였기 때문이라는 것을 알린다. 3) 조선에서 전쟁이 일어난 이유는 히데요시의 동아일체 정신을 해석하지 못하고 행군을 방해한 때문으로, 복종해 오는 사람들에게 대해서는 내지[일본]와 같게 은혜를 베푼다는 것을 알린다. 4) 임진왜란(文祿의 役)과 정유재란(慶長의 役)이 다른 이유를 확실히 해야 한다. 즉 문록의 역은 지나를 복종하게 하기 위해 조선에서 행해진 전쟁이며 경장의 역은 문록의 강화 때의 조건을 완전하게 이행시키기 위한 전쟁이었다는 것을 알린다. 5) 히데요시는 군을 낼 때도 반드시 칙허를 받았다고 하는 점에서 출정장병은 모두 황군이었음을 인식시키고 지나사변[중일전쟁]에서의 황군의 임무와 동일하다는 것을 알린다. 6) 히데요시의 이 기획은 천황의 위세를 지나 및 서양에 널리 알려 유럽인의 간담을 서늘케 했고 그 효과는 실로 컸다. 또한 국민의 해외발전 정신을 점점 고양한 것은 말할 필요도 없다. 7) 본 과는 가르칠 곳이 극히 복잡해 종래 종종 오해의 설명과 인식부족의 논의가 행해져 문제가 많으므로 본문에 따라 바르게 이해시켜 전하는 것이 필요하다.

출처: 朝鮮總督府,『初等國史 第6學年 敎師用』, 昭和18(1943)年 3月 31日, p. 98.

점이 정복적인 것이 아닌, '조국(肇國)의 대이상'을 실현하기 위한 것이었으므로 구미제국의 제국주의와 다르다고 하는 점에서 학생이 '왜 일본이 남의 나라 땅을 간섭하는가' 하는 의문점을 해소할 근거를 제공했다. 한국강점에 대해서는 교과서에서도 많은 장을 할애해 상세히 설명하고 있는데, 이는 민족적 저항을 막고자 역사

[표 39] '한국강점'의 지도상 주의

제25과 동아의 굳건함

1. 요지: 우리 국가의 도의적인 원조와 지도에 의해 이윽고 조선이 세계의 정세와 동아의 보전을 알게 되어 한국의 황제는 민심의 동향을 살펴보아 우리 국가와 일심동체이길 원하였다. 이에 양국의 평화적인 병합이 성립되고 그후 오늘날에 이르기까지 우리 황실의 일시동인의 은혜하에서 내선일체의 성과를 해마다 보아 왔다. 그리고 지금 대동아공영권 건설의 대륙전진기지로서 중대한 사명을 담당하기에 이른 것을 알게 하고 황은에 감격하고 아울러 황국신민으로서의 각오를 새롭게 하도록 한다.
2. 시간배당(3시간): 제1시 황국의 사명, 동아의 굳건함
   제2시 일시동인의 자애
   제3시 '내선일체'의 참마음
3. 지도상의 주의
   1) 『초등국사』 제5학년 제24과 '국체의 빛남1'의 '국운의 진전' 항과 연결하여 취급한다.
   2) 한국병합의 교재에서 지금까지 편의상의 설도 있고 또한 다른 설도 있었지만 그 종국의 목표는 내선일체였다. 그 과정과 추이는 본문과 같이 취급하고 종전의 보통학교 국사에서의 역사적·민족적인 설명방법은 여기서는 절대로 취급하지 않고 충실하게 본문의 취지대로 교수한다.
   3) 한국병합은 영국의 인도와 버마, 미국의 하와이 병합 등과 같이 자신의 이욕을 위한 병합과는 근본적으로 상이한 것이어서 우리 국가는 자신을 희생하기까지 했다. 한국황제 스스로 병합을 희망했고 메이지천황은 동아의 안정, 세계의 평화상에서 그 희망을 들어 주었던 것이다. 그것에 의해서도 한국병합의 근본정신이 구미제국의 그것과 전혀 다른 것을 알 수 있을 것이다. 병합의 정신이 조국(肇國)의 대이상과 일치한 점에도 주의한다.
   4) 메이지천황이 내선일체를 위해 힘쓴 바를 철저히 알도록 한다.
   5) 역대의 총독은 오로지 일시동인의 자애로움을 체득하여 그 상황을 이해하고 그에 따라서 금일 병참기지로서의 조선을 이룬 것을 명확하게 하고 전 과의 '조선의 혼란' 항과 대조해 어떻게 금일의 조선이 행복한가를 감득시켜 황국신민으로서의 자각이 철저하도록 교수해야 한다.

출처: 朝鮮總督府, 『初等國史 第6學年 教師用』, 昭和18(1943)年 3月 31日, p. 144.

교육을 이용한 흔적이라고 할 수 있다.

마지막으로 앞서 살펴본 일본에서의 '양이와 개항' 수업이 조선에서는 어떻게 이루어졌는지 주어진 사료를 중심으로 그 유사점과 차이점을 알아보자(표 40).

에도 막부 말기의 대외정세에 대한 설명, 현재와 연결한 설명

[표 40] 조선과 일본의 역사수업에서 '양이와 개항' 관련 지도상 주의

조선(1943년 교수상 주의점)	일본(1942년 수업안)
1. 제재: 국민의 눈뜸2(『초등국사』 제6학년 제21과) 2. 요지: 러시아, 영국, 미국 등의 세력이 우리 국가에 다가올 때 막부가 어떠한 자세를 취했는가를 명확하게 하고 국민이 이에 대해 적극적으로 움직여 양이, 개황, 존왕, 토막 등의 운동이 나타나 고메이(孝明)천황을 거쳐 메이지의 시대를 향해 일신의 정사(政事, まつりごと)가 단행되어진 것에 이르러 이윽고 국론 통일이 이루어졌음을 이해시킨다. 또한 이는 실로 국민의 자각에 의해 온 나라가 일체가 되어 세계의 대국에 대처할 수 있었던 것이었음을 이해시킨다. 3. 시간배당(3시간): 제1시 북방의 굳건함 제2시 국토의 지킴, 양이와 개항 제3시 화친의 자애 4. 지도상의 주의 1) 본 과는 『초등국사』 제5학년 제20과 일신의 기초, 제21과 일신의 정사1, 제22과 일신의 정사2와 연결해 취급한다. 2) 본 과는 지금부터 백 년 전 이래 도쿠가와 막부의 정치가 결함이 생긴 때, 황실의 육위와 국민 전체가 그것을 타개하고 전환하려는 노력을 했던 시기였음을 염두에 두고 지도한다. 3) 종래 사용되어 온 사적 명사를 가르치고 구래와 같이 설명하는 방법으로 본문의 뜻이 통하지 않을 염려가 있으므로 충분히 주의해 취급해야 한다. 4) 도쿠가와의 세력이 쇠한 때 유럽인의 세력이 동아에 미쳐 우리 국가[일본]를 뺀 다른 지역은 모두 유럽인의 식민지가 되었다. 이 같은 동아의 대세가 나아가서는 지나사변[청일전쟁]에서 대동아전쟁에 이르기까지의 근본적인 원인이 된 점을 염두에 두고 지도한다. 5) 도쿠가와 막부가 끝을 고한 것은 이 시세를 누르고 우리 국가를 발전시키는 실력이 없었기 때문이다. 300년의 태평을 우리 국가에 가져온 메이지의 시대에서 대발전을 이루고 구축한 공적을 잊어서는 안 된다.	1. 제재: 양이와 개항(『소학국사』 하권 심상과용 제43과) 2. 요지: 에도 막부 말기의 대외관계를 살피고, 정신의 감득부터 시작해 시국하 황국민의 삶의 방식을 지도하고 실천시킨다. 3. 지도관 1) 인물의 실천적 성격을 명확하게 하고 아동의 의기를 고무하고 시국에 처한 삶의 방식을 지도한다. 2) 막부가 제창한 양이론과 별도로 소위 지사가 제창한 것은 존황을 위한 양이, 즉 황국을 지키려는 신주사상을 배경으로 하였음을 주지시킨다. 지존을 핵심으로 해 존황양이의 정도를 진행시킨 것은 황국의 일관된 대도(大道)이며 금일의 복잡한 세계정세에 처한 황국의 태도인 것을 강조한다. 3) 흥아일본이 가야 할 도(道)와 막말 조선의 시련에 대해 체득시킨다. 그리고 황국의 도를 실천하고 만방에 비교할 수 없는 국사를 회득한다. 4. 지도계획: 2시간 5. 준비: 국사괘도, 도쿠가와씨(德川氏)계도, 홍도관 사진, 에도(江戶)시대 연표 등 6. 지도과정(생략)

출처: 長谷川端,『國民校敎授原論』, 啓文社, 昭和17(1942), pp. 271-280.
朝鮮總督府,『初等國史 第6學年 敎師用』, 昭和18(1943)年 3月 31日, pp. 120-122.

등은 공통점이지만, '내선일체'를 중시한 정사의 논리로 시대를 설명하고 있는 점은 조선에서만의 특징이라고 볼 수 있다. 일본의 수업에서는 '인물의 실천적 성격'이 지도되었지만, 조선에서는 그러한 지도가 이루어지지 않았다. 단지 '대동아전쟁'과의 연관 속에서 시대를 개관하고 '내선일체'를 이루려고 한 저의만이 그 역사수업의 지도안 속에 남아 있다.

한편, 1930년대 지도안의 형식 중 '교재관', '연락(連絡)', '생활지도'라는 항목이 있는데, '교재관'은 오늘날 수업지도안의 '단원개관'과 비슷한 성격을 가지고 있었다. 국민학교가 실시되면서 이 '교재관'이 '지도관'으로 바뀌며 교사의 교육사상, 즉 황국신민의 자질 육성에 투철한 사상을 실제 교육에 투영하도록 했다. 1930년대 교사의 '연락'이라는 항목은 '교과' 중심의 국민학교 교육과정 체제하에서 더욱 강조되었다. '연락'은 관련 교과와의 연계를 통해 학습하도록 제시하는 항목인데, 오늘날의 주제 중심 수업방법과 비슷한 것으로 이해된다. 또한 1930년대의 국사 수업지도안에는 마지막 부분에 '생활지도' 항목을 설정해 역사교육과 생활지도를 연계해 지도하는 경우가 많았는데, 이 역시 1940년대에 계승되었다.[80]

한편, 수업의 지도안 양식의 하나로서 1941년 말 시학타합회(視學打合會)에서 만들어진 것을 각 학교에서 활용하도록 했는데, 그 양식은 완성수업안으로서 이를 일상에 활용할 수 있는 것으로 바꾸어 간략히 사용했다. 촉탁(囑託)교원, 신임교원 등 그 외 필요

80 김봉석, 앞의 글, 2007, pp. 58-59.

한 교원들에 대해서는 매주 2회 이상 완성수업안을 작성하도록 했다. 일상생활에 사용된 약안 형식의 수업안은 다음과 같다.[81]

1. 연성제목, 연성소재 구분과 시간배당
2. 연성중점
3. 연성소재 및 수업방법의 연구

국민과 '국사'의 기초적 연성을 위한 수업지도안은 다음과 같은 형식을 띠고 있었다.[82]

◎ 국민과 국사의 기조

1. 일관된 조국정신을 명확하게 파악시켜 국민정신을 함양한다.
2. 황국의 입장에서 바른 시각으로 세계의 역사적 사실을 관조한다.
3. 구래의 단편적인 인물중심주의, 흥미본위의 취급을 폐한다.
4. 황국발전에 공헌한 사력(事歷) 이외는 취급하지 않는다.

◎ 연성적 취급의 실제

1. 수업

-수업시작의 타종-아동입실-신칙 낭송

-교사와 아동의 경례(새로운 기운)-교과서에 대한 감사

81 朝鮮國民教育研究所 編, 『(細目兼用)授業案』, 朝鮮國民教育研究所, 昭和19(1944), p. 54.

82 위의 책, p. 96.

-본시의 지시-자유독서-숙독 음미

-책상 사이를 돌며 순찰함-물어볼 사항, 상세히 알고 싶은 것부터 순시

-본시의 목표를 향해 교수-순시할 때의 의향을 고려해서 취급함

-사항은 반드시 '어떻게 황운부익했는가'에 귀일함

-조종(祖宗)의 위업(偉業), 국민의 충성에 오로지 감사함

'연성' 지도를 위해 수업은 학생의 읽기와 교사의 설명으로 이루어졌으며 '교과서에 대한 감사' 시간이 있는 것으로 보아 '교과서'가 주된 교재로 사용되고 있음을 알 수 있다. 또한 '순찰'과 '순시'등의 용어를 통해 딱딱한 수업 분위기를 유추할 수 있다.

'국사'교육에서 황국발전에 공헌한 사력만 다루고 '어떻게 황운부익했는가'에 중점을 두었으므로 역사수업에서 조선의 주체적인 역사 내용은 선택되지 못했음을 알 수 있다.

이상, 실제로 역사수업이 어떻게 이루어지고 있는가를 살펴보기 위해 교사용 지도서와 수업지도안을 분석해 보고 일본의 수업 실제 사례와 비교해 보았다. 각각의 수업에서 전쟁이라는 '시국하'에 '정사(政事,まつりごと)', '복종시킴(ことむけ)' 등을 강조하면서 한국강점에 대한 정당성, '내선일체', 대동아전쟁의 정당성에 대한 주의를 잊지 않도록 한 점이 특징이라고 할 수 있다. 지금까지의 내용을 정리하면 [표 41]과 같다.

조선과 일본의 횡적인 비교를 통해 일본에 비해 조선의 경우 '내선일체'와 '황국신민'이 강조되고 있음을 알 수 있다. 교육은 역사와 전통이 다른 민족을 지배하기 위한 수단이며, '국사'교육

[표 41] 횡적 비교(조선과 일본) 및 종적 비교(소학교와 국민학교)

횡적 비교(조선과 일본)		
구분	조선	일본
소학교 목표	충량한 황국신민 육성	보통의 지식기능
국민학교 목표	황국신민 연성	국민 연성
국민과 목표	국민정신 함양 황국의 사명 자각 충군애국의 지기	국민정신 함양 황국의 사명 자각
국민과 교수방침	우리 국가[일본] 문화의 특질을 명확하게 함	대국민의 자질
국민과 국사 목표	역사의 대요 회득 황국의 역사적 사명 자각 국체가 존엄한 이유 체인	역사의 대요 회득 황국의 역사적 사명 자각
국민과 국사 교수방침(내용)	내선일체가 유래하는 사실	향토에 관계 깊은 사실
종적 비교(조선의 소학교와 국민학교)		
구분	소학교	국민학교
학교 목표	충량한 황국신민 육성	충량한 황국신민 연성
국사 목표	황국신민의 정신 함양	황국의 역사적 사명 자각

비고: 소학교는 1938년 제3차 조선교육령 당시의 학교임.

은 '내선일체'의 필연성을 증명하는 데 이용되었음을 보여 준다. 또한 국민학교의 목표를 일본에서는 '국민'의 연성임에 반해 조선에서는 '황국신민'의 연성이라고 규정해 '국민'으로서가 아닌 '신(臣)'이 가지는 차별성이 드러나고 있다. 또한 종적인 비교를 통해서는 1938년 소학교 규정이 '육성', '정신 함양' 등의 정적인 단어를 사용하고 있는 데 반해 1941년의 국민학교 규정에서는 '연성',

'역사적 사명 자각' 등 실천성이 강한 단어가 사용되고 있다는 것을 알 수 있다.

제7장

결론

19세기 말에서 20세기 전반 우리의 역사교육은 자주적인 근대교육의 체계를 성립하려는 노력에도 불구하고 일제의 억압적 지배와 통치를 위한 방략으로 이용되었다. 전쟁이 격화됨에 따라 우리 민족을 '황국신민'으로 만들려는 의도하에 조선총독부는 국민학교 제도를 도입하고 일본에서와 동일한 교육을 시행하는 것이라고 선전했다.

이 책에서는 지금까지 일제하 국민학교 국민과의 도입과 '국사'교육의 시행에 대한 분석을 통해 일제 교육정책의 특징과 그 의미를 살펴보았다. 이제 이 책의 내용을 종합해 요약하면 다음과 같다.

(1) 국민학교가 도입된 1941년 전후 일본 국내의 상황은 전쟁을 완벽히 수행해 나갈 만큼 사회·경제적인 여건이 충분하지 않았다. 이러한 불리한 상황에서 일본이 학제개편을 강행한 배경에는 그 나름대로의 이유와 논리가 있었다.

사회적 불안 요소와 침략전쟁 확대에 대한 해결책으로서 교

육에 눈을 돌린 군부는 천황제 사상을 고취하기 위해 학교에서의 사상교육을 더욱 강화해 나갔다. 일본 교육의 최고 원칙은 언제나 '교육칙어'에서 말하는 '斯の道', 즉 '황국의 도'였다. 이것은 국민학교가 실시되면서 그 실천성이 보다 강화되었다.

국민학교의 구상은 자유주의, 개인주의 등의 서구 교육사조에 대한 비판, 사회사상적 불안의 증진, 만주사변 등 침략전쟁 확대 등의 배경하에, 1930년대 중반 '교학쇄신'을 주장하는 가운데 출현하게 되었다. 교육쇄신평의회가 승계된 형식으로 구성된 교학심의회에서 그 구체적인 안을 구상했다. 여기서 만들어진 국민학교 교육의 목표는 50여 년간 사용되어 온 기존의 소학교 교육의 목표와 여러 면에서 달랐다. 국민학교 교육목표에서는 소학교 교육목표의 서구지향성, 도덕교육과 국민교육에 대한 의미의 추상적인 모호성 등을 탈피하고 실천적인 '황국의 도'라는 최고 원칙을 더 명확하게 했다. 또한 종래의 '교과목 체제'에서 교과의 등장으로 인한 '교과 및 과목 체제'로의 변화는 국민학교 교육과정상의 가장 큰 특징이라고 할 수 있다.

통합교과를 포함하는 '종합교육'에 대한 논의는 그 연원이 오래되었다. 종합교육은 저학년 아동에게 생활상의 제재를 전 교육활동에 미치게 하는 '종합교수'와 교과를 통합한 형태로 가르치는 '통합교과'의 두 가지 형태로 나타났다. 국민학교에서 '통합교과'는 황국민의 연성(錬成)이라고 하는 국민학교의 최고목표하에 4-5개의 교과를 재편성해 각 교과 내에서 다시 그 부분의 성질과 목표에 따라 유기적으로 분절된 과목으로 묶는 형태였다. 즉 과목이 모아져서 그 후에 집합된 것이 교과가 아니었다. 따라서 이러한 교과구분은 교육의 목표에서 본 교육내용의 구분이며 학문상의 분류는 아니었다. 이러한 구분에 의해 국민과, 이수과, 체련과, 예능과, 직업과가 만들어졌다. 그 기준은 국민에게 필요한 다섯 가지의 자질과 그 내용이었다.

특히, 국민과는 '황국의 도'를 실천하는 차원에서 다른 통합 교과보다 중핵적인 위치를 점하고 있었다. 국민과 과목은 수신, 국어, 국사, 지리였는데 이 4개 과목은 서로 관련을 맺고 일체가 되어 그 목표를 달성하고자 했다. 국민과 '국사'의 경우 초등과 1, 2학년에서는 수신과 국어의 교재에서 역사를 다루도록 했고 4학년에 이르러서는 '향토의 관찰(郷土の観察)'이라는 과목을 신설해 국사와 지리의 입문 과정으로 삼았다. 5, 6학년에 이르러 분과된 국사와 지리 교수가 매주 2시간씩 각각 이루어졌다. 1941년 새로운 국민학교 제도가 실시되고도 1943년까지 사용된 교과서는 『소학국사』 상·하권이었다.

국민학교 실시 후 1943년 『초등과 국사』 상·하권이 편찬되었다. 이 교과서의 특징은 목차에 인물명을 사용하지 않은 점, 아동에게 쉬운 용어와 일본 고유의 용어를 사용한 점, 신화와 역사를 유기적으로 관련짓고 있는 점 등이다. 실제 수업은 통독(通讀), 감명·감득(感銘感得), 발표 등으로 이루어졌는데, '황국의 도'를 체득시키기 위한 방식으로 진행되었다.

(2) 일제강점기 역사교육은 1919년 3·1운동 직전까지는 교육과정 속에서 행해지지 못했다. 1922년 제2차 조선교육령 이후 역사교육이 교육과정에서 나타나지만, 그것은 우리의 역사가 아

니었다. 즉, 교육과정 속에서는 '국사'를 가르치도록 했으나 그 국사는 '일본사'였던 것이다. 이후 1938년 제3차 조선교육령 이후에는 아예 '조선사'를 일본사 속에 해체시켜 그나마 목차에서 보이던 우리의 역사 내용을 삭제시키고 말았다. 따라서 일제강점기 줄곧해서 우리의 역사는 가르쳐지지 않았다고 보아야 한다. 오히려 일제의 '동화'와 '차별' 정책 속에 우리의 주체적인 역사에 대한 부정은 점점 강화되어 갔다.

제3차 조선교육령은 '국체명징', '내선일체', '인고단련'이라는 3대 교육강령을 내세웠는데, 이것은 '황국신민화' 정책의 출발이었다. 그러나 '황국신민화' 정책과 '내선일체'의 필연성이 보다 강화되면서 전 교육과정이 '교과 및 과목'으로 변화되어 '황국신민의 연성'이라는 목표하에 통합되는 것은 국민학교 시기에 이르러서다. 국민학교 교육과정에서 통합교과의 출현이라는 큰 변화를 맞게 되었다. 이 통합교과가 조선에서는 식민통치를 수행하기 위한 교과로 이용되었다. 일본에서는 '국민 연성'이 국민학교의 교육목표였음에 비해 조선에서는 '황국신민 연성'이 국민학교의 목표였다. 그 목표가 일본에서는 '국민'을 연성하는 것에 반해 조선에서는 '황국신민'을 연성한다는 점에서 그 차별성이 드러난다고 하겠다. 소학교의 목표에 보이는 '충량한 황국신민의 육성'이라는 것이 국민학교 목표에는 '황국신민의 연성'으로 되어 있어 '육성'에서 '연성'으로 실천적 성격이 강화되는 것 또한 그 특징이다. 교육과정에서도 차이가 나타나는데, 일본에서 실업과라 하고 고등과에만 두었던 것을 조선에서는 직업과라 하고 초등과 4학년부터 시행하도록 한 것이다. 또한 동화주의 교육방침에서도 국어

(일본어) 사용의 강화를 중시했다.

이러한 차이는 결국 '내선일체'를 강화해 '전 조선인'을 '황국신민화'함으로써 전쟁수행에 자발적으로 참여시키려고 하는 일본의 의도가 실질적으로 드러난 것이었다. 국민과의 경우 일본에서와 마찬가지로 초등과 1, 2학년은 수신과 국어를 통합해 교수했고, 4학년에는 지리의 성격을 가지는 '환경의 관찰(環境の觀察)'을 신설했다.

일본에서 국사와 지리의 통합형태인 '향토의 관찰(鄕土の觀察)'이 조선에서 지리과의 '환경의 관찰'로 부과된 것은 '국사' 과목의 홀시라는 오래된 식민 정책에서 연원했다.

국민학교가 실시되면서 그동안 그나마 수의과목으로 남아있던 조선어는 교육과정에서 사라지게 된다. 수신, 국어, 지리 과목 등도 그 목표, 교재내용, 교재배열, 교육방침 등에서 변화가 생기는데, 아동의 개인적인 덕성이라든가 지식 내용 등이 경시되고 '내선일체' 중시의 국민정신, 즉 '황국신민화'를 실현시키는 데 주력하게 되었다. 일본과 비교해 특히 국사 과목의 교육목표는 '국체가 존엄한 이유 체인(體認)'이 강조되었다. 지리 과목의 경우에는 병참 전진기지로서의 조선의 위치를 가르치도록 했다.

국민과는 수업시수상으로도 다른 교과에 비해 가장 많은 부분을 차지한 교과였다. 국민과의 교과서는 문부성이 편찬한 것과 조선총독부가 편찬한 것을 함께 사용하도록 했는데 국사와 지리 과목의 경우는 '조선의 특수한 사정' 때문에 조선총독부가 편찬한 것을 사용하도록 했다. '국민정신 함양', '황국의 사명 자각'과 같은 일본과 동일한 국민과 목표 외에도 '충군애국의 지기 함양'이라는 것이 첨가되었다. 또한 국민과 교수방침에서도 일본에서 '대국민적 자질'을 기르는 것을 강조했다면, 조선에서는 '내선일체'의 '문화의 특질을 명확하게 하는' 것이 더 강조되었다.

(3) 국민과 '국사'와 관련해 조선총독부가 편찬한 교과서는 『초등국사』 제5학년(1940)과 『초등국사』 제6학년(1941), 『초등국사』 제5학년 개정판(1944)과 『초등국사』 제6학년 개정판(1944)이 있다. 전자의 교과서들은 비록 국민학교가 실시되는 1941년 이전에 만들어졌으나 그 편찬의 취지 등은 국민학교의 정신과 다르지 않으므로 함께 살펴보았다. 후자의 교과서는 내선일체를 강조하는 전자의 교과서에 대한 성격강화와 보완의 의미가 있었다. 더욱이 후자의 경우 전쟁의 막바지에 만들어진 교과서이므로 전쟁에 대한 상세한 묘사와 역사의 신화화 강화 등이 그 특징이라 하겠다.

이들 교과서는 일본과 같이 인물중심적 순서가 아닌 '황국발전'의 성격을 중심으로 목차를 구성했다. 그러나 그 교재배열에서는 일본과 달리 순진적 배열이 아니라 순환적 배열을 선택했다. 8년제 국민학교로 의무교육화를 목표로 하는 일본과 달리 6년제 국민학교가 많은 조선의 실정에서 제5학년과 제6학년에서 2회 반복교수하는 것이 일제에 유용했기 때문이었다.

『초등국사』 제5학년(1940)에서부터 '만세일계'라는 것이 권두에 나오는데 이는 일본의 '신칙(神勅)'과 그 내용이 같았다. 이렇게 명칭을 바꾼 것은 '조선'에서의 역사교육이 일본과 '조선'이 하나라는 '내선일체'의 관념을 주입하려는 성격이 강했음을 나타낸다. 이 교과서의 목차에서는 일본 고유어가 많이 보이는데, '성전(聖戰,

ことむけ)’, ‘정사(政事, まつりごと)’, ‘신의 가호(神のまもり)’ 등이다. 이 용어들은 모두 『고사기』(712), 『일본서기』(720) 등에서 사용하는 것으로 ‘천황’의 신격화, 침략전쟁의 정당화를 위한 것이었다. 『초등국사』 제5학년에는 주로 ‘국체명징’을 중심으로 하는 내용이 많았고 『초등국사』 제6학년에는 국운을 기조로 한 세계사의 내용을 많이 신도록 했다.

한일관계사의 내용은 주로 『초등국사』 제6학년에 있는데, 한일관계의 내용 중 ‘내선일체’가 강조된 ‘진구황후(神功皇后)의 신라 원정’, ‘임나일본부설’, ‘전쟁 관련’, ‘한국강점’ 등의 내용을 구체적으로 살펴보았다. 이들 교과서 내용에는 모두 천황제 이데올로기의 찬양, 침략전쟁의 정당화, 역사와 신화의 연결, 현대 전쟁과의 연결 등이 특징으로 보인다. 이러한 내용을 서술하는 기저에는 조선의 학생을 ‘대동아전쟁’에 참여하도록 하고 민족적 저항을 정신적인 세뇌를 통해 막고자 한 의도가 있었다. 따라서 진구황후가 ‘신라를 정벌’한 것도, 도요토미 히데요시가 임진왜란을 일으킨 것도, 조선을 강점한 것도 모두 ‘천황’의 은혜였고 이것도 신화의 시대부터 ‘일체(一體)’로서 내려온 당연한 결과라는 논조다.

실제 ‘국사’수업에서는 그 교수방침에서 강조되듯이 ‘내선일체가 유래하는 사실’을 내용으로 하여 ‘연성(錬成)’의 실천을 위해 감명·감득시키는 방법이 주로 사용되었고 영화와 방송 등의 매체도 사용되었던 것으로 보인다. 실제 수업은 당시의 전쟁상황을 늘 염두에 두고 지도하도록 했으며 병참기지로서의 조선의 역사적 위치를 가르쳤다. 또한 일본의 전쟁은 ‘구미(歐美)’의 전쟁과 달리 침략적인 목적이 아니라는 사실을 가르치도록 했다.

이제 근대 한국의 역사교육사, 교육사, 근현대사 속에서 이 책이 살펴본 국민학교 제도 및 국민과 설치의 역사적 성격과 이 시기 역사교육의 단계가 점하는 의미를 고찰하는 것으로 마무리하고자 한다.

첫째, 국민학교와 국민과 '국사'교육이 갖는 근대 한국의 역사교육사 안에서의 의미다. 국민학교 제도는 일제강점기 최초로 일본과 동시에 진행된 교육제도였고 그것은 '동화주의'의 연장에서 생각할 수 있다. 그러나 실제로 그것을 똑같이 조선에 주입하기에는 여러 가지 어려움이 있었다. 전쟁에 자발적으로 참여할 수 있는 노동력과 군인을 확보하기 위해서는 역사수업에서 '내선일체'의 관념을 주입시켜야 했다.

이렇게 왜곡된 역사교육의 모습은 일제가 패망한 이후에도 한국의 역사교육에 많은 영향을 미쳤다. 일제가 물러간 후 미군정은 교육에서 일제의 잔재를 청산한다는 명목하에 역사수업을 삭제하고 사회과라는 통합교과를 이식했다. 일본에서도 마찬가지로 미군정은 미국식 민주주의 국가를 건설한다는 목표하에 이를 대변하는 교과로 사회과를 도입했다. 그리고 역사학으로부터 절단된 역사교육이 가져온 폐해를 엄히 반성하는 것과 함께 교육 현장에서 실시될 역사교육은 어떠해야 하는가가 논의되기 시작했다. 태평양전쟁이 막바지에 이르던 때의 국민학교 역사교육은 해방 이후 현재에 이르기까지 시기적으로 연결되어 있기 때문에 그 잔재를 청산하는 것이 우리 역사교육의 과제로 남게 되었다.

전후 한국에서 사회과의 성립과정을 일제의 역사교육과의 관계로 검토해 보면, 사회과와 국민과 모두 통합교과의 성격을 가진 것이지만, 국민과는 국사를 중시해 천황제 이데올로기를 주입하는 것을 목표로 만들어진 통합이었고 사회과 통합은 이러한 국사를 해체하기 위해 국사의 약화, 민주주의 이념의 도입 등과 같은 목표로 만들어진 것이었다. 양자 모두 학문적 목표에서보다는 이데올로기적 목표에서 한국에 도입되었던 배경에 주의할 필요가 있다.

일제로부터 해방된 후 한국인은 우리 스스로 역사를 가르치고 근대적 역사교육의 왜곡된 모습을 바로잡을 수 있는 기회를 갖게 되었지만, 곧이어 다가온 동족상잔의 비극과 정치적 불안정은 우리 역사교육의 자주성을 회복하는 데 많은 걸림돌이 되었다. 또한 이러한 정치적 불안 속에서 시작된 미군정 교수요목기에는 '시민을 양성한다'라는 미국식 교육목표를 가진 사회과를 도입하면서 우리의 역사교육은 본연의 모습을 잃고 행로를 벗어난 길고 긴 여정을 시작해야만 했다. 이러한 굴곡진 사회과 속 '국사'라는 형식의 역사교육은 현재까지 영향을 미치는 많은 문제점의 시작이 되었다.

우리가 이 책에서 살펴본 국민학교와 국민과 안의 '국사'교육은 해방 이후의 이러한 혼란과 직결된다. 해방 이후에도 역사교육의 행보는 여전히 안정과 자주성을 찾지 못했고 오히려 해방 이전의 침탈된 모습을 여전히 유지한 채 새로운 이데올로기에 잠식당하고 만 것이다. 그래서 해방 이후에도 오랫동안 권위적이고 암기위주의 역사교육이 그대로 진행될 수밖에 없었다.

둘째, 일제강점기 말 근대 한국 교육사의 의미다. 개항 이후 근대학교를 설치하는 등 자립적인 근대교육을 추진하던 중 일제의 '병합'이라는 굴레를 맞이해 35년간 근대교육의 발전 기회를 완전히 잃어버리게 되었다. 지금까지 한국 교육사에서는 일제강점기를 제4차에 걸친 조선교육령을 중심으로 1938년부터 1943년까지를 제3차 조선교육령기로, 1943년부터 1945년까지를 제4차 조선교육령기로 구분했다. 그러나 이는 1941년 국민학교제의 의미와 '국민과' 설치의 의미가 축소되는 결과를 가져왔다. 국민학교가 실시되고 2년이 흐른 후 1943년도에 실시된 제4차 조선교육령에 의해 중등교육에서도 국민과 등의 통합교과가 실시되었기 때문에 시기 구분의 문제를 극복할 필요가 있다. 태평양전쟁 발발 이후 일제강점 말기는 매우 짧은 기간이었으나 당시 교육계에서 새로운 교과서들이 발 빠르게 출판되고 일제의 황민화 및 동화교육이 최고조에 이르는 시기였던 만큼 보다 면밀히 연구되어야 할 필요가 있고, 그 자료 또한 방대하게 남아 있다. 남아 있는 자료로는 일제강점기 말 전쟁을 통제하는 시점에서 당시 교안이라 했던 생생한 수업지도안들이 있다. 각 교과, 그리고 특히 당시 국민과 과목이었던 수신, 지리, 국어와 같은 과목들이 '국사' 과목과 함께 어떻게 구체적으로 교실 수업에서 교수되었는지 살펴보는 것도 중요할 것이다.

마지막으로 한국 근현대사 속에서 일제강점기 말의 시대상과 그 시대상을 대변하는 교육 체계가 갖는 의미다.

이 시기 '국민학교'라는 명칭은 해방 이후에도 그대로 사용되다가 1996년에 이르러서야 민족정기회복 운동 차원에서 '초등학교'로 변경된다. 당시 '황국신민화'를 위해 일제가 교육을 통해 벌였던 강제노동, 동화교육 등의 형태는 해방 이후에도 여전히 그 잔재가 남아 있었는데, 운동회와 소풍 등 과외활동과 집단활동, 수류탄 던지기를 공던지기로 바꾸는 등의 체력 검정 시험 등이 그러했다. 일제강점하에서 일본인 교사는 조선인 학생에게 권위주의적으로 군림하는 존재였다. 이런 풍토가 남아서 교사가 학생 인권을 대수롭지 않게 보는 권위주의적인 행태가 문제가 된 시기가 있었다.

일제강점기 국민과가 나타나기 전 우리의 역사를 아예 배우지 못하고 일본의 역사만을 배워야 하는 시기가 있었다. 또한 우리의 역사를 가르치긴 했으나 일본의 역사 안에서 왜곡된 모습으로 가르쳐지기도 한 시기가 있었다. 그리고 이러한 논리들이 정교화되어 나름 '황국신민을 연성'한다는 형태로 나타난 것이 바로 국민과 '국사'였다. 이것을 바로잡기까지는 많은 시간이 필요했다. 나라를 잃는다는 것은 단순히 주권을 잃는다는 의미 외에도 그 역사와 언어, 문화 등 정체성이 소거되는 것을 의미한다. 현대적 의미에서 나라가 약해진다는 것 또한 자국의 역사와 문화를 살피지 못하게 되는 것이다.

다행히 '천황을 위한다'는 등 말도 되지 않는 프로파간다를 통해 전쟁의 참상으로 어린 학생들을 내모는 비상식적인 교육계의 왜곡은 끝이 났다. 역사 속에서 교훈을 배우듯 또다시 이러한 일이 일어나지 않도록 우리의 의식을 계속해서 깨워야 할 것이며, 미래사회에서는 학생들의 자율성을 중시하는 개방성을 확보하고 우리나라뿐 아니라 세계에서 살아가는 바른 자세를 가르치는 역사교육이 우리를 이끌 수 있기를 기대해 본다.

보론
조선에서 중등학교 국민과 도입과 '국사'교육[1]

1. 머리말

일제는 '일시동인', '일선동조론', '내선일체'의 구호 아래 조선인을 일본 민족에 동화시키고자 했다. 일제의 이러한 정책은 여러 방면에서 이루어졌고 그중 교육정책이 두드러졌다. 특히 역사교육은 주체적으로 발전해 온 한국의 역사를 부정하는 방향으로 흘러갔다.

보론에서는 일제강점 말기, 중등학교 국민과의 설치 과정과 국민과 '국사'(일본사)[2] 교육 운영의 특징을 살펴봄으로써 일본이 침략전쟁에 조선인을 군사목적으로 동원하는 강력한 교육정책하에 중등교육에서의 역사교육이 어떻게 기능했는가를 알아본다.

앞서 언급했듯이 이 책의 중점이 되는 제4차 조선교육령시

---

1 이 장의 내용은 「일제하 중등학교 國民科의 도입과 '國史'(日本史) 교육」, 『역사교육논집』 50, 2013을 수정·보완한 것이다.

2 당시 보편적으로 불리던 '국사'교육은 '한국사'교육이 아닌 '일본사'교육이었다.

기인 1943년부터 해방 직전까지의 시기는 태평양전쟁에서 일본의 전세가 불리하게 전개되기 시작하던 때부터 일본이 완전히 패망할 때까지의 기간에 해당된다. 이 시기의 교육과정에서 가장 특이한 것은 교육과정에서 통합교과의 운용이었다. 국민과는 군사교육체제에 맞추어 교육제도와 교육과정을 전환시켜 나간 이 시기의 모습을 가장 잘 보여 준다. 또한 이 시기의 조선에 대한 일본 식민주의 정책의 초점이 조선인을 군사목적으로 동원하는 일이었음을 보여 준다.

이 시기에 일컬어지는 '통합'은 현재 역사교육에서 논의되는 '통합'과 그 성격이 달랐다. 즉 통합은 목표, 사명, 따라서 세계관을 근거로 이루어진다고 간주되었다.[3]

이 시기의 중등학교 '국민과' 연구가 중요한 이유는 이후 해방정국에서 미국이 일본의 군국주의적·천황제 중심적 교육에서 가장 먼저 정리하고자 했고 원상복귀를 시도했던 교과였기 때문이다. 이에 따라 우리에게 생소한 미국의 '사회생활과'라는 이름의 교과가 도입되었고 이는 현재 우리의 역사교육에서 사회과 통합의 문제로 이어진다.

일제강점기의 역사교육에 관한 문제는 초등 역사교육에 집중되어 있다. 일제의 우민화교육과 차별교육 정책 등으로 대다수 한국인의 교육은 초등교육에 머물러 있었고, 이에 초등의 역사교육에 대한 연구가 보다 활발히 이루어졌던 것이다.

3 由良哲次, 「國民學校と綜合教授」, 『國民學校硏究叢書 第6卷 綜合教育硏究』, 埼玉學院出版部, 昭和15(1940), pp. 42-61.

일제강점기 중등 역사교육에 대한 연구는 최근까지 크게 세 가지 주제로 분류되어 연구되었다.

첫째는 일제강점기에 사용된 중등 역사 교과서에 대한 정책과 내용에 대한 연구다.[4] 이명화[5]와 김한종[6]은 초등뿐 아니라 중등교육에서 역사 교과서와 일제의 교육정책을 연결하는 연구를 진행했다. 두 연구자의 논문은 교과서 내용 자체보다는 『교과서편찬휘보(教科書編纂彙報)』와 같은 정책적 교과서 편찬 자료에 보다 집중했다. 교과서 내용을 분석한 논문으로는 손석영의 「일제강점기 말 『중등역사 1』의 편찬과 서술내용」이 있다.[7] 그러나 동양과 서양의 역사를 주로 다룬 『중등역사 1』의 내용만을 분석해 일본사 내용에 대한 분석에 한계가 있었다.

둘째는 일제강점기 교육과정을 살피고 그것에 드러나 있는 조선총독부의 교육정책을 고찰한 연구로 역사교육 과정에 대해 알 수 있다. 일제강점기 중등학교에서 교육과정의 특징을 고찰하고 있는 유봉호, 김융자의 『한국 근/현대 중등교육 100년사』[8]도 있으나 역사교육 실천의 장을 보다 구체적으로 알기에는 부족하다.[9]

---

4 허미애, 「1930년대 전반기 일제의 고등보통학교 역사 교과서 검인정제도와 조선사교육의 특성」, 고려대학교 석사학위논문, 2015 참조.

5 이명화, 「조선총독부의 교육정책과 역사 교과서」, 『열국』 32, 1993.

6 김한종, 「조선총독부의 교육정책과 교과서 발행」, 『역사교육연구』 9, 2009.

7 손석영, 「일제강점기 말 『중등역사 1』의 편찬과 서술내용」, 동국대학교 석사학위논문, 2017.

8 유봉호, 김융자, 『한국 근/현대 중등교육 100년사』, 한국교육학회교육사연구회, 1998.

9 이와 같이 교육학적 관점에서 일제강점기의 교육과정과 교과서를 분석한 연구 성

셋째는 일제강점기 역사교육의 실제를 다루는 연구다. 김동환은 일제강점기 충청도 지역의 중등교육의 사례를 살폈다.[10] 그러나 이러한 교육실천의 연구는 질적으로도 양적으로도 충분하지 못하다.

국외의 연구 성과로는 비록 오래되었지만, 가이고 도키오미(海後宗臣)[11]와 요시다 다로(吉田太郎)[12]의 저서가 있는데, 이 두 저자는 일본의 근대화 이후 역사교육의 역사를 제도적인 측면과 내용적인 측면에서 모두 잘 정리했다.[13] 또한 최근에는 이바라키 사토시(茨木智志)가 일제강점 말기의 일본 중등 역사 교과서를 분석한 연구 성과도 있다.[14]

그러나 일제강점기의 역사교육사에 대한 국내 연구는 주로 초등교육에 치중되어 있고 중등교육의 경우 일제강점기 초기에 그 연구 성과가 몰려 있다. 따라서 일제강점 말기 국내에서 짧은 시간이지만 행해졌던 '국민과'의 중등학교 도입과 그 설치 과정, 그 실제 운용의 모습은 구체적이나 조직적으로 전혀 알려져 있지 않다.

과는 鄭在哲, 『日帝의 對韓國植民地教育政策史』, 一志社, 1985; 이시용, 「일제강점기 조선총독부의 교육정책에 관한 고찰」, 『교육논총』 제18집, 2001 등이 있다.

10 김동환, 「일제강점기 충북 중등교육의 사례연구」, 『한국교육사학』 31(2), 2009.

11 海後宗臣, 『歴史教育の歴史』, 東京大學出版部, 1969.

12 吉田太郎, 『歴史教育内容方法論史』, 明治圖書, 1968.

13 그러나 일본교육사 전체로 보아도 전시하 연구는 그다지 활발하지 않다(米田俊彦, 「1990年代以來の教育史研究の諸動向と'風景'」, 『教育學研究』 71(2), 2004, p. 23).

14 茨木智志, 「戦時下における中等歴史教科書に關する基礎的考察」, 『歴史教育史研究』(15), 2017年 12月.

그동안 국내에서 중등교육에서의 국민과 연구가 잘 진행되지 못했던 이유와 보론에서 중점적으로 다룰 내용을 살펴보면 다음과 같다.

첫째, 그동안 국민과가 실시되었던 제4차 조선교육령의 시기가 1943년부터 1945년까지 2년에 걸친 짧은 시기이기 때문에 연구의 중요성을 실감하지 못했다. 그러나 실제로 국민과라는 통합교과를 만들기 위한 논의는 일제강점기 전(全) 시기를 통해 논의된 바 있으며, 보론에서는 당시 사용된 국민과 역사 교과서를 분석해 당시 군국주의 일본이 전쟁에 대한 정당성을 강조하기 위해 '한국병합', '만주사변', '국제연맹탈퇴' 등의 내용을 어떻게 서술하고 있는지 살펴본다.

둘째, 전반적으로 일제강점기 역사교육에 대한 연구는 중등교육이 초등교육보다 성과가 많지 않은데, 이는 당시 일제의 우민화 교육과 차별 정책 등으로 인해 대다수의 조선인이 초등교육에 집중했고, 일제가 남긴 교육정책 자료들도 초등교육에 더 많이 남아 있는 데 기인한다.

셋째, 중등이라고 할 때 고등보통학교(이후 중학교로 개칭), 여자고등보통학교(이후 고등여학교로 개칭), 실업학교, 사범학교 등 그 연구 범위가 훨씬 광범위해지는 만큼 중등교육의 모습을 일반화하기 힘든 부분이 있기 때문에 이를 목표로 하는 연구도 희박할 수밖에 없었다. 보론에서는 이러한 용어상의 혼란을 피하기 위해 1943년 공포된 중등학교령에 포함되어 있는 중학교, 고등여학교, 실업학교들을 '중등학교'라고 칭하고 각각의 조선인 학교에서 실시된 역사교육의 모습을 고찰해 본다. 이들 학교는 모두 조선인과 일본인이 다니는 학교가 각각 별도로 있었고 인문계열은 남학생을 위한 중학교와 여학생을 위한 고등여학교, 실업계열은 실업교육을 위한 실업학교로 구분되었다. 다만, 사립학교의 교육과정은 더 다양하게 실시되고 있었던 점을 고려해 보론에서는 일제의 식민지 역사교육의 실체를 조명한다는 목적하에 관공립 학교로 한정해 살펴보았다.

연구의 완성도를 높이고 당시 국민과 운용의 식민지적 차별성을 규명하기 위해서는 일본 내에서의 역사교육과 조선 내 국민과 운용의 식민지적 변용을 반드시 비교해 보아야 한다. 이를 위해 보론에서는 당시 일본에서 국민과의 운용과 역사교육의 실제 모습도 함께 비교해 살펴본다.

2. 일본에서 국민과 도입과 운용

1) 일본에서 전시체제하 중등교육의 특징

1943년 조선에서 '중등교육령'이 발표되기 전에 일본에서는 전시체제기의 교육을 완성하기 위한 정책을 준비하고 있었다. 국민학교와 국민과의 설치는 그 일련의 활동 중 하나였다.

앞서 언급했듯이, 1941년 2월 28일 칙령으로 공포된 국민학교령 제1조는 "국민학교는 황국의 도에 따라 초등보통교육을 실시하고 국민의 기초적 연성을 행함을 목적으로 한다"고 해 황국민의 '연성'을 목적으로 했다. 이에 학과의 통합이란 이념에서 국민과, 이수과, 체련과, 예능과, 실업과를 두었다.[15]

이러한 '종합교육'과 관련해 교육심의회의 답신[16]에서 "교육 전반을 황국의 도에 귀일하고 그 수련을 중요하게 해 각 교과의 분리를 피해 지식의 통합을 꾀하고 그 구체화에 힘을 쏟을 것(제4항), 국민학교의 교과는 전항의 취지에 따라 그것을 종으로 통합시켜 그 통합의 정신에 철저함과 동시에 일면 그 특색을 발휘해 궁극에서는 그들 교과를 국민 연성의 일도에 귀일하도록 할 것(제5항)"이라고 해 국민학교 교과에서의 전 교과는 '황국의 도'에 즉해서 국민의 '연성'을 이룬다고 하는 최고 원칙에 통괄하는 통합교육의 의미를 규정했다.

국민학교 제도의 실시와 함께 1943년도부터 중등학교령에 의한 새로운 중등학교 제도가 실시되었다.[17] 이 중등학교 제도는 1939년 9월 교육심의회에서 작성한 중등교육에 관한 답신에 따라 이를 기본방침으로 제정한 것이었다.

교육심의회는 국민학교 제도에 관한 답신과 함께 중등교육을 어떻게 조직하고 그 교육의 내용을 어떻게 편성할지를 심의하고 1939년 9월 14일 '중등교육에 관한 건' 답신을 제출했다.

---

15 尾形俗康 외 3인, 신용국 역, 『(신간)일본교육사』, 교육출판사, 1995, pp. 264-265.

16 文部省教育審議會第10回總會, 「國民學校及び師範學校の要綱と幼稚園の件について」 第4項-第6項, 昭和13(1938)年 12月 8日.

17 중등학교의 이 교육령은 1945년 3월 도쿄가 B29의 폭격을 받고 각의에서 '결전교육조처요강(決戰教育措處要綱)'을 결정해 국민학교 초등과를 제외하고 학교에서 수업을 1945년 4월 1일부터 1946년 3월 31일까지 원칙으로서 정지한다고 할 때까지 실시되었다(文部省, 『學制八十年史』, 1954, p. 401).

> 중등학교 교육에 대해서는 국민학교의 교육을 기초로 하고 이를 진전시키고 확충해 교학의 본의에 따라 황국의 도를 닦도록 함으로써 황운(皇運)을 보전하도록 해 국민연성을 완성한다. 이에 따라 종래의 중학교, 실업학교 및 고등여학교를 합해 중등학교로 칭하고 그 목적을 명확하게 함과 함께 교과의 통합을 꾀하고 실천을 중시하고 인물의 연성을 중시하기 위해 국민정신의 고양, 학칙(學職)의 심화, 식견의 확충, 본위 향상에 힘을 쏟도록 한다.[18]

이와 같이 이 답신에서는 새로이 중등학교라고 하는 명칭이 사용되어 이것을 중학교, 실업학교 및 고등여학교로 나누고 있다. 이는 메이지 초년 이래 중등교육 제도의 근간을 이루고 있는 중학교를 시작으로 실업학교 및 고등여학교를 하나의 학교제도로 통일하고 중등학교 상호 간 긴밀한 연관을 가지게 하도록 하는 것이었다.

중등학교령이 공포되고 같은 해 3월 1일부터 실시되었다. 또한 다음 날 중학교 규정, 고등여학교 규정, 실업학교 규정이 발표되었다.

중등학교령 및 각 학교 규정에 정해진 새로운 중등학교 제도는 각 중등학교를 통일하고 여기에 새로운 성격을 부여한 것으로 교육제도사상 주목해야 한다. 그 개혁의 주요한 점은 다음과 같다.[19]

---

18 影山昇, 『日本の教育の步み』, 有斐閣, 1985, pp. 84-85.

(1) 각 중등학교의 통일: 종래의 중학교령, 고등여학교령 및 실업학교령을 폐지하고 이것을 중등학교령으로 통일시켜 각 학교를 '황국의 도에 따른 국민의 연성'이라고 하는 목적에 귀일시키려는 것을 명확하게 함과 동시에 실업학교 교육을 도외시하는 일반의 편견을 시정하려고 했다.

(2) 교과내용의 쇄신: 국민학교에서 교과내용의 쇄신과 같은 방침에 의해 새로운 교과의 체계를 세워 전체적인 통일을 꾀하는 동시에 교과 외의 행사작업 등을 행적 수련을 중심으로 해 한층 조직화하고 새롭게 '수련'을 설치해 이것을 정식 교과서로 필수로 했다. 또한 외국어를 3년 이상에서는 선택으로 했다.

(3) 수업연한의 단축: 각 학교 모두 수업연한을 4년으로 해 1년을 단축했다. 교육심의회의 답신에서는 5년을 원칙으로 했지만, 시국이 변하자 1942년 8월의 각의결정에 따라 4년으로 했다.

(4) 교육의 간소화: 복잡한 종래의 과정을 정리하고 이것을 간소화해 중학교에서는 제1종 제2종의 과정을 폐지하고 고등여학교에서는 실과고등여학교의 명칭을 폐지해 고등여학교로 통일했다. 또한 실업학교에서는 종래의 복잡다기한 수업연한, 입학 자격 등을 표준화했다.

(5) 부설과정의 정비 충실: 중학교에서는 보습과를 폐지하고 실무과를 설치했고, 실업학교에서는 전공과 및 전수과를 설치했으며, 고등여학교에서는 보습과를 폐지하고 고등과 및 전공과를

---

19 石川謙, 『近代日本教育制度史料』 第2巻, 圖書印刷株式會社, 1956, p. 490(文部省勅令 第36号, 昭和18(1943)年 1月 20日).

존속하도록 했다.

(6) 중등학교 설치의 계획성: 중등학교의 증설, 확장, 정리 등에 대해 문부대신은 지방장관에게 필요한 명령을 함과 동시에 그 설치 계획을 세우도록 했다.

교육심의회의 답신 내용과 변한 것 없이 중등교육의 목적을 '황국의 도에 따른 국민의 연성'이라고 규정했으며 수업연한을 '시국의 변화'에 따라 1년 단축한 것, 교과 외 행사활동으로 '수련'을 설치한 것으로 볼 때 급격한 전시체제기 중등교육은 전장에 나가 '천황'의 국민으로서 봉사할 인재를 양성하는 데 총력을 기울이고 있었음을 알 수 있다.

중등학교령, 중학교 규정, 고등여학교 규정, 실업학교 규정의 공포와 함께 문부성은 '중학교·고등여학교 교과교수 및 수련지도요령(안)' 및 '실업학교 교과교수 및 수련지도요령(안)'을 발표하고 교과교수 및 수련의 내용 및 방법 등에 대해 상세하게 나타내어 참고하도록 했다.

중학교 교육의 목적은 중등학교령에 나타난 목적과 같이 '황국의 도'를 '연성'하는 것이었지만 특히 다음과 같은 사항에 유의해 학생을 교육하도록 하고 있다(중학교 규정 제1조).[20]

(1) 국체의 본의를 천명하고 황국의 도를 수련시켜 지성지진(至誠指診)의 정신에 철저하게 한다.

---

20 위의 책, p. 493(文部省令 第23号, 昭和18(1943)年 1月 20日).

(2) 황국의 동아 및 세계에서의 사명을 밝히고 황국민으로서의 책무를 자각시켜 직분을 다해 황운을 부익(扶翼)하는 신념과 실천력을 함양한다.

(3) 학문과 행실을 하나로 하여 심신을 수련시켜 황국민으로서의 덕조식견(德操識見)을 도야하고 창조 활용하는 능력을 길러 누구든 이길 수 있는 체력을 연마한다.

(4) 학교 일체에서 활달한 질실강건(質實康健)을 숭상하고 협동과 근로를 중시하는 기풍을 작흥(作興)한다.

(5) 교육을 국민생활의 실제에 적용하게 하고 특히 그 지방에서 주요 산업의 일반을 습득하게 함과 동시에 실천 체험에 의한 학습을 기초로 해 자발적인 연구의 태도를 육성한다.

(6) 교육내용의 전체적 통일에 주의해 학교 내외의 생활을 모두 황국민 연성에 집중한다.

특히 제2항은 '동아 및 세계'의 사명을 강조하는 대동아공영권의 사상이 나타나며 전체적으로는 체력 증진, 실전 체험을 통한 산업 일반 습득을 통해 일본 군국주의에 봉사하는 '황국민 연성'에 힘을 쏟고 있음을 알 수 있다.

한편 고등여학교의 목적 역시 고등여학교 규정 제1조에 나타나 있듯이 '황국민 연성'이었다. 실업학교의 종류는 중등학교령에 농업학교, 공업학교, 상업학교, 상선학교, 수산학교, 척산학교 그 외 실업교육을 실시하는 학교로 정해졌고, 교과는 국민과, 실업과, 이수과, 체련과 및 예능과로 하고 여자에게는 가정과가 추가되었다. 각 교과를 구성하고 있는 과목은 중학교 및 고등여학교와

같았다.[21]

2) 일본에서 국민과의 실시와 '국사'교육

이 시기 일본 내 교육과정은 각 학교별로 교과 및 과목의 편성을 나타내고 있다. 중학교에서는 국민과(수신, 공민, 국어, 한문, 역사, 지리), 이수과(수학, 이과), 체련과(무도, 교련, 체조, 위생), 예능과(음악, 서도, 도화, 공작), 외국어과(영어, 독어, 불어, 중어), 실업과(농업, 공업, 상업, 상선, 수산 등)의 6개 교과로 했다. 실업학교는 국민과, 실업제과, 가정과(여), 이수과, 체련과, 예능과, 외국어과의 6개 혹은 7개 교과를, 고등여학교는 국민과, 가정과, 이수과, 체련과, 예능과, 외국어과, 실업과의 7개 교과를 채택했다. 교육내용에 대해서는 각 학교 모두 교과 및 수련을 과하도록 했다.

'수련'은 새롭게 설치된 과목으로 이 개혁의 기본 사상을 잘 나타낸다. 즉 "행동 수련을 중심으로 해 교육을 실천적·종합적으로 발전시켜 교과와 더불어 일체로서 국가에 충성하는 정신을 발양해 헌신하고 봉공하는 실천력을 함양"하는 것을 요지로 해 일상 행하는 수련, 매주 정시에 행하는 수련 및 학년 중 행하는 수련으로 나누었으며, 특히 매주 행하는 수련은 각 학년 모두 3시간이 배정되었다.

'중학교 규정'의 제3조에서 국민과는 '아국의 문화 및 중외의 역사와 지리에 관해 습득시키고 국체의 본의를 천명해 국민정신을 함양하며 황국의 사명을 자각시켜 실천에 이바지하는 것'을 목

---

21 위의 책, pp. 500-510(文部省令 第23号, 昭和18(1943)年 1月 20日).

적으로 한다고 했다.[22] 한편 고등여학교 규정에서는 "국민과는 우리 나라의 문화 및 역사와 지리에 대해 습득해 국체의 본의를 밝혀 국민정신을 함양하고 황국의 사명을 자각시켜 부덕(婦德)을 배양하도록 하는 것을 요지로 한다"고 해 여성과 남성의 차이를 두고 있다.[23] 나중에 살펴보겠지만, 이러한 국민과의 목적은 같은 시기 조선에서의(제4차 조선교육령) 국민과 목적과 같다.

한편, 국민과의 교수방침은 다음과 같다.[24]

(1) 국체의 본의를 투명하게 하고 경신봉공의 진의에 철저하게 해 팔굉위우의 정신을 체득시킨다.
(2) 황국의 동아 및 세계에서의 사명과 국방의 중요성을 자각시켜 직분을 다해 황운을 부익하고 봉사하는 신념을 함양한다.
(3) 우리 나라 문화의 전통과 그 발전에 대해 알도록 해 황국을 주체로 하는 문화의 창조에 힘을 쏟도록 정신을 육성한다.
(4) 다른 교과 및 수련과의 관련에 유의하는 것과 함께 국민과 각 과목의 일체적 관련에 유의해 본 교과의 취지 달성을 꾀하도록 한다.

국민과가 수신, 국어, 역사, 지리로 이루어진 교과임에도 불구하고 각 과목의 학문적 특수성은 무시한 채, 국민과 교과의 취

22 文部省, 『中學校規定』, 昭和18(1943)年 3月 2日(文部省令 第2号).
23 文部省, 『高等女學校規定』, 昭和18(1943)年 3月 2日(文部省令 第3号).
24 文部省, 『中學校教科教授及修練指導要目』, 中等學校教科書株式會社, 昭和18(1943)年 3月 25日, p. 1(文部省訓令 第2号).

[보표 1] 중등학교 국민과 매주 수업시수 배당[25]

구분	수신	국어	역사	지리
1학년	1	5	2	1
2학년	1	5	1	2
3학년	2	5	2	1
4학년	2	5	2	1

지는 '국체의 본의'를 투명하게 하고, '동아 및 세계'에서의 사명을 강조하는 것이라고 하고 있다.

한편 국민과 매주 수업시수 배당을 살펴보면 [보표 1]과 같다. 국민과 역사는 국민과 국어 다음으로 전 학년에서 높은 비율을 차지하고 있다. 한편 국민과 역사의 교수방침은 다음과 같이 설명되어 있다.[26]

(1) 황국의 주체적 입장을 명확하게 하고 황국의 역사와 동아 및 세계의 역사를 일체적 관련으로 파악해 역사의 시야를 확대함으로써 식견을 길게 해 국민적 실천의 근저를 배양한다.

(2) 국가의 역사에 계국(啓國)정신이 나타난 이유를 자세하게 가르쳐 황국이 진전해 온 각 시대의 상황과 의의를 명확하게 함과 함께 그 세계사적 전개를 연구해 황국의 대생명을 감득시켜 국민적 자각을 심화하도록 한다.

25 위의 책, p. 2.
26 위의 책, p. 8.

(3) 황국의 역사와 제 외국의 역사가 다른 이유를 궁리해 국체의 본의를 명확하게 함과 동시에 중외의 사정에 대해 거국일체의 봉공을 행하고, 국민의 해외발전에 사력을 다하도록 하며 국방 및 산업에 관한 사실에 대해 적절하게 지도한다.

(4) 동아 및 세계에서 제 국가, 제 민족의 흥망성회를 대관해 그 현상황 및 특히 동아 제 민족의 활약의 역사와 구미의 동아침략의 진상을 연구해 대동아 건설의 역사적 의의를 설명하고 황국의 사명을 체득하도록 한다.

(5) 일본 문화의 전통을 익혀 동서 문화의 변화와 그 특질을 명확하게 해 황국을 주체로 하는 신문화 창조의 정신을 함양하도록 한다.

태평양전쟁기 공포된 교육령이었으므로 역사교육도 역시 '황국의 역사와 동아 및 세계의 역사'와 '구미의 동아침략 진상'을 살펴보는 입장에서 '대동아 건설'의 역사적 의의를 설명하는 '황국사명'을 체득하도록 교수방침을 세우고 있다.

1943년 1월 '중등학교령'이 공포되자 중등학교의 교과서는 국정을 사용해야 한다는 취지가 칙령으로 명시되어 중등학교용의 국정교과서로서 수신, 국문, 문법, 한문, 역사, 지리, 수학, 생물, 물상, 가사, 피복, 공작 등의 국민과, 이수과, 가정과, 예능과의 교과서가 편수 발행되었다. 문부성에서 저작되지 않은 것은 검정본의 사용을 허가했지만 점차 일종 검정 즉 국정으로 이행해 갔다. 이로써 종전까지 발행된 중등학교의 국정교과서는 총 38종에 이른다.

이 중 1944년 역사 교과서로서 문부성에서 발행한 2종의 교과서, 즉 『중등역사』 1과 2가 출판되었다. 교과서가 나오기 이전에는 각종의 지도서를 사용하도록 했다. 중등학교령에 의한 신제도는 특히 교과의 연관성을 살리는 것을 중요시했고, 교과서도 충분히 국가의식을 반영한 것이었다. 국정교과서 제도를 중등학교에서 채용하도록 했지만, 전국(戰局)이 가열되어 실제 교과서 자체는 간소한 것이 많았다.[27] 1944년의 두 역사 교과서는 조선에 그대로 도입되어 사용되었으므로 다음 절에서 조선에서의 국사(일본사)교육을 다룰 때 좀 더 구체적으로 그 내용을 살펴보도록 하겠다.

한편 역사 교수상의 주의점에 대해서는 다음과 같이 설명하고 있다.[28]

(1) 역사학습의 의의를 명확하게 해 황국민과 그 사관의 파악에 대해 지도할 것
(2) '동아 및 세계'(그 첫 번째)에서 '아시아'의 제 국, 제 민족의 흥망을 개관해 '아시아사'의 주류를 명확하게 한다. 특히 근세 이후에서 구미의 동아침략의 진상을 연구해 흥아의 정신을 진작시킬 것
(3) '동아 및 세계'(그 두 번째)에서 구미의 제 국, 제 민족의 흥망을 검토해 그 사적 변천을 대관함과 함께 동아의 관계에 유의해 특히 그 근세 이래 세계적 진출의 경위를 설명할 것
(4) '황국'(유신 이전)에 대해 국보진전의 시대적 양상에 착목해 황

27 文部省, 『學制八十年史』, pp. 202-204.
28 文部省, 『中學校教科教授及修練指導要目』, pp. 13-14.

국정신 현현의 궤적을 생각함으로써 국운을 진작시킨 유래를 설명할 것

(5) '황국'(유신 이후)에서는 유신 이래 황국의 역사적 발전을 연구해 동아 및 세계의 현 상황을 명확하게 한다. 특히 구미의 동아 침략과 우리 동아보전의 노력에 대해 알 수 있도록 대동아전쟁의 원인, 대동아 건설의 의의를 파악시킬 것

(6) 황국의 역사에 대해 선인의 행적을 체인(體認)하도록 해 감격과 수양으로써 전통 존중의 마음을 함양할 것

(7) 대외관계의 취급에는 우리 나라의 자주성을 중시하고 일본 문화 발전의 특성을 연구해 신문화 창조의 정신을 진작시킬 것

(8) 교사는 국체에 대한 확고한 신념과 함께 역사교육에 대한 식견을 가지고 자기의 체험을 살려 수업을 할 것

(9) 수업에서는 추상적·나열적 설명을 피하고 사실에 따른 역사의 정신을 구체적으로 파악하도록 해 한 시대, 한 사건을 상세하게 설명하도록 하고 전체의 맥락 관계를 주의할 것

(10) 항상 지리와의 관련에 유의해 역사의 전개에 대해 지리적 사정에 착목함으로써 역사 이해를 심화할 것

(11) 질의응답 그 외 적당한 방법을 사용해 학생의 자발적 학습의 태도를 육성할 것

(12) 그림, 사진, 모형, 도표, 연표 및 지도 등을 사용해 이해시켜 구체적인 국민적 정조의 함양을 꾀할 것

중학교 1학년과 2학년에서는 '동아 및 세계' 그 첫 번째와 그 두 번째의 내용을 다루는데, '그 첫 번째'는 아시아와 관련된 내

용, '그 두 번째'는 세계사와 관련된 내용을 다루도록 하고 있다. 특히 아시아사를 다룰 때 구미의 아시아 침략을 중점적으로 다룰 것을 지시하고 세계사를 다룰 때는 '세계 진출 경위'를 설명할 것이라고 해 전시체제기의 전쟁 당위성을 역사교육에서 구축하도록 한 것을 알 수 있다.

또한 수업 방법으로는 구체적 설명방식, 지리와 연계, 질의응답 등을 통한 학생의 자발적 태도 육성, '그림, 사진, 모형, 도표, 연표 및 지도 등의 각종 기자재 활용' 등이 특징적이다. 그러나 이러한 모든 교수방침은 '국민적 정조 함양'과 같은 이데올로기적 목적을 향해 있었고 역사교육 고유의 성격을 나타내는 목적과는 거리가 있었다.

1945년 8월 패전 후 문부성은 동년 9월 20일 '종전에 따른 교과용 도서 취급방법에 관한 건'에 의해 전시 색깔이 강한 교재의 전부 혹은 부분의 수정 삭제를 지시했다. 이것에 의해 소위 '먹물 교과서(墨塗り)'가 각 학교에서 실시되었다. 담임의 지시에 의해 학생들 스스로가 작업을 행했다. 이는 연합국군 최고사령관 총사령부(GHQ/SCAP)의 지시가 아닌, 문부성 독자의 판단으로 행해진 조치였다. 이에 따라 충군애국, 일본제국의 정신, 국가신도, 국방과 군비에 관한 기술, 전의 고양을 설명한 표현 등이 역사 교과서에서 삭제되었다. 이후 미국에 의해 '사회생활과'의 형태로 도입된 사회과는 전후 '신교육'의 형성교과였던 것으로 일본에서도 많은 문제를 야기했다.[29]

3. 조선에서 국민과 도입과 '국사'(일본사)교육

1) 전시체제하 조선총독부 중등교육의 특징

태평양전쟁에서 일본의 전세가 불리하게 전개되기 시작하던 때부터 조선에 대한 일본 식민주의 정책의 초점은 조선인을 군사적 목적으로 동원하는 데 있었다. 이러한 의도하에 일본에서의 중등학교령과 같이 1943년 3월 제4차 조선교육령이 공포되었다. 이 시기 교육의 요체는 일본과 교육의 일원화를 꾀하는 것이었다.

이러한 일원화에 대한 시도는 이미 1938년에 공포된 제3차 조선교육령에서 종래의 보통학교, 고등보통학교 및 여자 보통학교의 명칭을 일본인을 위한 학교명과 동일하게 각각 소학교, 중학교 및 고등여학교로 개칭하면서 시작되고 있었다.[30]

1943년 조선교육령이 발표되었을 때 중등교육은 고등교육 진학을 위한 인문계열과 졸업 후 취업을 위한 실업계열로 복선화되어 있었다. 인문계열의 중등학교는 일본인 중학교와 고등여학교 그리고 조선인 중학교 및 고등여학교를 모두 합해 150개교이

---

29 山田惠吾, 具鮍茂樹, 『教育史からみる學校·教師·人間像』, 梯出版社, 2007, pp. 184-185.

30 조선교육령(1938. 3.) 제2조: 보통교육은 소학교, 중학교 및 고등여학교령에 의한다. 동령 부칙 제2항: 본령 시행 당시에 조선에 있는 보통학교, 고등보통학교 및 여자고등보통학교는 각기 본령에 의해 설립한 소학교, 중학교 및 고등여학교로 한다(朝鮮總督府 官報 號外, 昭和13(1938)年 3月 4日). 이렇게 명칭이 일원화된 이유는 한국 청년을 전쟁으로 보내는 대가를 약속하지 않을 수 없었고, 한국 청년을 일본인과 동일한 군인으로 전쟁에 내보내면서 교육적 차별대우를 하는 명분이 서지 않는다고 생각했기 때문이다. 또한 어느 수준 이상의 교육받은 군인과 노무자의 긴급한 수요가 있었기 때문이다(오천석, 『한국신교육사』, 현대교육총서, 1964, pp. 337-338).

며 조선인 학생 수는 남녀 합쳐 4만 4천여 명이었다. 조선인 인구 만 명당 구성비로 보면 학교 수는 약 0.17개교, 학생 수는 약 42.3명(남자 약 67.5명, 여자 약 17.2명)에 불과했다.[31] 그러나 그럼에도 불구하고 중등학교의 수는 조금씩 늘어났는데 이는 일본에서와 같이 군사 체제에 맞추어 사람들을 동원하는 데 중등교육의 초점을 맞추고 있었기 때문이다. 중등학교의 연한을 5년에서 4년으로 단축한 것도 빨리 졸업시켜 전쟁에 동원하기 위한 것이었다.

제4차 조선교육령의 공포 이후에도 '전시학도 체육훈련 실시 요강'(1943. 4. 26.)과 '학도 전시 동원제 확립 요강'(1943. 7. 22.)이 시달되는 등 교육제도를 전시체제에 맞도록 적용했는데 제4차 조선교육령은 이러한 법령 실시의 기초 작업으로 공포된 것이다.

제4차 조선교육령의 개정 골자인 전시체제의 교육은 동령 공포 이전에도 이미 진행되고 있었다. 즉, 1941년 고등교육 기관의 수업연한 단축(1941. 1. 10.) 조치가 공포, 시행되었다. 또한 초등학교령(1941. 3. 1.)과 그에 따른 국민학교 규정(1941. 3. 31.)이 공포됨으로써 사실상 전시체제 교육이 실시되었다. 그리고 1942년 5월 제8대 조선총독으로 부임한 고이소 구니아키(小磯國昭)의 시정목표인 황민의 연성, 결전 생활의 확립, 필승생산력의 확충, 징병제도의 실시에서도 전시체제 교육으로서의 일면을 엿볼 수 있다.[32]

---

31 오성철, 『식민지초등교육의 형성』, 교육과학사, 2000, pp. 408-410.

32 황국은 현재 대화혼이라는 정신력과 용병의 독특한 실력 및 비약하는 생산증강의 물력이 모두 적에게 우월하다. …… 황군이 강한 이유는 형면하(形面下)의 문제가 아니라 형면상(形面上)의 정신 덕분이다. 하나의 성(誠)이야말로 모든 것을 지배한다. 성이라는 것을 잊지 말고 매일의 '연성'으로 군문(軍門)에의 태세를 굳히기 바란다(水野直樹 編, 「朝鮮總督府諭告」, 『訓示 集成』 5, 綠蔭書房, 1965, pp. 298-

'연성'이라는 말은 원래 일본에서 교학쇄신평의회가 교학쇄신을 총괄하는 용어로 만들어(1936. 11.) 전시교육의 핵심 용어로 정착시켰다. 그 후 연성의 개념은 무한대로 확대되어 국가총력전에 적합한 새로운 인간을 만드는 교학사상으로 확립되고 마침내 국가 정책과 국민생활의 전반을 규제하는 힘을 발휘하게 되었다.

조선총독부도 일본의 상황에 부응해 연성이라는 말을 즐겨 사용했다. 다만 조선에서의 연성은 조선인을 한 단계 더 높은 수준의 조선인으로 연성·육성한다는 뜻이 아니라, 조선인을 일본인으로 만든다는 뜻이었다. 그것도 '천황'을 위해 물자는 물론이고 신체와 마음을 기꺼이 바칠 수 있는 진정한 황국신민으로 개조한다는 것을 의미했다. 그 때문에 조선총독부는 학교 교육에서 조선인의 총력전적 자질을 끊임없이 연마·육성하는 정책으로서 '황국신민의 연성'을 지상의 목표로 내걸었던 것이다.[33]

1943년 1월에 중학교, 고등여학교 및 실업학교 등을 일괄한 중등학교령(1943. 1. 20.)이 공포됨에 따라 중등학교의 수업연한이 종래 5년에서 4년으로 단축되었다.

이 중등학교령의 취지는 첫째, 황국의 도에 따라 국민을 연성하는 일, 둘째, 교과과정을 축소하고 교과목을 통합하는 일, 셋째, 학교의 수업연한을 단축시켜 조속히 전력을 확보하는 일 등을 추진하기 위한 법적 근거를 마련하는 데 있었다.[34]

---

299).

33 정재철, 「일제하 조선에서의 국가총력전체제와 조선인의 생활: '황국신민의 연성'을 중심으로」, 『한일역사공동연구보고서』, 2005, p. 4.

34 유봉호, 김융자, 앞의 책, p. 163.

[보표 2] 제3, 4차 조선교육령 시행기의 중학교 목적 비교

구분	제3차 조선교육령	제4차 조선교육령
중학교의 목적	남자에게 필요한 고등보통교육을 실시하고 특히 국민도덕을 함양함으로써 충량한 황국신민 양성에 주력하는 데 있다.[35]	황국의 도에 따라 고등보통학교 또는 실업교육을 실시해 국민을 연성하는 것을 목적으로 한다.[36]

이상과 같이 일제치하 조선의 중등교육은 일본 군국주의 교육의 목표를 성취하려는 수단으로 운영되었다. 그러므로 교육의 당위적인 역할인 학생의 잠재능력을 계발하는 일, 창의성을 발휘하게 하는 일, 조선의 민족적 이상이나 사회적 요구에 부응하는 일, 학문 자체의 가치 있는 내용을 교수하는 일 등을 외면한 일본 식민지 정책에 부합된 교육을 실시했던 것이다.[37]

한편, 이 시기 중학교의 목적을 제3차 조선교육령 시기와 비교하면 [보표 2]와 같다.

중학교 교육의 목적 변화를 보면 1938년 제3차 교육과정에

35 朝鮮總督府, 『中學校 規程』 第1條, 昭和13(1938)年 3月 15日 공포, 동년 4월 1일 시행(朝鮮總督府 官報 同年 3月 15日 자 호외, 朝鮮總督府令 第25号). 당시 중학교의 학과목은 수신, 공민과, 국어(일본어) 및 한문, 역사, 지리, 외국어, 수학, 이과, 실업, 도화, 음악, 체조였는데, 이들 학과목 외에 조선어를 추가로 과할 수 있도록 규정했으나 이를 수의과목으로 정했다. 따라서 사실상 이때부터 조선어를 전혀 교수하지 않아도 되었다. 외국어는 종래의 영어, 독어, 불어, 중국어였던 순서가 제3차 조선교육령부터는 중국어, 독어, 불어, 영어로 바뀌었는데, 일본의 정책이 중국대륙의 침략에 집중되어 있어 이에 이용하기 위해 중국어를 강조한 데서 연유했다(第10條 第3項).

36 朝鮮總督府, 『中等學校令』, 昭和18(1943)年 1月 20日 공포, 동년 4월 1일 시행(朝鮮總督府 官報 同年 3月 27日 자 호외, 勅令 第36條).

37 위의 책, pp. 182-184.

서 '충량한 황국신민 양성'에서 '황국의 도'와 '국민의 연성'으로 그 목적이 바뀐 것을 알 수 있다. 이는 조선인들을 전쟁에 동원하기 위해 일본인과 같이 조선인을 일본 '천황'의 '국민'으로서 실천적 '연성'하는 것을 제1목적으로 삼은 것임을 알 수 있다. 또한 제4차 조선교육령에서의 교육목적은 일본의 그것과 같았다. 조선총독부는 이 시기 일본과 완벽히 일원화된 교육을 꾀해 일본의 전쟁에 조선인을 동원하는 데 형식적으로 차별주의를 없애려는 인상을 주려 했다.

중학교 규정 제1조에는 다음과 같이 중학교 교육의 8개 방침이 제시되어 있다.[38]

(1) 국체의 본의를 천명하고 황국의 도를 수련시켜 지성지진(至誠指診)의 정신에 철저하게 한다.

(2) 일시동인의 성지를 봉체해 내선일체의 본의에 철저하게 한다.

(3) 황국의 동아 및 세계에서의 사명을 밝히고 황국신민으로서의 책무를 자각시켜 직분을 다해 황운을 부익(扶翼)하는 신념과 실천력을 함양한다.

(4) 학문과 행실을 하나로 하여 심신을 수련시켜 황국신민으로서의 덕조식견(德操識見)을 도야하고 창조 활용하는 능력을 길러 누구든 이길 수 있는 체력을 연마한다.

(5) 학교에서 수문연무(修文練武)의 기풍을 진작하고, 활달한 질실강

---

38 朝鮮總督府, 『中學校 規程』, 昭和18(1943)年 3月 27日 공포, 동년 4월 1일 시행(朝鮮總督府 官報 同年 3月 27日 자 호외, 朝鮮總督府令 第58号).

건을 신장하며 협동과 근로를 중시하는 기풍을 작흥한다.

(6) 교육을 국민생활의 실제에 적용하게 하고 특히 그 지방에서 주요 산업의 일반을 습득하게 함과 동시에 실천 체험에 의한 학습을 기초로 해 자발적인 연구의 태도를 육성한다.

(7) 교육내용의 전체적 통일에 주의해 학교 내외의 생활을 모두 황국신민 연성에 집중한다.

(8) 국어[일본어]의 사용을 정확하게 하고 스스로 그것을 응용하게 해 순정한 국어생활을 철저하게 한다.

이상의 중학교 교육방침을 1938년의 중학교 교육방침과 비교해 살펴볼 때 새로이 강조된 점과 그 강조점이 대두된 이유는 다음과 같다.

우선 제1항에서 1938년 제3차 조선교육령의 교육방침에 나오는 '황국부익의 도에 철저'를 '황국의 도를 수련'으로 수정해 표현한 점, 제4항에 '황국신민으로서의 덕조식견' 등을 새로이 삽입한 점, 제5항에서 '수문연무, 협동과 근로'를 새로이 강조한 점에서 학과의 이수와 아울러 군사훈련을 철저히 해 전쟁에 대비하자는 강력하고 직접적인 방침임을 알 수 있다. 또한 제7항은 중학교 교육을 '황국신민연성'에 집중시켜 통합적 교육과정을 운영할 것을 명시한 것이다.[39]

일본과 비교했을 때 일본인은 '황국민', 조선인은 '황국신민'으로 지칭하고 있는 점이 특징이다. 또한 제2항과 제8항이 추가

39 유봉호, 김융자, 앞의 책, pp. 165-166.

되었는데 이는 식민지 조선이라는 실정에서 일본 국내와 달리 국사(일본사)와 국어(일본어)를 강조한 것이었다.

고등여학교는 4년제 과정과 2년제 과정, 그리고 야간과정이 운영되었다. 여기서는 4년제 과정을 논하기로 한다. 고등여학교의 교육목적도 중등학교령 제1조와 제2조에서 "황국의 도에 따라(제1조) 여자에 대해 고등보통교육을 실시(제2조)하는 데 있다"고 명시하고 있다. 이는 제3차 교육과정의 목적으로서 "여자에게 필요한 고등보통교육을 실시하고 국민도덕의 함양과 부덕의 양성에 힘써 현모양처로서의 자질을 얻게 함으로써 충량한 황국여성을 양성하는 데 있다"고 규정한 것과 차이가 있다.[40] 즉 제3차 조선교육령에서는 '현모양처'의 자질과 '황국여성' 양성을 목표로 한 것에 비해 제4차 조선교육령에서는 '황국의 도'에 따른 교육을 목표로 한 것이다.

고등여학교의 교육방침도 중학교의 경우와 마찬가지로 동 규정 제2조에 중학교 교육방침과 거의 같은 8개 사항이 제시되고 있다. 다만 제3항과 제7항에 '황국여성으로서의 책무' 및 '황국여자연성' 등의 용어가 삽입되었을 뿐이다.[41]

실업학교도 중등교육령 제1조의 본지에 기초해 '황국의 도에 따라 (중략) 실업교육을 실시해 국민의 연성을 하는 것'을 목적으

---

40 朝鮮總督府, 『高等女學校 規程』 第1條, 昭和13(1938)年 3月 15日 공포, 동년 4월 1일 시행(朝鮮總督府 官報 동년 3月 15日 자 호외, 朝鮮總督府令 第59号). 高等女學校 規程 第1條, 朝鮮總督府令 第26号, 1938年 3月 15日.

41 朝鮮總督府, 『高等女學校 規程』 第1條, 昭和18(1943)年 3月 27日 공포, 동년 4월 1일 시행(朝鮮總督府 官報 동년 3月 27日 자 호외, 朝鮮總督府令 第26号, p. 7).

로 했다. 실업학교의 교육방침은 동 규정 제1조에 9개항으로 명시되고 있으나 그 취지와 내용이 중학교나 고등여학교의 교육방침과 거의 유사하다. 다만 제3항에 '……황국산업의 중요성을 자각시켜 직분을 다해 황운에 부익……', 제4항에 '……산업에 종사할 황국신민으로서의 덕조, 식견 및 기능의 함양……', 제6항에 '……산업의 실제에 적절하게……' 등 당시의 일본이 요구하고 있던 실업학교 교육의 특색이 가미되어 있는 점이 다르다.[42]

2) 조선에서 중등학교 국민과 운용

이 시기 중등학교 교과 운용의 특징은 크게 교과 및 수련의 두 가지를 과했다는 점이다.

이 시기 교육과정과 이전 교육과정과의 가장 큰 차이점은 종래 분과교과 중심 교육과정에서 '황국신민의 연성'을 중핵으로 하는 통합교과로 교육과정이 편성된 점이다. 즉 교과는 '국민과', '이수과', '체련과', '예능과', '실업과' 및 '외국어과'로 했다.

교육과정 시간배당에서는 '황국신민의 연성'을 위해 국민과, '수련'에 많은 시간을 할당했는데, 이를 표로 나타내면 [보표 3]과 같다.

이 표를 분석해 전 교과 교수시간에서 국민과, 이수과, 체련과, 예능과, 실업과, 외국어과, 수련이 차지하는 각각의 비율을 살

---

42 유봉호, 김융자, 앞의 책, p. 166(朝鮮總督府, 『實業學校 規程』 第1條, 昭和 13(1943)年 3月 27日 공포, 동년 4월 1일 시행(朝鮮總督府 官報 同年 3月 27日 자 호외, 朝鮮總督府令 第60号, p. 11).

[보표 3] 중학교 매주 수업시수표(1943)[43]

<table>
<tr><th>학년</th><th colspan="4">국민과</th><th colspan="3">이수과</th><th colspan="3">체련과</th><th colspan="4">예능과</th></tr>
<tr><th></th><th>수신</th><th>국어</th><th>역사</th><th>지리</th><th>수학</th><th>물리</th><th>생물</th><th>교련</th><th>체조</th><th>무도</th><th>음악</th><th>서도</th><th>도화</th><th>공작</th></tr>
<tr><td>I</td><td>1</td><td>5</td><td colspan="2">3</td><td>4</td><td colspan="2">4</td><td>3</td><td colspan="2">4</td><td>1</td><td>1</td><td>2</td><td></td></tr>
<tr><td>II</td><td>1</td><td>5</td><td colspan="2">3</td><td>4</td><td colspan="2">4</td><td>3</td><td colspan="2">4</td><td>1</td><td>1</td><td>2</td><td></td></tr>
<tr><td>III</td><td>2</td><td>5</td><td colspan="2">3</td><td>4</td><td colspan="2">6</td><td>3</td><td colspan="2">3</td><td colspan="4">3</td></tr>
<tr><td>IV</td><td>2</td><td>5</td><td colspan="2">3</td><td>5</td><td colspan="2">5</td><td>3</td><td colspan="2">3</td><td colspan="4">3</td></tr>
</table>

학년	실업과	외국어과	수련	총계
I	2	4	3	37
II	2	4	3	37
III	2	4	3	38
IV	2	4	3	38

비고: 각 학년에서 수업일수 중 약 30일을 수시 행하는 수련에 가한다.
외국어를 선택하지 않는 자에게는 실업과에 2시간, 수련에 2시간을 추가로 가한다.

펴보면 [보표 4]와 같다.

국민과가 25.3%로 총 6개 교과와 수련 중에서 가장 높은 비율을 차지하고 있는 것으로 보아 일본 국민 정신 함양에 주력하고 있었음을 알 수 있다. 일반교과 외에도 수련이 포함되어 있으며 그 시간배당도 8%를 차지하고 있음에 주의해야 한다. 이것은 '황국신민 연성'을 위해 교과시간 외에 실제적 행동 훈련을 하기 위

43 朝鮮總督府,『中學校 規程』第11條 別表, 昭和18(1943)年 3月 27日 공포, 동년 4월 1일 시행(朝鮮總督府 官報 同年 3月 27日 자 호외, 朝鮮總督府令 第58号).

[보표 4] 중학교 각 교과 수업시수의 비중(1943)[44]

구분	국민과	이수과	체련과	예능과	실업과	외국어과	수련
각 교과 수업시수	38	36	26	14	8	16	12
각 교과 수업시수/총시수(150)(%)	25.3	24.0	17.3	9.3	5.3	10.7	8.0

해 설정한 과정이라고 할 수 있다.[45] 수련은 중학교 규정 제9조에서 "행동 수련을 중심으로 해 교육을 실천적·종합적으로 발전시켜 교과와 더불어 일체로서 국가에 충성하는 정신을 발양해 헌신하고 봉공하는 실천력을 함양하는 것을 요지로 한다. 수련은 일상 행하는 수련, 매주 정시에 행하는 수련 및 학년 중 행하는 수련으로 한다"라고 규정하고 있는 교과로서 군국주의에 걸맞은 보다 실천력 있고 적극적인 교육을 위해 교과 외 활동으로 새로이 할당되었다. 한편 이로 인해 제3차 교육과정 때 신설되어 수신과 함께 일본 문화 및 일본 도덕에 관한 교육을 했던 공민과가 사라졌다.

각 교과 중 국민과 및 국민과의 과목인 수신, 국어(일본어), 역사, 지리 교수요지를 일본과 비교해 살펴보면 [보표 5]와 같다. 이 표에서와 같이 중등학교에서 국민과 및 각 과목의 목적은 일본과 같았다. 이에 따라 그 교수방침도 일본 문부성의 지침을 그대로 도입했다.

44 학생들이 외국어과를 선택했을 경우의 수다.

45 유봉호, 『한국 교육과정사 연구』, 교학연구사, 1992, p. 250.

[보표 5] 조선과 일본의 중학교 국민과 및 국민과 각 과목의 목적 비교

구분	조선	일본[46]
국민과	국민과는 아국의 문화 및 중외의 역사와 지리에 관해 습득시키고 국체의 본의를 천명해 국민정신을 함양하며 황국의 사명을 자각시켜 실천에 이바지하는 것을 요지로 한다.[47]	좌동
수신	교육에 관한 칙어의 취지에 기초해 국체의 본의를 표명하고 황국의 사명을 자각시키고 국민생활의 제 모습에서 황국의 도의 실천을 지도함으로써 지성진충의 신념을 길러 황국신민으로서의 덕조(德操)를 함양하도록 한다. 수신은 칙어, 성훈의 은혜, 국체의 본의, 황국의 정치, 군사, 경제 및 문화의 대요 및 예법에 대해 교수한다.[48]	좌동
국어 (일본어)	정확한 국어의 이해와 발표의 능력을 기름과 아울러 고전으로서의 국문 및 한문을 습득시켜 국민적 사고감동을 통해 국민정신을 함양하고 우리 나라 문화의 창조 발전에 기여한다. 국민과 국어는 강독, 문법, 작문 및 화법을 과한다.[49]	좌동
역사	중외의 역사에 대해 습득시키고 국체의 정화와 동아 및 세계의 추이를 밝히고 국민정신을 함양해 황국의 역사적 사명을 자각시키고 실천에 기여케 한다. 국민과 역사는 동아 및 세계의 변천과 황국진전의 대세에 대해 교수한다.[50]	좌동
지리	동아 및 세계의 지리와 일체적 관련에서 습득시켜 우리 국토 국세를 명확하게 해 국토애호의 정신을 함양하고 황국의 동아 및 세계에서의 사명을 자각시켜 실천에 응하도록 한다. 국민과 지리는 일본, 동아 및 세계의 지리, 우리 국토 국세에 대해 교수한다.[51]	좌동

46 文部省, 『中學校教科教授及修練指導要目』, p. 1.

47 朝鮮總督府, 『中學校 規程』 第3條, 昭和18(1943)年 3月 27日 공포, 同年 4月 1日 시행(朝鮮總督府 官報 同年 3月 27日 자 호외, 朝鮮總督府令 第58号).

48 朝鮮總督府學務局 編, 『中學校教科教授及修練指導要目』, 昭和18(1943)年 7月 8日, pp. 1-2.

49 같은 곳.

50 같은 곳.

51 같은 곳.

3) 조선에서 중등학교 국민과 '국사'(일본사)교육

국민과 역사의 각 학년마다의 교수사항을 살펴보면 [보표 6]과 같다.[52]

제1학년에는 동양사('동아 및 세계' 그 첫 번째), 제2학년에서는 세계사('동아 및 세계' 그 두 번째)를 배우고 제3학년('황국' 유신 이전)과 제4학년('황국' 유신 이후)에서는 일본사를 배웠다.

조선총독부의 교과서 정책은 전반적으로 통제 위주였다. 초등용 교과서는 총독부가 직접 펴내는 '국정'제를 유지한 반면, 중등용 교과서는 기본적으로 검정제, 필요할 경우 조선총독부가 일부 교과서를 직접 편찬하게 했다. 제3차 조선교육령부터 조선총독부는 점차 일본에서 사용되는 중등학교 교과서를 조선 안에서 자유롭게 사용할 수 있게 하는 방향으로 정책을 취했다. 그러나 제3차 조선교육령하에 1939년 조선총독부에서 간행된 교과서는 중등학교용 5개 과목(수신, 국문독본, 공민, 한문독본, 국문법) 12종 43책에 이르렀다.[53]

제4차 조선교육령하에서 중등학교의 역사 과목은 문부성이 편찬하는 교과서를 그대로 도입해 사용했다. 반면에 초등교육에서는 조선총독부가 편찬한 교과서를 사용하고 있었다.

일본의 국민학교 제도를 조선에 그대로 이식하는 데는 여러 가지 난점이 있었다. 앞서 언급했듯이 일본은 이를 '조선의 특수한 사정'이라 지칭하면서 소위 '내선 아동'의 교육적인 환경이 일

52 文部省, 『中學校教科教授及修練指導要目』, pp. 8-12(文部省訓令 第2号).

53 김한종, 「조선총독부의 교육정책과 교과서 발행」, 『역사교육연구』 9, 2009, p. 296.

[보표 6] 중학교 국민과 역사 교수사항

구분	제1학년 ('동아 및 세계' 그 첫 번째)	제2학년 ('동아 및 세계' 그 두 번째)	제3학년 ('황국' 유신 이전)	제4학년 ('황국' 유신 이후)
교수사항	1. '아시아'의 여명(중국의 성립, 주의 문화, 고대 인도와 불교, 고대의 서남아시아) 2. 중국의 통일과 분열(秦과 전한 및 후한, 삼국, 晉, 남북조, 주위의 제 지방) 3. '아시아' 제 민족의 흥아(수와 당, 당의 문화, 남방제국, 사라센 제국) 4. 남북세력의 투쟁(송과 요, 금, 송의 문화, 원의 성쇠, 명, 제 민족의 발기) 5. 근세의 동아(청의 흥기와 육성, 구미의 동아침략, 청의 흥망)	1. 지중해 문화의 형성(오리엔트, 그리스, 로마) 2. 구주사회의 성립(게르만 민족의 활동, 동구의 형성, 봉건제도, 기독교의 발전과 십자군, 왕권의 신장) 3. 구주의 전환(르네상스, 신항로의 개척, 종교개혁과 그 파문) 4. 근세 구주제국의 발전(전제정치, 열국의 식민지 쟁탈, 구주의 혁신) 5. 구미의 세계정책(구미의 정세, 세계정책의 유래, 구미의 사상, 문화)	1. 개국 2. 황위의 발전 3. 다이카의 개신 4. 국운의 발전(나라, 헤이안) 5. 정치 및 문화의 추이 6. 가마쿠라 막부와 무사도 7. 몽고의 약탈 8. 겐무중흥 9. 국내정세와 해외발전(무로마치 막부) 10. 에도 막부와 제 번 11. 문화의 발전과 산업의 발달 12. 막말의 형세와 존화양이	1. 메이지유신과 세계의 동향 2. 신정의 발전 3. 동아의 신국면 4. 동아의 위기와 그 극복(구미의 동아침략, 청일전쟁) 5. 일본의 약진 6. 다이쇼시대와 세계 정세(중화민국의 성립, 제1차 세계대전) 7. 만주사변의 역사적 의의 8. 중일전쟁과 제2차 세계대전

본과 비교해 좋지 않다는 점, 사회생활, 학교생활의 풍속, 습관, 민정 등 생활 각 방면에 전통적인 상이함이 있다는 점을 예로 들었다. 그리고 '조선의 특수사정'의 원인을 객관적 정세와 지역적 특이성의 불일치, 역사정신과 문화 전통의 차이, 서로의 국민감정과 생활의식의 차이, 저변에 깔려 있는 대일 저항 감정 등으로 보았

다.[54] 일본의 차별정책과 '일시동인', '내선일체'를 이루어야 하는 목표를 초등교육에서 조선총독부가 편찬한 교과서를 사용하고 중등교육에서 일본과 일체화된 교과서를 사용함으로써 완성하고자 했다.

문부성이 1944년에 출간한 역사 교과서는 『중등역사』 1과 2 두 권이었다.[55] 『중등역사』 1은 1학년과 2학년이 사용하도록 동양사와 서양사의 내용이 포함되어 있다. 이 교과서의 목차는 다음과 같다.[56]

서설: 황국과 동아 및 세계

전편

1. 고대의 아시아
2. 아시아 제 민족의 교섭
3. 아시아 제 문화의 흥아
4. 아시아 제 민족의 활약
5. 근세의 동아

후편

1. 상고의 구주
2. 구주사회의 성립
3. 구주의 전환

---

54 中村榮孝, 「國民學校國民科教則案について(上)」, 『文教の朝鮮』, 昭和16(1941)年 4月号, pp. 14-16.

55 文部省, 『中等歷史』 一, 中等學校教科書株式會社, 昭和19(1944)年 8月 13日 발행, 文部省, 『中等歷史』 二, 中等學校教科書株式會社, 昭和19(1944)年 8月 13日 발행.

56 文部省, 『中等歷史』 一, pp. 2-3.

4. 근세 제 국가의 발달

5. 구주의 혁신

6. 구주의 세계 정책

연대기 방식으로 고대로부터 현대에 기르기까지의 역사 내용을 모두 담고 있으며 전편에는 아시아사, 후편에는 구미의 역사를 담고 있다. 『중등역사』의 서설인 '황국과 동아 및 세계'에는 다음과 같은 내용이 있다.[57]

> '동아 및 세계'의 역사는 이것을 동서의 두 부분으로 나누어 먼저 전편에서 황국 이외의 대동아의 역사를 배우고 후편에서는 주로 구미의 역사를 배운다. 게다가 양자를 밀접한 관련을 근간으로 학습할 때 동아 및 세계의 과거와 현재는 적확하게 파악되어 황국진전의 배경 또는 선명함을 얻을 수 있다. 황국민은 동아 및 세계의 역사를 배울 때 항상 이 학습목적을 잊어서는 안 된다.

여기서 동서양사를 다루는 학습목적이 '황국진전', 즉 대동아전쟁의 배경과 그 당위성을 아는 것이라고 하고 있다.

한편 일본사 내용을 다루고 있는 『중등역사』 2의 서론에는 다음과 같은 내용이 있다.

> (1) 국사를 배운다고 하는 것은 단지 암기하는 것만이 목적은 아니

57 위의 책, pp. 4-9.

다. 잘 기억하게 하고 잘 알게 하며 친근하게 해 국사를 일관해 흐르고 있는 국민특이의 정신을 살려 상세하게 우리 국가성쇠의 유래와 문화의 진보발달의 길을 관찰하고 국민적 신념을 강고하게 하는 것이다.

(2) 국사를 배우는 데는 시대구분을 명확하게 하고 시세의 추이, 사회의 변천을 알아 역사사실의 의의를 습득해야 한다. 의미도 모르고 단지 기억하는 것을 암통(暗通)이라고 한다. 암통만큼 무의미한 것은 없다. 의의를 연구하는 것이 국사교육의 목적을 이루는 필요조건이다.

(3) 종래 소학교에서 배운 국사에서는 그다지 많이 다루지 않았던 정치, 경제, 문화 등 방면의 역사사실을 충분히 알 필요가 있다.

(4) 국사를 잘 이해하는 데는 항상 일부분만을 바라보는 것이 아니라 황국사 전권을 통해 보는 것이 중요하다. 예를 들어 메이지유신을 조사할 때에는 다이카개신과 겐무중흥 시기의 상황을, 또한 다이카개신을 조사할 때에는 겐무중흥과 메이지유신의 장을 참조해 열국 이래 일관한 일본정신을 배우고 국체의 본의를 명징시키는 노력을 해야 한다.

(5) 연대 관념(年代觀念)을 바르게 하기 위해 중요한 사실에 대해서는 각주로서 기원연수를 밝혔다.

여기서 특징적인 것은 '국사'교육 방법으로서 소학교와의 계통성(정치, 경제, 문화의 심화)을 중시하며 암기하는 방법을 지양하고 있다는 점이다. 또한 다이카(大化)개신, 겐무(建武)중흥, 메이지유신을 연관시켜 공부하는 법을 제시하고 있다는 점이다. 그러나 이러한 방법론은 모두 '국민적 신념'을 강하게 하고 '국체의 본의'를 명징시키는 '국사'교육의 목적을 위한 것으로 제시되었다는 점 또한 주목해야 한다.

『중등역사』 2의 목차는 다음과 같다.[58]

제1편 태고(아마테라스 오미카미부터 다이카개신까지)

제2편 고대(다이카개신부터 헤이안시기까지)

제3편 중세(가마쿠라 막부부터 에도 막부 이전까지)

제4편 근세(에도 막부부터 메이지유신 이전까지)

제5편 현대(메이지유신부터 국제연맹탈퇴까지)

이 중에서 '한국병합'에 대한 내용은 다음과 같다.[59]

제5편 현대

제33장 다이쇼부터 쇼와에 이르기까지 정세

전후 우리 국가는 조선을 보호국으로 하고 동13년에는 그들의 행복증진을 위해, 조선을 우리 나라에 병합해 조선총독부를 두고 이것을 통치하도록 했다. 일찍이 우리 나라는 세계 일등 국가에 들어가 동양의 평화를 지배하는 큰 임무를 지게 되었다.

한국강점에 대해 '그들[조선인]의 행복증진을 위해'라고 설명

58 文部省, 『中等歷史』 二, pp. 2-4.
59 위의 책, p. 182.

하고 있으며 이것도 동양의 평화를 위한 '임무'라고 하고 있는 점은 주목할 만하다.

한편 '만주사변'과 '국제연맹탈퇴'에 대한 내용은 다음과 같다.[60]

> 제5편 현대
>
> 제34장 만주·상해사변 및 국제연맹탈퇴
>
> 청·일, 러·일의 양 전쟁 후에 국민의 피로써 획득한 만주 및 동부 내몽고에서 우리 권익은 제국의 운명에 관한 중대한 것이었다. 따라서 만주의 정권을 잡고 있던 장학량은 남경정부와 함께 우리 권익을 침해하고 우리 동포를 살상해 쇼와 6년 9월 18일에는 우리 만주철도선로를 파괴했다. 일이 이렇게 벌어지자 우리 군은 곧 분기하려 근소한 병사로써 만주의 요지를 점령하고 그 치평(治平)을 회복했다.(중략)
>
> 만주사변 촉발 후 곧 국제연맹은 이 사건에 대해서 조사하기 시작했다. 쇼와 6년 우리 나라의 제의에 의해 연맹은 영국위원 리튼을 위원장으로 한 조사위원을 지나[중국] 및 만주에 파견해 익년 조사보고서를 완료했으므로 우리 나라는 이것에 대해 강고한 수정의견서를 발표했다. 이어 우리 대표위원을 제네바의 국제연맹회의에 파견해 쇼와 8년 2월에 이르기까지 토의를 했지만 연맹은 끝내 만주국의 독립을 승인하지 않는다고 결의를 했으므로 우리 위원은 결연히 제네바를 떠났고 우리 국가는 국제연맹탈퇴를 선언했다. 천황폐

60 위의 책, pp. 195-196.

하는 소서(昭書)를 내려 연맹탈퇴의 정신 및 내외의 비상 때에 대한 국민의 각오에 대해 뜻을 전했다. 구주 각국의 상황은 변화하고 동아에서도 역시 같다. 일체불이(一體不二)의 이상이 동양평화의 근본인 것을 생각하는 때, 우리 나라의 책임이 또한 중대하다. 지금 전 국민은 깊이 국사의 발길을 밝히고 이 중대 책임에 대해 비상 때에 처해 황조황종(黃祖黃宗)의 혼에 봉사하고 우리 선조의 영혼에 보답하는 것을 각오해야 한다.

이상의 '만주사변'과 이로 인한 '국제연맹탈퇴'에 대한 논조는 장학량이 만주철도선로를 파괴해 일본군이 만주의 요지를 점령했고 만주의 '치평'을 위해 만주국을 세웠지만 국제연맹은 이러한 선의를 승인하지 않았으므로 국제연맹을 탈퇴했다고 한다. 또한 동양평화를 위해 중대한 비상 전시 상황일 때에는 더욱 각오를 새롭게 해야 한다고 하고 있다.

그러나 국내외의 현재 연구 결과에 의하면 '만주사변'과 '국제연맹탈퇴'는 1930년대에 일본을 둘러싼 국제관계가 급변하기 시작해 군축조약을 둘러싸고 영·미와의 갈등이 고조되는 가운데, 세력이 확대된 중국국민당이 러일전쟁 이후 만주 지역에 심어 놓은 일본의 세력을 위협했고 이에 대한 반응으로 1931년 9월 관동군이 만주사변을 일으켰다고 보는 것이 정설이다.[61]

---

61 다음의 국내외 일본사 개설서 참조. 東京大教養學部, 『日本史概說』, 知永社, 1995; W. G. Beasley, 장인성 역, 『일본 근현대 정치사』, 을유문화사, 1999: 아사오 나오히로, 이계황 역, 『새로 쓴 일본사』, 창작과비평사, 2003; 일본사학회, 『아틀라스 일본사』, 사계절, 2011.

만주사변은 중국 국민혁명의 확산으로 초래된 위기 상황뿐 아니라 간도(間島)항일운동으로 인한 조선의 동요를 타개하고, 세계 대공황의 여파로 빈사 상태에 빠진 일본 자본주의의 활로를 모색하려 한 군사적 대응이었다. 또 소련과 미국에 대한 지구전의 기반을 마련하고 이를 동력으로 일본의 '국가개조'를 추진한다는 전략에 입각한 것이기도 했다. 관동군 참모 이시하라 간지(石原莞爾)가 이 구상의 입안자였다.

국제연맹은 일본의 군사행동을 국제법 위반이라 비난하고 조사단을 파견하기로 결정했다. 애초에 대만과 조선처럼 총독부를 설치하려 했던 관동군은 국제연맹의 리튼 조사단이 도착하기 전에 '독립국'인 만주국을 세우는 것으로 방침을 전환한다. 관동군은 1932년 1월 상해사변을 일으켜 열강의 관심을 돌린 뒤, 청나라 마지막 황제 부의를 내세워 괴뢰 국가 '만주국'을 수립했다. 그러나 국제연맹이 리튼 조사단의 보고서를 토대로 중국의 주권을 확인하고 일본군의 철수를 결의하자, 일본은 1933년 국제연맹을 탈퇴함으로써 국제적 고립을 자초하게 되었다.[62]

4. 맺음말

태평양전쟁에서 패전이 다가오자 일본은 전시교육령[63]을 1945

62 아사오 나오히로, 이계황 역, 위의 책, pp. 211-214.

63 文部省, 『戰時教育令』, 昭和20(1945)年 5月 21日 공포, 동일자 시행(朝鮮總督府

년 5월 21일 자로 공포했다. 전시교육령의 목적은 학교 교육의 집중적인 전시체제화에 있었기 때문에 시국의 추이에 따라 교과목 및 수업시수에 대해 특별 조치를 취할 수 있도록 규정했다. 따라서 전시교육령의 공포로 학교조직은 군대조직으로 전환되고 학과수업은 전면 중단되다시피 했으며 학교에서 모든 교육 훈련은 식량생산, 군수생산 등의 활동으로 전용되었다. 이에 따라 각급 학교의 수업은 거의 정지되고 학생들은 군사 훈련에 집중 동원되었으며 징병제에 의해 많은 청년들이 전선에 배치되었다. 그러다가 1945년 8월 15일 패전과 함께 일본의 식민지주의 교육은 한국에서 종식된 것이다.

이상 보론에서는 제4차 조선교육령 시행기의 중등학교 교육과정을 고찰했다. 이 시기 교육과정의 핵심은 '황국의 도에 따르는 국민/황국신민 연성'이었다. 이를 위해 각급 학교 교육과정은 통합교과로 편성되었고, 그 통합교과 안에 유사한 목적과 내용을 갖고 있는 몇 개의 과목이 포함되었다. 그리고 전쟁 예비군 연성을 목표로 하는 교육훈련이 그 핵심 교과내용으로 되었다. 또한 교과 외에도 수련을 과해 일정 시간 학교 전체 또는 학년별 또는 학급별로 강화 기타 훈련 등의 수련을 실시했다.

조선어는 중등학교에서 형식상 수의과목으로 남아 있었는데 1943년 제4차 조선교육령과 더불어 완전히 제거되었으며 조선의 아동들은 국민학교 입학 때부터 일본어로 교육을 받았다. 중등학교에서는 국민과, 체련과와 수련 등의 주당 시수를 증가시켜 교

官報 同年 7月 1日 자 호외, 勅令 第320号).

련, 체조, 무도 등으로 신체 단련에 주력했다. 이러한 교육을 받은 조선의 청년들은 지원병, 징병, 징용 등의 방법으로 전쟁터와 군수공장으로 동원되어 일본 군사침략의 수단으로 이용되었다.

한편 동 시기 교육의 목표를 일본에서는 '황국민의 연성'으로 삼고, 조선에서는 '황국신민의 연성'으로 차별해 표현하는 것으로 보아 많은 부분 '동화주의'의 극치를 달리던 이 시기조차도 일본과 조선에서의 교육내용을 차별화하려는 전략을 여전히 사용하고 있음을 알 수 있었다. 또한 식민지 조선이라는 실정에서 일본 국내와 달리 국사(일본사)와 국어(일본어)를 전체 교육과정에서 강조한 것도 큰 특징이라 할 수 있다. 이와 같이 제4차 조선교육령 시행기의 학교 교육은 사실상 교육의 정상궤도를 벗어나 전쟁에 대처한 예비군 훈련과 생산 노동자 양성 기능만으로 행해졌다.[64]

앞서 살펴본 바와 같이 전쟁 말기 일제는 전쟁에 동원할 군사 자원을 만들기 위해 일본과 일원화된 교육제도를 조선에 도입했고 그중 국민과와 역사교육은 일본과 같은 내용과 같은 교과서를 사용한 '내선일체'와 '황국신민화'를 꾀했다. 특히 역사 교과서는 이전에 비해 간략해졌지만 현대 '구미제국'과의 전쟁을 '대동아 평화'를 내세워 합리화하며 그 분량도 전체에서 적지 않은 분량을 차지했다.

일제강점 말기 교육에서 국민과의 도입은 국민학교 및 중학교에서 함께 이루어질 만큼 일제가 황국신민화의 첨병으로서 중요시했던 교육정책이었다.

---

64 유봉호, 『한국교육과정사 연구』, 교학연구사, 1992, pp. 265-267.

해방 이후 국민과의 청산을 위해 미국의 사회과를 도입한 이유는 국민과가 가진 '황국신민'을 위한 '연성' 교육의 잔재를 없애기 위해서였다. 그러나 그 결과로 중등교육에서 사회과와 역사의 분리·통합문제는 해방 이후 많은 문제를 노정했고, 이는 우리의 힘으로 근대적 역사교육을 확립했어야 할 시기에 일제의 왜곡된 역사교육이 도입·실시된 까닭이었다.

참고문헌

1. 자료

1) 신문, 잡지 및 관보

『東亞日報』, 『每日新聞』, 『每日新報』, 『朝鮮通信』, 『朝日新聞』

『大東亞』, 『三千里』, 『朝光』, 『朝鮮』, 『春秋』

文部省 『週報』, 朝鮮總督府 『官報』

2) 교과서 및 교과서 관련 자료

小學校令, 文部省 勅令 第215号, 明治23(1890)年 10月 7日.

統監府, 學部令 23号, 「普通學校令施行規則」, 明治39(1906)年 2月 15日.

朝鮮總督府, 「普通學校規則」, 朝鮮總督府令 第110号, 明治45(1911)年 10月 20日.

朝鮮總督府, 『普通學校國史』 上卷, 大正11(1922).

朝鮮總督府, 『普通學校國史(改訂版)』 上卷, 昭和7(1932).

朝鮮總督府, 『普通學校國史』 下卷, 昭和7(1932).

朝鮮總督府, 『初等國史(改訂版)』 卷一, 昭和7(1932).

朝鮮總督府, 『普通學校國史(改訂版)』 下卷, 昭和9(1933).

朝鮮總督府, 『初等國史(改訂版)』 卷一, 昭和12(1937).

朝鮮總督府學務局, 「各道內務部長會議に於ける總督訓示要旨」, 『朝鮮に於ける教育革新の全貌』, 昭和13(1938).

朝鮮總督府, 『初等國史(改訂版)』 卷二, 昭和13(1938)年 2月 28日.

朝鮮總督府, 『小學校規定』, 昭和13(1938)年 3月 15日.

朝鮮總督府, 『國史地理史』 上卷, 昭和13(1938)年 4月 20日.

朝鮮總督府, 「新刊 '國史地理'編纂の趣旨と取扱上の主意」, 『教科書編纂彙報』, 第1輯, 朝鮮總督府 昭和13(1938)年 6月.

朝鮮總督府, 「修身教科書沿革考」, 『教科書編纂彙報』 第2輯, 昭和13(1938)年 9月.

朝鮮總督府,『國史地理(改訂版)』上卷, 昭和13(1938)年 12月 10日.
朝鮮總督府,『初等國史(改訂版)』卷二, 昭和14(1939)年 1月 25日.
朝鮮總督府,『國史地理 下卷』, 昭和14(1939)年 2月 28日.
朝鮮總督府,「'國史地理上卷'の修訂について」,『教科書編纂彙報』第3輯, 朝鮮書籍印刷株式會社, 昭和14(1939)年 4月.
朝鮮總督府,「朝鮮の國史教育と教科用圖書の變遷」,『教科書編纂彙報』第3輯, 昭和14(1939)年 4月.
文部省,『小學校令施行規則』, 昭和15(1940).
文部省,『小學國史 上卷 尋常科用』, 東京書籍株式會社, 昭和15(1940).
文部省,『尋常科用 小學國史』上卷, 昭和15(1940).
朝鮮總督府,『初等國史 第5學年』, 昭和15(1940)年 3月 31日.
朝鮮總督府,「新刊 '初等國史'の編纂要旨と取扱」,『教科書編纂彙報』第5輯, 昭和15(1940)年 4月.
朝鮮總督府,『初等國史 第5學年用 編纂趣意書』, 昭和15(1940)年 5月 5日.
文部省,『國民學校教則に關する質疑應答錄』, 國民學校, 1940年 8月.
文部省,『國民學校教則說明要領』, 國民學校, 1940年 8月.
文部省,『國民學校校則案說明要領 總說』, 昭和15(1940)年 12月 3日.
文部省,『國民學校 初等科 國語 3年用』, 東京書籍株式會社, 昭和16(1941).
文部省,『小學國史 下卷 尋常科用』, 東京書籍株式會社, 昭和16(1941).
朝鮮總督府,『初等國語讀本』卷五, 昭和16(1941).
國民學校令, 文部省 勅令 第148号, 昭和16(1941)年 2月 28日.
朝鮮總督府,『國民學校特輯 教科書編輯彙報』第8輯, 朝鮮書籍印刷 株式會社, 昭和16(1941)年3月.
文部省,『國民學校令施行規則』, 文部省令 第4号, 昭和16(1941)年 3月 14日.
朝鮮總督府,『國民學校規定』, 昭和16(1941)年 3月 31日.
朝鮮總督府,『初等國史 第6學年』, 昭和16(1941)年 3月 31日.
朝鮮總督府,『初等國史 第6學年用 編纂趣意書』, 昭和16(1941)年 5月 15日.
朝鮮總督府,『國民學校特輯 教科書編輯彙報』第9輯, 朝鮮書籍印刷 株式會社, 昭和16(1941)年 6月.
朝鮮總督府,『國民學校特輯 教科書編輯彙報』第10輯, 朝鮮書籍印 刷株式會社, 昭和16(1941)年 9月.
朝鮮總督府,『初等國史 第5學年 教師用』, 昭和16(1941)年 12月 25日.
司俊熊柏 外,『國民學校の共同記錄』, 建設社出版部, 1942.

朝鮮總督府,『國民學校特輯 教科書編輯彙報』第11輯, 朝鮮書籍印 刷株式會社, 昭和17(1942)年 1月.
文部省,『初等科國史 上卷』, 大阪書籍株式會社, 昭和18(1943).
文部省,『初等科國史 上卷』, 教師用, 昭和18(1943).
文部省,『初等科國史 下卷』, 大阪書籍株式會社, 昭和18(1943).
文部省,『鄉土ノ觀察』教師用, 昭和18(1943).
文部省,『中學校教科教授及修練指導要目』, 中等學校教科書株式會社, 昭和18(1943)年 3月 25日(文部省訓令 第2号).
朝鮮總督府,『初等國史 第6學年 教師用』, 昭和18(1943)年 3月 31日.
朝鮮總督府學務局 編,『中學校教科教授及修練指導要目』, 昭和18(1943)年 7月 8日.
文部省,『初等科國史 下 教師用』, 1944(中新, 稲垣忠彦, 佐藤秀夫 編,『近代日本教科書教授法資料集成』第7卷, 東京書籍, 1983).
朝鮮總督府,『初等國語 第6學年』, 昭和19(1944).
中村一良,『「初等科國史上・下」の編纂趣旨』, 1944(中新, 稲垣忠彦, 佐藤秀夫 編,『近代日本教科書教授法資料集成』第11卷, 東京書籍, 1982).
朝鮮總督府,『初等國史 第5學年(改訂版)』, 昭和19(1944)年 3月 31日.
朝鮮總督府,『初等國史 第6學年(改訂版)』, 昭和19(1944)年 3月 31日.
文部省,『中等歷史 一』, 中等學校教科書株式會社, 昭和19(1944)年 8月 13日.
文部省,『中等歷史 二』, 中等學校教科書株式會社, 昭和19(1944)年 8月 13日.
張信編,『朝鮮總督府教科書叢書(歷史篇)』3～6, 圖書出版 청운, 2005.
김순전 외,『日本 尋常小學修身書-原文- 下』, J&C출판, 2006.
김순전 외,『日本 初等學校 修身書-第4期-, 1934』, J&C출판, 2006.
김순전 외,『日本 初等學校 修身書-第5期-, 1941』, J&C출판, 2006.

3) 국민학교 및 국민과 관련 자료

朝鮮總督府,『教育學教科書』, 大正5(1916).
鶴居滋一,『合科學習の研究』, 東洋圖書株式合資會社, 大正15(1926).
上田萬年, 松井簡治,『大日本國語辭典』, 富山房, 昭和3-4(1928-1929).
蝦道隆,「生活指導の國史教育法(二)」,『朝鮮の教育研究』, 昭和6(1931)年 7月号.
野巳之吉,「綜合教育について(二)」,『文教の朝鮮』, 朝鮮教育會, 昭和8(1933)年 3月号.
朝鮮教育會,「皇國臣民タルノ自覺ノ徹底」,『文教の朝鮮』, 朝鮮教育會, 昭和8(1933)年 3月号.
中野巳之吉,「綜合教育について(一)」,『文教の朝鮮』, 朝鮮教育會, 昭和8(1933)年

5月号.
朝鮮總督府學務局社會教育科編, 「國體明徵に就て」, 『社會敎化資料』 第12輯, 昭和12(1937)年 3月号.
要田元次, 「國史教材としての戰爭」, 『歷史教育: 研究評論』 第12巻 第8号, 昭和12(1937)年 11月号.
金昌鈞, 「初等國史卷二挿畵解說(二)」, 『朝鮮の教育研究』 118, 朝鮮初等教育研究會, 昭和13(1938).
朝鮮初等教育研究會, 『皇國臣民教育の原理と實踐』, 朝鮮公民教育會, 昭和13(1938).
沼田利三朗, 「韓國併合(高2. 1月 教材)」, 『歷史教育: 研究評論』, 歷史教育研究會 編, 第15巻 第9号, 昭和13(1938)年 2月号.
草雄博美, 「武家政治の終の實際指導」, 『歷史教育: 研究評論』, 歷史教育研究會 編, 第15巻 第9号, 昭和13(1938)年 2月号.
朝鮮總督府, 『高等女學校 規程』 第1條, 昭和13(1938)年 3月 15日.
朝鮮總督府, 『中學校 規程』, 朝鮮總督府令 第25号, 昭和13(1938)年 3月 15日.
高澤守人, 「事變下の國史指導記錄; 尋六 國民の覺悟」, 『歷史教育: 研究評論』, 歷史教育研究會 編, 第13巻 第1号, 昭和13(1938)年 4月号.
渡辺勝也, 「皇國教師に求むもの」, 『朝鮮の教育研究』, 朝鮮初等教育研究會, 昭和13(1938)年 4月号.
朝鮮總督府, 「朝鮮教育令改正ニ關スル・勅令・諭告・府令・總督訓示要旨」, 『朝鮮の教育研究』, 朝鮮初等教育研究會, 昭和13(1938)年 4月号.
辻純造, 「國史教授上特に留意すべき點」, 『歷史教育: 研究評論』, 歷史教育研究會 編, 第15巻 第5号, 昭和13(1938)年 8月号.
沼田利三朗, 「韓國併合」, 『歷史教育: 研究評論』, 歷史教育研究會 編, 第15巻 第5号, 昭和13(1938) 8月号.
田邊武雄, 「時局に鑑みたる國史の實踐指導」, 『歷史教育: 研究評論』, 歷史教育研究會 編, 第15巻 第5号, 昭和13(1938)年 8月号.
宮腰他一雄, 「アジアはもアジア民族のもの」, 『歷史教育: 研究評論』, 歷史教育研究會 編, 第15巻 第6号, 昭和13(1938)年 9月号.
宮腰他一雄, 「尋常科卒業直前の歷史教育」, 『歷史教育: 研究評論』, 歷史教育研究會 編, 第15巻 第7号, 昭和13(1938)年 10月号.
藤井甚太郎, 「事變下に於ける歷史教育の行くべき道」, 『歷史教育: 研究評論』, 歷史教育研究會 編, 第15巻 第7号, 昭和13(1938)年 10月号.

鹽原時三郎,「朝鮮教育令の改正に就て」,『文教の朝鮮』, 朝鮮教育會, 昭和13(1938)年 10月号.
由良哲次,「新國民學校教育における歴史教育の使命」,『歴史教育: 研究評論』, 歴史教育研究會 編, 第15巻 第7号, 昭和13(1938)年 10月号.
韓正愚,「國語科綴方學習指導案」,『文教の朝鮮』, 朝鮮教育會, 昭和13(1938)年 10月号.
文部省教育審議會第10回總會,「國民學校及び師範學校の要綱と幼稚園の件について」第4項-第6項, 昭和13(1938)年 12月 8日.
上田萬年, 松井簡治,『修正大日本國語辭典』, 富山房, 昭和14-16(1939-1941).
新教育協會 編,『國民學校案による綜合教育の實踐』, 明治圖書, 昭和14(1939).
朝鮮總督府,『朝鮮總督府學務局』, 昭和14(1939).
八木信雄,『學制改革と義務教育の問題』, 昭和14(1939).
吉田正男,「朝鮮教育の動向とその省察」,『朝鮮の教育研究』, 朝鮮初等教育研究會, 昭和14(1939)年 6月号.
田中浩造,「國民學校案の精神と半島教育」,『朝鮮の教育研究』, 朝鮮初等教育研究會, 昭和14(1939)年 9月号.
立川一夫,「朝鮮教育刷新の精神とその實現方途」,『文教の朝鮮』, 朝鮮教育會, 昭和14(1939)年 12月号.
加藤三郎,『國民學校實踐形態』, 昭和15(1940).
國語文化學會 編,『國民學校國語教育の研究』, 昭和15(1940).
吉田清巨,「國民科教科書について」,『國民學校研究叢書 第8巻 國民科研究』, 埼玉學院出版部, 昭和15(1940).
藤吉利男,「國民科國史の教育的使命」,『國民學校研究叢書 第8巻 國民科研究』, 埼玉學院出版部, 昭和15(1940).
木下竹次,「綜合教育について」,『國民學校研究叢書 第6巻 綜合教育研究』, 埼玉學院出版部, 昭和15(1940).
山口貞雄,『國民學校案による國民科地理』, 昭和15(1940).
山本態太郎,『國民科地理の本質と實踐』, 昭和15(1940).
西正行一,「國民科の任務」,『國民學校研究叢書 第8巻 國民科研究』, 埼玉學院出版部, 昭和15(1940).
小林左源治,『國民學校國民科精義』, 教育科學社, 昭和15(1940).
小原國芳 編,『國民學校研究叢書 第1巻 國民學校案』, 埼玉學院出版部, 昭和15(1940).
小原國芳 編,『國民學校研究叢書 第2巻 皇國の道と教育』, 埼玉學院出版部, 昭和

15(1940).
小原國芳 編,『國民學校研究叢書 第3巻 大國民論, 全人教育論』, 埼玉學院出版部, 昭和15(1940).
小原國芳 編,『國民學校研究叢書 第6巻 綜合教育研究』, 埼玉學院出版部, 昭和15(1940).
小原國芳 編,『國民學校研究叢書 第8巻 國民科研究』, 埼玉學院出版部, 昭和15(1940).
小原國芳 編,『國民學校研究叢書 續編 國民學校の眞義』, 埼玉學院出版部, 昭和15(1940).
岩下吉衛,『我が校の國民學校實踐』, 昭和15(1940).
鈴木源浦,「皇道教育の實踐」,『國民學校研究叢書 第2巻 皇國の道と教育』, 埼玉學院出版部, 昭和15(1940).
由良哲次,「國民學校と綜合教授」,『國民學校研究叢書 第6巻, 綜合教育研究』, 埼玉學院出版部, 昭和15(1940).
入澤宗壽,『統合教科と綜合教授』, 明治圖書, 昭和15(1940).
長谷川端,『國民學校教授原論』, 啓文社, 昭和15(1940).
長田新,「綜合教授の原理」,『國民學校研究叢書 第6巻 綜合教育研究』, 埼玉學院出版部, 昭和15(1940).
朝日新聞社 編,『國民學校: その意義と解說』, 朝日新聞社, 昭和15(1940).
左藤訓治郎,『國民學校令の實施を迎へる用意』, 昭和15(1940).
阪本一郎,『國民學校教則解說』, 昭和15(1940).
山本壽德,「國民學校案の眞精神とその實踐放途」,『朝鮮の教育研究』, 朝鮮初等教育研究會, 昭和15(1940)年 4月号.
山本壽德,「國民學校案の眞精神とその實踐方途」(二),『朝鮮の教育研究』, 朝鮮初等教育研究會, 昭和15(1940)年 5月号.
諸方薦三郎,「國民學校校則の精神」,『朝鮮の教育研究』, 朝鮮初等教育研究會, 昭和15(1940)年 5月号.
朝鮮總督府,「國民學校校則案」,『朝鮮の教育研究』, 朝鮮初等教育研究會, 昭和15(1940)年 5月号.
田中稔,「國民科國語の姿態」,『朝鮮の教育研究』, 朝鮮初等教育研究會, 昭和15(1940)年 6月号.
阿部一正,「'ことむけ'とは」, 朝鮮總督府,『教科書編纂彙報』第6輯, 1940. 7.
佐藤久治,「改正國史上巻の研究」,『國民學校』1940. 7.

中島信一,「朝鮮における國民學校の指導精神」,『朝鮮の教育研究』, 昭和15(1940)年 9月号.
高濱圭圃,「國民學校における綜合教育實現に備ふ」,『朝鮮の教育研究』, 朝鮮初等教育研究會, 昭和15(1940)年 10月号.
高濱圭甫,「特別講座 國民學校案 (第6回) 國民學校に於ける綜合教育に備ふ」,『朝鮮の教育研究』, 昭和15(1940) 10月号.
朝鮮總督府,「國民學校關係法令」,『朝鮮の教育研究』, 朝鮮初等教育研究會, 昭和15(1940)年 10月号.
大石運平,「國民科地理の狙い」,『朝鮮の教育研究』, 朝鮮初等教育研究會, 昭和15(1940)年 12月号.
渡部學,「國民科修身經營の根本精神」,『朝鮮の教育研究』, 朝鮮初等教育研究會, 昭和15(1940)年 12月号.
三田訓治,「國民學校における諸問題」,『朝鮮の教育研究』, 朝鮮初等教育研究會, 昭和15(1940)年 12月号.
阿部一正,「國民科國史經營の精神」,『朝鮮の教育研究』, 朝鮮初等教育研究會, 昭和15(1940)年 12月号.
田中捻,「國民科國語經營の精神」,『朝鮮の教育研究』, 朝鮮初等教育研究會, 昭和15(1940)年 12月号.
京城師範學校 編,『國民學校教育の原理と實踐』, 朝鮮公民教育會, 昭和16(1941).
京城師範學校 編,『新制 國民學校 教科の指導精神』, 日韓書房, 昭和16(1941).
京城女子師範學校附屬國民學校 編,『國民學校の本義と實踐』, 京城女子師範學校附屬國民學校, 昭和16(1941).
高等師範學校附屬國民學校初等教育研究會 編,『國民科修身教育の實踐: 國民學校禮法教授要項案』, 大日本出版株式會社, 昭和16(1941).
瓜生二成, 新川忠,『國民科地理』, 全州師範學校地理研究室, 昭和16(1941).
廣島高等師範學校附屬國民學校 學校教育研究會 編,『國民學校初等一二年の教育』, 廣島高等師範學校附屬國民學校, 昭和16(1941).
堀之內恒夫,『國民學校教授新教育の根本情神』, 昭和16(1941).
宮腰他一雄,『國民學校: 私の國民科國史の研究授業』, 光文社, 昭和16(1941).
吉田態次,『國民學校教育論』, 昭和16(1941).
大日本學術協會 編,『國民學校各科教育の本義』, モナス, 昭和16(1941).
東京高等師範學校附屬小學校初等教育研究會 編,『國民學校の基礎的研究』, 大日本圖書株式會社, 昭和16(1941).

東岩美 編,『國民學校令及同時行規則解說』, 昭和16(1941).
木村素衛,『國民と教養』, 弘文堂, 昭和16(1941).
門田中雄,『國民學校法規の解說と實際』, 昭和16(1941).
小林左源治,『國民學校經營精義』, 教育科學社, 昭和16(1941).
詩下米太郎,『國民學校放送教育の實踐』, 日本放送出版協會, 昭和16(1941).
楢崎淺太郎,『國民學校の根基』, 昭和16(1941).
日本放送協會,『文部省國民學校校則案說明要領及解說』, 昭和16(1941).
入沢宗壽,『統合教科と綜合教授』, 明治圖書, 昭和16(1941).
井下田緊雄,『國民學校教則案解說』, 東亞出版社, 昭和16(1941).
三田訓治,「國民學校教育方法原理の概觀」,『朝鮮の教育研究』, 朝鮮初等教育研究會, 昭和16(1941)年 2月号.
岩下雄三,「國民學校教育の實踐」(上),『朝鮮の教育研究』, 朝鮮初等教育研究會, 昭和16(1941)年 2月号.
朝鮮總督府,「國民學校教科經營の實踐に望む」(第一回),『朝鮮の教育研究』, 朝鮮初等教育研究會, 昭和16(1941)年 2月号.
森田梧郎,「國民科國語と讀本使用者の心構へ」,『朝鮮の教育研究』, 朝鮮初等教育研究會, 昭和16(1941)年 3月号.
阿部一正,「國民科國史教授案」,『朝鮮の教育研究』, 朝鮮初等教育研究會, 昭和16(1941)年 3月号.
岩下雄三,「國民學校教育の實踐」(下),『朝鮮の教育研究』, 朝鮮初等教育研究會, 昭和16(1941)年 3月号.
鹽原時三郎, 夏山(曹)在浩 譯,「國民學校開設とその 使命」,『春秋』第2卷 2号, 朝鮮春秋社, 昭和16(1941)年 3月.
玉川晟根,「國民科地理「環境の觀察」の取扱について」,『朝鮮の教育研究』, 朝鮮初等教育研究會, 昭和16(1941)年 3月号.
朝鮮總督府,「國民學校教科經營の實踐に望む」(第二回),『朝鮮の教育研究』, 朝鮮初等教育研究會, 昭和16(1941)年 3月号.
中村榮孝,「國民學校國民科校則案について」(上),『文教の朝鮮』, 朝鮮教育會, 昭和16(1941)年 3月号.
秋月孝久,「國民學校・家庭・社會」,『朝鮮の教育研究』, 朝鮮初等教育研究會, 昭和16(1941)年 3月号.
國民教育研究會,「國民學校教室」,『國民教育』, 國民教育研究會, 昭和16(1941)年 4月号.

宮村正興,「國民學校の教育的內容と家庭-各家庭のお母さんたちこ」,『朝光』第7卷 4号, 朝鮮日報社出版部, 昭和16(1941)年 4月.
大石運平,「國民學校教育における學校經營上の諸問題」,『朝鮮の教育研究』朝鮮初等教育研究會, 昭和16(1941)年 4月号.
滋賀縣島國民學校,「國民學校ところどころ」,『國民教育』, 國民教育研究會, 昭和16(1941)年 4月号.
朝鮮總督府,「國民學校制度實施さる」,『朝鮮』, 昭和16(1941)年 4月号.
中村榮孝,「國民學校國民科校則案について」(中),『文教の朝鮮』, 朝鮮教育會, 昭和16(1941)年 4月号.
學務局長 談話,「國民學校制度實施に際して」,『文教の朝鮮』, 昭和16(1941)年 4月号.
國民教育研究會,「國民學校教室」,『國民教育』, 國民教育研究會, 昭和16(1941)年 5月号.
渡部學,「國民科修身と禮法指導」,『朝鮮の教育研究』, 朝鮮初等教育研究會, 昭和16(1941)年 5月号.
東山一男,「新刊初等國史をして生命あらしむる道」,『文教の朝鮮』朝鮮教育會, 昭和16(1941)年 5月号.
松月秀雄,「國民學校教育要旨の獨創性」,『朝鮮の教育研究』, 朝鮮初等教育研究會, 昭和16(1941)年 5月号.
中村榮孝,「國民學校國民科校則案について」(三),『文教の朝鮮』, 朝鮮教育會, 昭和16(1941)年 5月号.
國民教育研究會,「國民學校教室」,『國民教育』, 國民教育研究會, 昭和16(1941)年 6月号.
田中稔,「國民科國語(讀み方)低學年取扱の要點」,『朝鮮の教育研究』, 朝鮮初等教育研究會, 昭和16(1941)年 6月号.
中村榮孝,「國民學校國民科校則案について」(四),『文教の朝鮮』, 朝鮮教育會, 昭和16(1941)年 6月号.
坂東藤太郎,「國民學校教育の要諦」,『朝鮮の教育研究』, 朝鮮初等教育研究會, 昭和16(1941)年 6月号.
宮野正夫,「錬成に立つ訓練」,『國民學校』, 朝鮮公民教育會, 昭和16(1941)年 7月号.
松室孝良,「東亞共榮圈建設と民族問題」,『日本教育』1941. 7.
岩下雄三,「'國民學校'誌の一大使命」,『國民學校』創刊號, 朝鮮公民教育會, 昭和16(1941)年 7月号.
田中俊則,「國民科國史に於ける眞の感銘とは」,『國民學校』創刊號, 朝鮮公民教育會, 昭和16(1941)年 7月号.
田中浩造, 「國民學校教師たるの信念」, 『國民學校』, 朝鮮公民教育會, 昭和16(1941)年 7月号.
中林モト, 「綜合教育實踐の所感」, 『國民學校』 創刊號, 昭和16(1941)年 7月号.
淺野寅夫, 「國民科修身に於ける實踐と德性の基礎的考察」, 『國民學校』, 朝鮮公民教育會, 昭和16(1941)年 7月号.
大石運平, 「國民科地理の授業の一形態,」, 『國民學校』, 朝鮮公民教育會, 昭和16(1941)年 8月号.
安岡源太郎, 「國民學校教師としての心構」, 『國民學校』, 朝鮮公民教育會, 昭和16(1941)年 8月号.
御廚一八, 「國民科地理の授業の一形態」, 『國民學校』, 朝鮮公民教育會, 昭和16(1941)年 8月号.
田中平作, 「錬成の心理」, 『國民學校』, 朝鮮公民教育會, 昭和16(1941)年 8月号.
挾間文一, 「星と半島農民」, 『國民學校』, 朝鮮公民教育會, 昭和16(1941)年 8月号.
吉越吉雄, 「時局と道德教育」, 『國民學校』, 朝鮮公民教育會, 昭和16(1941)年 9月号.
岩下雄三, 「奉公の教育」, 『國民學校』, 朝鮮公民教育會, 昭和16(1941)年 9月号.
高濱圭甫, 「一年十月綜合教育「桃太郎」指導實踐」, 『國民學校』, 朝鮮公民教育會, 昭和16(1941)年 10月号.
四方實一, 「國民學校と國民總力聯盟」, 『國民學校』, 朝鮮公民教育會, 昭和16(1941)年 10月号.
大石運平, 「聽話指導に於ける取材の多様性」, 『國民學校』, 朝鮮公民教育會, 昭和16(1941)年 11月号.
石黑修, 「外地における國語教育と國語問題」, 『國民學校』, 朝鮮公民教育會, 昭和16(1941)年 11月号.
鈴木隆盛, 「初學年初期の讀方指導,」, 『國民學校』, 朝鮮公民教育會, 昭和16(1941)年 11月号.
有馬慶治, 「'國語讀本'を新規程に生かすの道」, 『國民學校』, 朝鮮公民教育會, 昭和16(1941)年 11月号.
依田泰, 「教育は天業なり」, 『國民學校』, 朝鮮公民教育會, 昭和16(1941)年 11月号.
津崎彌, 「第二學年國民科國語讀み方指導案」, 『國民學校』, 朝鮮公民教育會, 昭和16(1941)年 11月号.
高橋濱吉, 「改正中等學校入學者選抜法に就いて」, 『國民學校』, 朝鮮公民教育會, 昭和16(1941)年 12月号.

富田市雄,「職業科運營の精神」,『文教の朝鮮』, 朝鮮教育會, 昭和16(1941)年 12月号.
三田訓治,「國民學校教育に就いての反省」,『國民學校』, 朝鮮公民教育會, 昭和16(1941)年 12月号.
岡田抬川,『國民學校教授法及管理法』, 河出書房, 昭和17(1942).
篠原助市,『教授原論: 特に國民學校の授業』, 岩波書店, 昭和17(1942).
守內喜一郎,『國民學校の教育 國民學校教育の體系叢書 第1卷 目的の研究』, 寶文館, 昭和17(1942).
長谷川端,『國民校教授原論』, 啓文社, 昭和17(1942).
朝鮮總督府,『(現行)朝鮮教育法規』, 朝鮮行政學會, 昭和17(1942).
朝鮮總督府學務局,『朝鮮諸學教一覽 教育統計8』, 昭和17(1942).
千葉師範學校附屬國民學校 編,『(國民學校)初一受業の實踐形態』, 啓文社, 昭和17(1942).
草場弘,『國民學校教導論』, 昭和17(1942).
築山正次,『國民學校各科の實踐形態』, 教育社, 昭和17(1942).
春川師範學校 編,『國民學校教育精說』, 春川師範學校, 昭和17(1942).
京城師範學校附屬第一國民學校「我が校行事の實際」,『國民學校』, 朝鮮公民教育會, 昭和17(1942)年 1月号.
京城女子師範學校附屬國民學校,「國民錬成の道場たるべき施設運營の實際」,『國民學校』, 朝鮮公民教育會, 昭和17(1942)年 1月号.
公州女子師範學校附屬國民學校,「國民學校研究大會視察記」,『國民學校』, 朝鮮公民教育會, 昭和17(1942)年 1月号.
吉田正男,「國民倫理の再建と教育」,『國民學校』, 朝鮮公民教育會, 昭和17(1942)年 1月号.
四方實一,「教育者としての信念」,『國民學校』, 朝鮮公民教育會, 昭和17(1942)年 1月号.
淺野寅夫,「國民科修身實踐上の諸問題」,『國民學校』, 朝鮮公民教育會, 昭和17(1942)年 1月号.
金子孝行,「國民科地理第六學年授業案例」,『國民學校』, 朝鮮公民教育會, 昭和17(1942)年 3月号.
岩下雄三,「戰時下の教育精神」,『國民學校』, 朝鮮公民教育會, 昭和17(1942)年 3月号.
鈴木三郎,「國民學校教育の特性を確把する要あり」,『國民學校』, 朝鮮公民教育會, 昭和17(1942)年 3月号.
川上實計,「國語教育に思ふ心構」,『國民學校』, 朝鮮公民教育會, 昭和17(1942)年 3月号.

淺野寅夫,「國民科修身の指導過程と授業案例」,『國民學校』, 朝鮮公民教育會, 昭和17(1942)年 3月号.
巻頭言,「國民學校制度實施第二年を迎へて」,『文教の朝鮮』, 朝鮮教育會, 昭和17(1942)年 4月号.
泥野熹九男,「初六國民科國史授業の實題」,『國民學校』, 朝鮮公民教育會, 昭和17(1942)年 4月号.
岩崎清,「戰時體制下の國民學校經營」,『國民學校』, 朝鮮公民教育會, 昭和17(1942)年 4月号.
朝鮮教育會 編,「國民學校制度實施第二年を迎へて」,『國民學校』, 朝鮮公民教育會, 昭和17(1942)年 4月号.
吉武基太,「新しき國民學校精神の下に建設さるべき國民科國史指導の重點と鍊成案」,『國民學校』, 朝鮮公民教育會, 昭和17(1942)年 5月号.
端野與三吉,「初三國民科國語讀方教育の實踐姿態」,『國民學校』, 朝鮮公民教育會, 昭和17(1942)年 5月号.
林德次,「父兄母姉にのぞむもの」,『國民學校』, 朝鮮公民教育會, 昭和17(1942)年 5月号.
朝鮮公民教育會,「教育者の戰爭」,『國民學校』, 朝鮮公民教育會, 昭和17(1942)年 5月号.
中村榮孝,「大東亞建設と朝鮮教育」,『國民學校』, 朝鮮公民教育會, 昭和17(1942)年 5月号.
四方實一,「我が校の鍊成計劃」,『國民學校』, 朝鮮公民教育會, 昭和17(1942)年 7月号.
田中稔,「初三國民科國語(讀方)授業案」,『國民學校』, 朝鮮公民教育會, 昭和17(1942)年 7月号.
川井あき,「初二, 國民科修身授業案」,『國民學校』, 朝鮮公民教育會, 昭和17(1942)年 7月号.
田中稔,「國民學校放送聽取指導の要領」,『國民學校』, 朝鮮公民教育會, 昭和17(1942)年 8月号.
光州師範學校附屬國民學校編,『(決戰體制下に於ける)國民學校教育の實踐研究』, 光州師範學校附屬國民學校, 昭和18(1943).
國語教育學會 編,『國民科國語の指導: ヨミカタ』, 岩波書店, 昭和18(1943).
ベッケル 著, 鈴木福一, 西原茂正 譯,『列國の植民地教育政策』, 第一出版協會, 昭和18(1943).
守內喜一 郎,『理論實踐國民學校の教育』, 寶文館, 昭和18(1943).

安藤堯雄,『國民學校經營原論』, 昭和18(1943).

朝鮮總督府學務局,『朝鮮諸學校一覽』, 昭和18(1943).

竹下直之,『道義の世界觀と教育』, 靑葉書房, 昭和18(1943).

中谷千臧,『國民學校 學籍簿精義』, 東洋圖書株式會社資會社, 昭和18(1943).

朝鮮總督府,『中等學校令』, 昭和18(1943)年 1月 20日.

文部省,『高等女學校規定』, 昭和18(1943) 3月 2日(文部省令 第3号).

文部省,『中學校規定』, 昭和18(1943) 3月 2日(文部省令 第2号).

朝鮮總督府,『高等女學校 規程』第1條, 昭和18(1943)年 3月 27日.

朝鮮總督府,『中學校 規程』, 朝鮮總督府令 第58号, 昭和18(1943) 3月 27日.

井上赳,「國民學校初等科教科書の編纂を終りて」,『日本教育』, 1943. 5.

宮岐靜二,『日本語辭典』, 昭和19(1944).

近藤釼一 編,「太平洋戰爭下の朝鮮及臺灣」,『朝鮮近代史料』, 朝鮮總督府關係重要文書選集(1), 1944.

田中豊太郎, 條原重利, 多田勉,『標準的 實際例 國民學校初四の指導過程』下, 有朋堂, 昭和19(1944).

井上嘉七,『國民學校の日本教育的性格』, 日本出版配給株式會社, 昭和19(1944).

帝國教育會出版部,『國民科讀方授業案』, 朝鮮國民教育研究會, 昭和19(1944).

朝鮮國民教育研究所 編,『(細目兼用)國民科讀方授業案: 初三後期』, 朝鮮國民研究所, 昭和19(1944).

朝鮮國民教育研究所 編,『(細目兼用)授業案』, 朝鮮國民教育研究所, 昭和19(1944).

文部省,『學制八十年史』, 1954.

文部省 編,『學制百年史』, 帝國地方行政學會, 1972.

久松潛一,『新潮國語辭典: 現代語, 古語』, 新潮社, 1984.

渡部學, 阿部 洋,『日本植民地教育政策史料集成 朝鮮篇』第22-23卷, 龍溪書舍, 1990.

渡部學, 阿部 洋,『日本植民地教育政策史料集成 朝鮮篇』第33-34卷, 龍溪書舍, 1990.

文部省,『學制百二十年史』, ぎょうせい, 1994.

民族問題研究所 編,『日帝下 戰時體制期政策資料叢書』第43卷, 韓國學術情報株式會社, 2000.

民族問題研究所 編,『日帝下 戰時體制期政策資料叢書 總動員政策과 團體6』第54卷, 韓國學術情報株式會社, 2000.

韓國國家記錄研究院 譯,『朝鮮總督府公文書綜合目錄集』, 한울아카데미, 2005. 6.

2. 논저

1) 저서

강만길, 『식민지통치비교자료집 인도, 필리핀, 조선』, 『비교역사문화총서』 3, 선인출판사, 2004.
강만길 외, 『일본과 서구의 식민통치 비교』, 선인출판사, 2004.
姜尙中, 임성모 역, 『내셔널리즘』, 이산, 2004.
宮田節子, 이영희 역, 『조선민중과 황민화 정책』, 일조각, 1997.
旗田巍, 李基東 역, 『일본인의 한국관』, 일조각, 1983.
김순전, 『수신하는 제국』, J&C출판, 2004.
김영우, 『한국초등교육사: 한국교육의 형성』, 교육과학사, 2000.
김종화, 「일제의 대한식민지 교육에 관한 고찰」, 건국대학교 석사학위논문, 1981.
김태웅, 『국사교육의 편제와 한국근대사 탐구』, 선인, 2014.
김한종, 『역사교육과정과 교과서연구』, 선인, 2006.
金興洙, 『韓國歷史敎育史』, 大韓敎科書株式會社, 1992.
尾形俗康 외 3인, 신용국 역, 『(신간)일본교육사』, 교육출판사, 1995.
백순근, 『일제강점기의 교육평가』, 교육과학사, 2003.
保坂祐二, 「일본제국주의의 민족동화정책분석-조선과 만주, 대만을 중심으로」, J&C, 2002.
Beasley, W. G., 장인성 역, 『일본 근현대 정치사』, 을유문화사, 1999.
孫仁銖, 『韓國近代敎育史』, 연세대출판부, 1975.
孫仁銖, 『韓國敎育史研究 下』, 문음사, 1998.
송이랑, 『일제의 한국식민지 통치방식』, 세종출판사, 1999.
아사오 나오히로, 이계황 역, 『새로 쓴 일본사』, 창작과비평사, 2003.
安田吉實, 孫洛範 編, 『엣센스 日韓辭典』, 民衆書林, 1995.
양호환 외, 『역사교육의 이론』, 책과 함께, 2019.
역사교육연구소 편, 『우리 역사교육의 역사: 고대부터 현대까지 한국 역사교육이 걸어온 길』, 휴머니스트, 2015.
오성철, 『식민지초등교육의 형성』, 교육과학사, 2000.
오천석, 『한국신교육사』, 현대교육총서, 1964.
우용제 외, 『근대 한국초등교육연구』, 교육과학사, 1998.
유봉호, 『韓國敎育課程史 研究』, 교학연구사, 1992.
유봉호, 김융자, 『한국 근/현대 중등교육 100年사』, 한국교육학회교육사연구회,

1998.
尹世哲敎授停年記念歷史學論叢刊行委員會,『歷史敎育의 方向과 國史敎育』, 솔, 2001.
이만규,『조선교육사2』, 거름, 1988.
이종국,『한국의 교과서 출판 변천연구』, 일진사, 2002.
일본사학회,『아틀라스 일본사』, 일본사학회, 사계절, 2011.
정선영 외,『역사교육의 이해』, 삼지원, 2019.
鄭在哲,『日帝의 對韓國植民地敎育政策史』, 一志社, 1985.
차석기,『식민지 교육정책 비교연구: 20세기 열강국을 중심으로』, 집문당, 1989.
韓國日本學會 編,『日本敎育의 理解』, 시사일본어사, 2003.
韓國精神文化硏究院 編,『韓國近現代敎育史』, 성남, 1995.
한기언, 이계학,『일제의 교과서정책에 관한 연구』, 한국정신문화연구원, 1993.
함종규,『한국교육과정 변천사 연구: 조선조 말부터 제7차교육과정기까지』, 교육과학사, 2004.
Herbart, J. F., 김영래 역,『헤르바르트의 일반교육학』, 학지사, 2006.
홍문종,『조선에서 일본 식민지 교육정책 1901-1945』, 학지사, 2003.

加藤章 外 3人 編,『講座歷史敎育: 歷史敎育の歷史』, 弘文堂, 1982.
講座日本敎育史編輯委員會 編,『講座日本敎育史』第4卷, 現代Ⅰ/Ⅱ, 第1法規, 1984.
駒込武,『植民地帝國日本の文化統合』, 岩波書店, 1996.
國立敎育硏究所 編,『日本近代敎育百年史』, 敎育政策1, 敎育硏究振興會, 1974.
國立敎育硏究所 編,『日本近代敎育百年史』, 學校敎育3, 敎育硏究振興會, 1974.
國立敎育硏究所 編,『日本近代敎育百年史』, 學校政策2, 敎育硏究振興會, 1974.
宮田節子,『朝鮮民族と皇民化政策』, 1997.
旗田巍,『日本と朝鮮』, 勁草書房, 1965.
旗田巍,『日本は朝鮮で何を敎えたか』, あゆみ出版, 1987.
旗田巍 編,『朝鮮の近代史と日本』, 大和書房, 1987.
寄田啓夫, 山中芳和 編,『日本敎育史』, ミネルバ書房, 1998.
磯田一雄,「皇民化敎育と植民地の國史敎科書」, 大江志乃夫 外編,『近代日本と植民地 4, 統合と支配の論理』, 岩波書店, 1993.
磯田一雄,「戰前期日本の「國史」敎育と植民地」, 佐藤秀夫, 山本武利 編,『日本の近·現代史と歷史敎育』, 築地書館, 1996.

磯田一雄,『「皇國の姿」を追って-教科書に見る植民地教育文化史』, 皓星社, 1999.
吉田太郎,『歷史教育內容方法論史』, 明治圖書, 1968.
唐沢富太郎,『教科書の歷史』, 創文社, 1956.
渡部學, 阿部洋,『日本植民地教育政策史料集成 朝鮮篇』, 第42卷, 1990.
東京大教養學部,『日本史槪說』, 知永社, 1995.
寺崎昌男, 仲新, 海後宗臣,『教科書でみる近現代日本の教育』, 東京書籍, 1999.
山田惠吾, 具鬆茂樹,『教育史からみる學校·教師·人間像』, 梯出版社, 2007.
石川謙,『近代日本教育制度史料』第2卷, 圖書印刷株式會社, 1956.
世界教育史研究會 編,『初等教育史』, 世界教育史大系23, 講談社, 1975.
小澤有作,『植民地教育認識再考: 日本教育問題としての植民地教育問題』,『東京道立大學人文學報』第82号, 1971.
小澤有作,『日本植民地教育政策論: 日本語教育政策を中心にして』,『東京道立大學人文學報』第82号, 1971.
松島榮一,『歷史教育の歷史と社會科』, 青木書店, 2003.
水野直樹 編,「朝鮮總督府諭告」,『訓示 集成』5, 綠蔭書房, 1965.
阿部洋 編,『戰前日本の植民地教育政策に関する總合的研究』, 福岡県立大學, 田川, 1994.
歷史教育者協議會 編,『歷史教育50年のあゆみと課題』, 未來社, 1997.
影山 昇,『日本の教育の歩み』, 有斐閣, 1985.
遠山蔑樹,『戰後の歷史學と歷史意識』, 岩波書店, 2001.
李淑子,『教科書に描かれた朝鮮と日本-朝鮮における教科書の推移 1895-1979』, ほるぷ出版, 1985.
伊ヶ崎曉生, 松島榮一,『日本教育史年表』, 三省堂, 2001.
日本植民地教育史研究會 編,『植民地教育史像の再構成』, 皓星社, 1998.
日本植民地教育史研究會 編,『植民地教育史認識を問う』, 皓星社, 1999.
入江曜子,『日本が「神の國」だった時代』, 岩波新書764, 波書店, 2001.
長浜功,『國民學校の研究-皇民化教育の實證的解明』, 明石書店, 1985.
佐藤秀夫,「近代日本の教育內容政策とそのアジア認識」, 佐藤秀夫, 山本武利 編,『日本の近 · 現代史と歷史教育』, 築地書館, 1996.
佐藤伸雄,『歷史教育の課題と皇國史觀』, あずみの書房, 1989.
佐藤由美,『植民地教育政策の研究』, 龍溪書舍, 2000.
佐藤学,『世界史大系5: 朝鮮教育史』, 講談社, 1998.
倉本一宏,『戦争の日本史』2, 吉川弘文館, 2007.

沖田英明,『ミャンマ-の侍 山田長政侍の末裔と古文書が語る長政殘黨傳說』, 東洋出版, 2010.
土方苑子,『東京の近代小學校-國民教育制度の成立過程』, 東京大學出版會, 2002.
海後宗臣 編,『日本近代教育史』, 東京書籍, 1962.
海後宗臣,『歷史教育の歷史』, 東京大學出版部, 1969.
海後宗臣,『教科書でみる近代日本の教育』, 東京書籍, 1979.
戸田金一,『昭和戰爭期の國民學校』, 吉川弘文館, 1993.
戸田金一,『國民學校-皇國の道』, 吉川弘文館, 1997.
和仁康夫,『歷史教科書とナショナリズム-歪曲の系譜』, 社會評論社, 2001.

Krieger, Silke, *Confucianism and the Modernization of China*, no.16. International Confucian Symposium on "Confucianism and the Modernization of China", V. Hase & Koehler Verlag, 1988.
Wray, Harry and Concoy, Hilary, *Japan Examined Prospectives on Modern Japanese History*, University of Hawaii Press, 1983.

2) 논문
구난희,「일제하 천황 인식 형성과 역사교과서의 천황서술-1930년대 이후 역사교과서를 중심으로」,『역사교육연구』 12, 한국역사교육학회, 2010.
具姬眞,「日帝 强占 後半期(1930-1945) '皇民化'教育論」,『韓國近現代의 民族問題와 新國家建設』, 知識產業社, 1997.
具姬眞,「韓國近代改革期의 教育論과 教育改編」, 서울大學校 博士學位論文, 2004.
宮田節子, 최원규 편,「'內鮮一體'의 구조」,『일제말기 파시즘과 한국사회』, 청아출판사, 1988.
권오현,「황국신민화 교육정책과 역사교육의 변화」,『사회과교육연구』 18(4), 한국사회교과교육학회, 2011.
권오현, 이전,「일제강점기『국사지리』교과서의 지리 내용에 동원된 국민의식 형성 논리에 대한 고찰」,『문화 역사 지리』 24(1), 한국문화역사지리학회, 2012.
吉川宜子,「일제시대 보통학교체제의 형성」, 서울대학교 박사학위논문, 1996.
김경미,「'황민화' 교육정책과 학교교육: 1940年대 초등교육 '국사' 교과를 중심으로」,『동방학지』 124, 연세대학교 국학연구원, 2004.
김경미,「1940년대 조선의 "국사"교과서와 일본의 국사교과서」,『한국한국교육사학』 28(2), 교육사학회, 2006.

金奎昌, 「朝鮮語科 始末과 日語教育의 歷史的 背景(Ⅳ)-國民學校制度」, 『서울교육대학논문집』 5, 1973.
金奎昌, 「朝鮮語科 始末과 日語教育의 歷史的 背景(Ⅴ)-統合教育令, 戰時教育令」, 『서울교육대학논문집』 6, 1973.
金奎昌, 「朝鮮語科 始末과 日語教育의 歷史的 背景(Ⅸ)-私立學校(2)」, 『서울교육대학논문집』 7, 1974.
김기홍, 「日帝下 전시총동원체제기(1938-45) '皇民化'교육 연구: 학교교육의 教育活動을 中心으로」, 연세대학교 석사학위논문, 2000.
김동환, 「일제강점기 충북 중등교육의 사례연구」, 『한국교육사학』 31(2), 2009.
김보림, 「일제강점기 초등 '국사'교과서에 수록된 삽화의 현황과 특징」, 『역사교육』 118, 역사교육연구회, 2011.
김봉석, 「朝鮮の教育研究에 나타난 일제강점기 초등 역사수업 실천」, 『사회과교육』 46, 2007.
김봉석, 「1930년대 전반기 재조 일본인 교사의 역사교육인식과 수업실천 양상」, 『역사문화연구』 42, 2012.
김상훈, 「1945-1950년 역사 교수요목과 교과서 연구」, 서강대학교 박사학위논문, 2015.
김성애, 「일제강점기 식민지교육정책의 추이」, 인제대학교 석사학위논문, 2007.
김성자, 「역사 교육과정 개정 절차와 내용 구성에 대한 연구」, 서울대학교 박사학위논문, 2014.
김아름, 「日帝强占期(1920년대) '歷史童話'의 擡頭와 偉人 再發見」, 서울대학교 석사학위논문, 2013.
김은영, 「일제강점기 제2차 조선교육령의 목적과 역사교육: 대만교육령과의 비교를 중심으로」, 동국대학교 석사학위논문, 2016.
김재우, 「조선총독부의 교육정책에 관한 분석적 연구」, 한양대학교 박사학위논문, 1987.
김정우, 「일제하 초등교육과 근대적 주체의 형성에 관한 연구-1920-1940年대 보통학교 교육을 중심으로」, 연세대학교 박사학위논문, 2000.
김종준, 「일제 시기 '(일본)국사'의 '조선사' 포섭 논리」, 『한국학연구』 29, 2013.
김진균, 정근식, 강이수, 「일제하 보통학교와 규율」, 『근대주체와식민지 규율권력』, 1997.
金泰雄, 「大韓帝國 認識의 변천과 國史教材의 서술」, 『歷史教育의 方向과 國史教育』, 尹世哲教授停年記念歷史學論叢刊行委員會, 솔, 2001.

金泰雄, 「'國史' 명칭의 연원과 중등학교 역사교육에서 '국사' 명칭」, 『역사교육』 71, 전국역사교사모임, 2005. 12.

김한종, 「조선총독부의 교육정책과 교과서 발행」, 『역사교육연구』 9, 2009.

董宣喜, 「日帝의 '神功神話' 解析과 歷史敎育-同化主義와 侵略主義를 中心으로」, 『韓日民族問題硏究』 第2卷, 2002.

류승렬, 「해방 후 교육과정 변천과 역사교과의 위치」, 『역사교육』 60, 역사교육연구회, 1996.

류승렬, 「日帝强占期 硏究와 國史敎育」, 『歷史敎育의方向과 國史敎育』, 尹世哲敎授停年記念歷史學論叢刊行委員會, 솔, 2001.

민성희, 「해방 직후(1945-1948) 황의돈의 국사교육 재건 활동」, 한국교원대학교 석사학위 논문, 2015.

박범희, 「일제시대 초등학교 역사 교과서 내용분석-普通學校國史와 初等國史를 중심으로」, 한국교원대학교 석사학위논문, 2000.

박소연, 「한국 중등 세계사 교육의 변천과 특징」, 고려대학교 박사학위논문, 2021.

박정의, 「일제 강점하 한국의 식민지 교육정책」, 전남대학교 석사학위논문, 1982.

박종렬, 「일제식민주의에 대한(對韓) 교육정책의 성격」, 『춘천교대논문집』 8, 1970.

박제홍, 「近代韓日 敎科書의 登場人物을 통해 본 日帝의 植民地 敎育: 『普通學校修身書』와 『尋常小學修身書』를 중심으로」, 전남대학교 박사학위논문, 2008.

박제홍, 「일제강점기 보통학교용 역사교과서 개정 편찬에 관한 고찰」, 『일본어문학』 75, 일본어문학회, 2016.

박진동, 「韓國의 敎員養成體系의 樹立과 國史敎育의 新構成: 1945-1954」, 서울대학교 박사학위논문, 2004.

박찬교, 「조선총독부 편찬 『심상소학국사보충교재』의 편찬 배경과 역사 인식」, 『역사교육연구』 24, 한국역사교육학회, 2016.

朴泰俊, 「일본 제국주의의 성격과 그 교육적 특징」, 『敎育史學硏究』 9, 1999.

박평식, 「初等學校 敎育課程의 變遷과 歷史敎育」, 『역사교육』 87, 역사교육연구회, 2003.

박현옥, 「일제하 역사교과서와 식민지 지배 이데올로기-보통학교국사와 초등국사를 중심으로」, 중앙대학교 석사학위논문, 2007.

배주원, 「일제하 황민화 교육정책에 관한 연구: 보통학교 교육과정을 중심으로」, 청주대학교 석사학위논문, 2008.

백광렬, 「일제의 대한(對韓) 식민지 교육체계의 구상과 실행」, 서울대학교 석사학위논문, 2005.
손석영, 「일제강점기 말 『중등역사 1』의 편찬과 서술내용」, 동국대학교 석사학위논문, 2017.
孫仁洙, 「日帝植民地 教育政策의 性格」, 『日帝下의 教育理念과 그 運動』, 韓國精神文化研究院, 1986.
신동수, 「손진태의 역사교육론과 역사교육의 유용성」, 한국외국어대학교 석사학위논문, 2015.
신소연, 「1920년대 신문기사에 나타난 당대의 역사교육 인식」, *The SNU Journal of Education Research* 28(3), 서울대학교 교육종합연구원, 2019.
신유아, 「한국 역사교육과정의 변천과 근현대사의 비중」, 『전북사학』 55, 전북사학회, 2019.
辛珠柏, 「日帝의 教育政策과 學生의 勤勞動員(1943-1945)」, 『역사교육』 78, 2001.
안기성, 「한국근대교육법제연구」, 『고려대학교 민족문화총서』 4, 고려대학교출판부 1984.
야마구치 고이치, 「일본의 현대일한관계사 연구 동향」, 『역사 교과서 속의 한국과 일본』, 혜안, 2000.
양정현, 「日帝 强占期 歷史教育 理念과 政策」, 『國史官論叢』 77, 1997.
오성철, 「식민지기의 교육적 유산」, 『교육사학연구』 8, 1998.
요시다 유코, 「일제강점기 한일 국정교과서에 나타난 '忠'에 관한 연구: 수신·일어·역사 교과서를 중심으로」, 전남대학교 박사학위논문, 2020.
우선주, 「일제강점기 조선의 중등학교 동·서양사 교육-1922-1945」, 서울대학교 석사학위논문, 2006.
劉奉鎬, 「日本植民地 정책하의 초중등학교 교육과정 변천에 관한 연구」, 중앙대학교 박사학위논문, 1982.
유용식, 「일제의 한국사왜곡과 식민지 역사교육」, 『殉國』 15, 1991.
유용태, 「역사교과서 속의 아시아 국민국가 형성사-2002년에 사용될 교과서」, 『역사비평』 57, 역사문제연구소, 2001. 11.
유용태, 허원, 「교육과정 속의 역사, 세계사, 아시아사」, 『역사교육』 82, 역사교육연구회, 2002.
유철, 김순전, 「일제강점말기 저학년에게 교수된 역사, 지리교육의 실상 고찰」, 『대한일어일문학회 학술대회 발표논문 요지집』 4, 대한일어일문학회, 2017.
유철, 김순전, 「황국신민 양성을 위한 역사교육-1944년 조선총독부편찬 『초등국사(初等國史)』를 중심으로」, 『日本語教育』 79, 한국일본어교육학회, 2017.

윤세철,「世界史敎育과國際理解」,『師大論叢』20, 서울大學校 師範大學, 1979.
윤세철,「일본의 역사교육과정과 교과서」,『역사교육』34, 역사교육연구회, 1983.
윤세철,「사회과 통합의 본질」,『역사교육』50, 1991.
윤은미,「제3차 조선교육령 시기의 '국사지리' 교육」, 한국교원대학교 석사학위논문, 2009.
殷鍾泰,「日帝의 植民地 同化敎育 硏究」, 慶北大學敎 博士學位論文, 1989.
李景植,「韓國에서 歷史學과 歷史敎育의 隔遠問題」,『歷史敎育의 方向과 國史敎育』, 尹世哲敎授停年記念歷史學論叢刊行委員會, 솔, 2001.
李明實,「日本植民地敎育史硏究의動向」,『韓國敎育史學』20, 韓國敎育學會 敎育史硏究會, 1998.
이명화,「일제 총독부 간행 역사교과서와 식민사관」,『역사비평』15, 1991.
이명화,「조선총독부의 교육정책과 역사교과서」,『열국』32, 1993.
이명화,「일제 황민화교육과 국민학교제의 시행」,『한국독립운동사연구』35, 독립기념관 한국독립운동연구소, 2010.
李明熙,「1930年代 韓國에서 日本人 敎師들의 初等歷史敎育 實踐」,『日本學報』59, 韓國日本學會, 2004. 6.
이숙례, 조연순,「조선조에서 일제시대에 걸친 초등교육의 내용 및 방법연구」,『초등교육연구』3, 1989.
李淑子,「日本の對韓植民主義敎育政策」,『慶熙大學校論文集』13, 1982.
이시용,「일제강점기 조선총독부의 교육정책에 관한 고찰」,『교육논총』18, 2001.
이옥순,「식민주의와 교육-한국과 인도의 비교연구」,『이재룡 박사 환력기념 한국사학논총』, 이재룡박사 환력기념 한국사학논총간행위원회, 1990.
李元淳,「日本 歷史敎育의 變遷」,『역사교육』34, 역사교육연구회, 1983.
이원식,「日帝의 敎育政策과 歷史敎育」, 연세대학교 석사학위논문, 2003.
이원정,「미국 사회과 교육에 대한 일고찰-역사교육을 중심으로」, 청주대학교 석사학위논문, 2010.
李垠泓,「일제강점기 에비 미치타카(蝦道隆)의 역사교육관과 초등역사수업」,『역사교육』157, 역사교육연구회, 2021.
이인애,「식민지 지배도구로서의 제국주의와 교육에 관한 연구-일본 제국주의의 대한 침략을 통해서 본」,『교육연구』50, 1982.
李鍾國,「第3次 朝鮮敎育令期의 私學法規에 관한 硏究」, 詳明大學校 人文科學硏究所, 2002.
李鍾國,「第4次 朝鮮敎育令期의 私學法規에 관한 硏究」, 詳明大學校 人文科學硏究

所, 2002.
이현희, 「일제의 한국교육, 종교침략정책의 연구-20세기 전후반사에 나타난 문화 침략책」, 『최영희 선생 화갑기념 한국사학논총』, 탐구당, 1987.
임승관, 「日帝强占期 3차 조선교육령(1938년도)의 시행과 성격」, 국민대학교 석사 학위논문, 2009.
임이랑, 「문교의 조선(文教の朝鮮)에 나타난 조선총독부 학무관료의 조선교육론」, 『한국민족문화』 49, 2013.
장신, 「한말·일제강점기의 교과서 발행제도와 역사교과서」, 『역사교육』 91, 2004.
장신, 「1930년대 경성제국대학의 역사교과서 비판과 조선총독부의 대응」, 『동북아역사논총』 42, 2013.
鄭圭永, 「植民地時代 '國民學校' 成立過程의 考察」, 『初等教育研究』 14(2), 2001.
鄭圭永, 「戰時動員體制와 植民地 教育의 變容: 日本 植民地 支配下의 韓國教育 1937-1945」, 『教育學研究』 40(2), 2002.
정상우, 「식민주의 역사학에서의 고려 시대 연구-'蒙古襲來'에 대한 연구를 중심으로」, 『史學研究』 141, 한국사학회, 2021.
鄭在貞, 「日帝植民地 政策研究의 現段階와 課題」, 『韓國史論』 26, 國史編纂委員會, 1996. 5.
鄭在貞, 韓日歷史共同研究委員會 編, 「日帝下 朝鮮에서의 國家總力戰體制와 朝鮮人의 生活-'皇國臣民의 錬成'을 中心으로」, 『한일역사공동연구보고서』, 한일역사공동연구위원회, 2005.
鄭在貞, 「植民都市와 帝國日本의 視線: 奈良女子高等師範學校 生徒의 朝鮮·滿洲 修學旅行(1939년)」, 『日本研究』(45), 韓國外國語大學校 外國學綜合研究센터 日本研究所, 2010.
정재철, 「일본제국주의 침략기의 교육」, 『한국교육사』, 한국교육사연구회, 1986.
정태준, 「국민학교 탄생에 나타난 천황제 사상교육」, 『일어교육』 23, 1997.
정태준, 「학교행사에 있어서 천황제 사상교육에 관한 연구」, 『일어교육』 25, 2003.
정태준, 「일제강점하 수신교과의 정책연구」, 『일어교육』 27, 2004.
차유미, 「일제강점기 〈國史〉의 敍事 고찰-『普通學校國史』와 『初等國史』를 중심으로」, 전남대학교 석사학위논문, 2016.
차향선, 「일제하 관공립 초등학교 교과서에 나타난 식민주의 교육의 성격 분석」, 교원대학교 석사학위논문, 1992.
최병택, 「해방 후 역사 교과서의 3·1운동 관련 서술 경향」, 『역사와 현실』 74, 2009.

최상훈,「역사과 교육과정 60년의 변천과 진로」,『사회과교육연구』12(2), 한국사회교과교육학회, 2005.
최순영,「백암 박은식의 근대사 인식과 역사교육론」, 계명대학교 석사학위논문, 2010.
최양호,「日帝 統治期 韓國에 있어서의 初等歷史教育課程研究」,『역사교육』48, 역사교육연구회, 1990.
최양호,「일제하 조선총독부 편찬 초등용 국정 국사교과서 변천」,『교과서연구』6, 1990.
허미애,「1930년대 전반기 일제의 고등보통학교 역사교과서 검인정제도와 조선사교육의 특성」, 고려대학교 석사학위논문, 2015.
황영호,「일본교육칙어의 성립과 시대적역할의 고찰」, 부산외국어대학교 박사학위논문, 2006.

家永三郎,「三國史-所收教科書の解說」,『復刻 國定教科書 國民學校期』, ほるぷ出版, 1982.
權伍鉉,「朝鮮總督府下における歷史教育內容史研究: 國民意識形成の論理を中心に」, 廣島大學博士學位論文, 1999.
槻木瑞生 外,「'大東亞戰爭'期における日本植民地·占領期教育の綜合的研究」,『科學研究費補助金基盤研究 (B)(1)研究報告書』, 2001. 3.
埼田一雄,「第3次, 第4次 朝鮮教育令下の國史教科書の改訂狀況-'內地'及び'滿洲'の國史教科書との比較研究のための覺書」,『星星文藝』130, 1990.
埼田一雄,「皇民化教育と植民地の國史教科書」,『岩波講座4: 近代日本と植民地』, 岩派書店, 1993.
磯田一雄,「太平洋戰爭期における朝鮮の教育內容研究の現狀と課題」,『科學研究費補助金基盤研究 (B)(1)研究報告書』, 2001. 3.
吉村敏之,「教育實踐史研究の可能性-教師にまなび, 教師とかかわることをめざして」,『日本教育史研究』第14号, 日本教育史研究會, 1995年 8月号.
渡部洋,「日本統治期朝鮮の教育-研究史的考察」,『韓』第3卷 9号, 1974.
大橋基博,「戰後教育改革研究の動向と課題」,『日本教育史研究』第10号, 日本教育史研究會, 1991年 9月号.
墨翊淸陸,「皇國史觀の國史教育: 第六期國定教科書を中心として」,『講座歷史教育: 歷史教育の歷史』, 弘文堂, 1982.
米田俊彦,「1990年代以來の教育史研究の諸動向と'風景'」,『教育學研究』71(2),

2004.
柏木亨, 土方死子, 「東京の近代小學校-'國民'教育制度の成立過程を読む」, 『日本教育史研究』 第22号, 日本教育史研究會, 2003. 8.
山田朗, 「日本近現代史をどうみるか―戰爭認識を中心に」, 『歷史地理教育』, 2004年 7月号.
三橋廣夫, 「三時間の韓國併合の授業-植民地支配下の教育」, 『歷史地理教育』, 2004年 7月号.
小兵健兒, 「日露戰爭をどう学んだか」, 『歷史地理教育』, 2004年 7月号.
小澤有作, 「日本植民地教育政策論: 日本語教育政策を中心にして」, 『東京道立大學人文學報』 第82号, 1971.
小澤有作, 「植民地教育認識再考-日本教育問題としての植民地教育問題」, 『21世紀の教育發展を探求する第1回教育研究國際會議報告書』, 2001, 11.
松島榮一, 「「國民學校」における歷史教育-「初等科國史」の取り扱いを中心として」, 『國民教育』 第7号, 1971年 冬季号.
茨木智志, 「國民學校初等科の國民科國史教科書 初等科國史に對する基礎的考察」, 『歷史教育史研究』 1号, 歷史教育史研究會, 2003.
茨木智志, 「戰時下における中等歷史教科書に関する基礎的考察」, 『歷史教育史研究』 15, 2017年 12月号.
前田一男, 「戰時下教育實踐の史的研究-國民學校を事例として」, 『日本教育史研究』 第14号, 日本教育史研究會, 1995年 8月号.
佐藤秀夫, 「近代日本の教育內容政策とそのアジア認識」, 佐藤秀夫, 山本武利 編, 『日本の近·現代史と歷史教育』, 築地書館, 1996.
中妻雅彦, 「子供たちの思考を広げる近現代史學習に」, 『歷史地理教育』, 2004年 7月号.
土屋武志, 「歷史教育における「自國(日本)」イメージ-歷史的變遷と今後の課題」, 『愛知教育大學研究報告』 46(教育科學編), 1997年 3月号.
和歌森民男, 「國民科の中の國史教育」, 『講座歷史教育: 歷史教育の歷史』, 弘文堂, 1982.

부록

[부표 1] 일본 국민과 교과서의 종류(아동용)

<table>
<tr><th>구분</th><th>과목
학년</th><th>수신</th><th>국어</th><th>국사</th><th colspan="2">지리</th></tr>
<tr><td rowspan="6">초등과</td><td>1학년</td><td>『착한아이(ヨイコドモ)』 상</td><td>『읽기(ヨミカタ)』 상</td><td></td><td colspan="2"></td></tr>
<tr><td>2학년</td><td>『착한아이』 하</td><td>『읽기』 하</td><td></td><td colspan="2"></td></tr>
<tr><td>3학년</td><td>『초등과 수신』 1</td><td>『초등과 국어』 1, 2</td><td></td><td colspan="2"></td></tr>
<tr><td>4학년</td><td>『초등과 수신』 2</td><td>『초등과 국어』 3, 4</td><td></td><td colspan="2"></td></tr>
<tr><td>5학년</td><td>『초등과 수신』 3</td><td>『초등과 국어』 5, 6</td><td>『초등과 국사』 상</td><td>『초등과 지리』 상</td><td rowspan="4">일본지도 세계지도</td></tr>
<tr><td>6학년</td><td>『초등과 수신』 4</td><td>『초등과 국어』 7, 8</td><td>『초등과 국사』 하</td><td>『초등과 지리』 하</td></tr>
<tr><td rowspan="2">고등과</td><td>1학년</td><td>『고등과 수신』 1 남자용/여자용</td><td>『고등과 국어』 1, 2</td><td>『고등과 국사』 상</td><td>『고등과 지리』 상</td></tr>
<tr><td>2학년</td><td>『고등과 수신』 2 남자용/여자용</td><td>『고등과 국어』 3, 4</td><td>『고등과 국사』 하</td><td>『고등과 지리』 하</td></tr>
</table>

출처: 朝日新聞社編, 『國民學校: その意義と解說』, 朝日新聞社, 昭和15(1940), p. 80.

[부표 2] 일본 국민학교 초등과 교육과정[1]

<table>
<tr><th colspan="2">교과</th><th colspan="4">국민과</th><th colspan="2">이수과</th><th colspan="2">체련과</th><th colspan="5">예능과</th></tr>
<tr><th colspan="2">과목</th><th>수신</th><th>국어</th><th>국사</th><th>지리</th><th>산수</th><th>이과</th><th>무도</th><th>체조</th><th>음악</th><th>습자</th><th>도화</th><th>공작</th><th>재봉(여)</th></tr>
<tr><td>1학년</td><td rowspan="6">시간</td><td colspan="2">10</td><td colspan="2"></td><td colspan="2">5</td><td></td><td colspan="2">5</td><td></td><td colspan="2">3</td><td></td></tr>
<tr><td>2학년</td><td colspan="2">12</td><td colspan="2"></td><td colspan="2">5</td><td></td><td colspan="2">6</td><td></td><td colspan="2">3</td><td></td></tr>
<tr><td>3학년</td><td>2</td><td>8</td><td colspan="2"></td><td>5</td><td>1</td><td></td><td>6</td><td>2</td><td>1</td><td colspan="2">2</td><td></td></tr>
<tr><td>4학년</td><td>2</td><td>8</td><td colspan="2">1</td><td>5</td><td>2</td><td></td><td>6</td><td>2</td><td>1</td><td>4(남)</td><td>2(여)</td><td>2</td></tr>
<tr><td>5학년</td><td>2</td><td>7</td><td>2</td><td>2</td><td>5</td><td>2</td><td colspan="2">6</td><td>2</td><td>1</td><td>4(남)</td><td>2(여)</td><td>2</td></tr>
<tr><td>6학년</td><td>2</td><td>7</td><td>2</td><td>2</td><td>5</td><td>2</td><td colspan="2">6</td><td>2</td><td>1</td><td>4(남)</td><td>2(여)</td><td>2</td></tr>
</table>

출처: 文部省, 『國民學校令施行規則』, 昭和16(1941)年 3月 14日.

비고: 1시수를 40분으로 함.

1 朝日新聞社 編, 『國民學校: その意義と解說』, 朝日新聞社, 昭和15(1940), p. 116.

[부표 3] 일본 국민학교 고등과 교육과정

교과		국민과				실업과	이수과		체련과		예능과					
과목		수신	국어	국사	지리	농업, 공업 상업, 수산	산수	이과	체조	무도	음악	습자	도화	공작	가사 (여)	재봉 (여)
1학년	시간	2	4	2	2	5(남) 2(여)	3	2	6(남) 4(여)		1	1	2		5	
2학년		2	4	2	2	5(남) 2(여)	3	2	6(남) 4(여)		1	1	2		5	

출처: 文部省, 『國民學校令施行規則』, 昭和16(1941)年 3月 14日.

비고: 1시수를 40분으로 함.

[부표 4] 일본 역사 관련 간행물(1935-1946)

간행년	서명	저작자	비고
1935 (昭和10)	『심상소학국사』 개정판	문부성	문어체를 구어체로 변화시킨 최초의 교과서로 내용은 거의 변하지 않음
1941 (昭和16)	『소학국사』 상, 하		구어체이고 황국민의 육성에 철저를 기하는 내용으로 함
1942 (昭和17)	『향토의 관찰 (郷土の觀察)』 (교사용)		초등과 4년용. 향토의 역사와 지리를 내용으로 함
1943 (昭和18)	『초등과 국사』 상, 하		국민학교 제도 실시 후 신화적 이야기의 성격이 상권에 강하게 나타남
1944 (昭和19)	『고등과 국사』 상, 하		전쟁 때문에 하권은 사용하지 못함
1946 (昭和20)	『국가의 발자취 (くにのあゆみ)』 상, 하		전후 미군에게 허가받은 최초의 과학적 역사 교과서의 시작

출처: 吉田太郎, 『歷史教育內容方法論史』, 1968, pp. 389-390.

[부표 5] 조선 초등교육기관 개황(1943)

명칭	설립 주체	학교 수	학급 수	교사 수	일본인 교사 수	조선인 교사 수	조선인 학생 수
국민학교	관립	15	175	162	123	39	6,680
국민학교 일부	공립	539	2,663	2,760	2,760	0	5,557
국민학교 이부	공립	3,717	26,014	20,599	8,674	11,925	1,927,788
도지사 인정학교	사립	126	773	511	12	499	57,466
국민학교 전체		4,397	29,625	24,032	11,569	12,463	1,997,491
간이학교	공립	1,563	1,558	1,249	39	1,210	92,177
초등일반각종학교	사립	147	553	556	21	535	37,039
초등종교각종학교	사립	79	333	359	23	336	21,991
초등교육 기관 전체		6,186	32,069	26,196	11,652	14,544	2,148,698
유치원	공립	6	16	17	17	0	31
유치원	사립	337	681	965	255	710	21,436
서당	사립	3,052	0	3,729	0	3,729	153,784

출처: 朝鮮總督府學務局, 『朝鮮諸學校一覽』, 昭和18(1943).

비고: 1943년 5월 말 현재 자료. 국민학교 일부는 일본인 위주의 국민학교이며 이부는 조선인 위주의 국민학교임. 도지사 인정학교는 이전의 사립보통학교임.

[부표 6] 조선 국민학교 초등과 교육과정

교과		국민과				이수과		체련과		예능과						직업과
과목		수신	국어	국사	지리	산수	이과	무도	체조	음악	습자	도화	공작	가사(여)	재봉(여)	농업, 공업 상업, 수산
1학년	시간	11				5			5			2				
2학년	시간	12				5			6			2				
3학년	시간	2	9			5	1	5		2	1	2				
4학년	시간	2	8	1		5	2	5		2	1	4(남)	2(여)			2(남) 1(여)
5학년	시간	2	7	2	2	5	2	5(남)	4(여)	2	1	4(남)	2(여)	4		2(남) 1(여)
6학년	시간	2	7	2	2	5	2	5(남)	4(여)	2	1	4(남)	2(여)	4		2(남) 1(여)

출처: 朝鮮總督府,『國民學校規定』, 昭和16(1941)年 3月 31日.

[부표 7] 조선 국민학교 고등과 교육과정

교과		국민과				직업과	이수과		체련과		예능과			
과목		수신	국어	국사	지리	농업, 공업 상업, 수산	산수	이과	무도	체조	음악	습자	도화	공작
1학년	시간	2	5	2	2	5(남) 2(여)	3	2	6(남)	4(여)			2	
2학년	시간	2	5	2	2	5(남) 2(여)	3	2	6(남)	4(여)	1	1	2	

출처: 朝鮮總督府,『國民學校規定』, 昭和16(1941)年 3月 31日.

[부표 8] 조선 역사 관련 간행물(1937-1944)

간행년	서명
1937	『초등국사』 권1
1938	『초등국사』 권2 『국사지리』 상·하권
1939	『국사지리』 상권 개정판 『국사지리』 상권 교사용 지도서 『국사지리』 하권 교사용 지도서 『초등국사』 권2 개정판
1940	『초등국사』 제5학년 『초등국사』 제5학년 편찬취의서
1941	『초등국사』 제6학년 『초등국사』 제6학년 편찬취의서 『초등국사』 제5학년 교사용 지도서
1943	『환경의 관찰(環境の觀察)』 제4학년용 『초등국사』 제6학년 교사용 지도서
1944	『초등국사』 제5학년 개정판 『초등국사』 제6학년 개정판

국민과 관련 합과학습지도안

〈지도안 1〉 도쿄 후카가와(深川)소학교 합과학습지도안[2]

2학년 합과학습지도안 지도자: 가네코 교이치(金子享一)

1. 제재: 기원절

2. 시간배당: 2월 7일부터 2월 12일까지

3. 제재관: 매화가 피는 황기(皇期) 2600년의 의미 있는 기원절을 지키는 것과 관련하여 세계에 비교될 만한 것이 없는 영화로운 국체를 명징하고 황국에 목숨을 거는 기쁨을 체득시켜 조국의 유래를 숭상하고 건국의 그 은혜를 마음으로부터 진작시켜 봉사와 함께 성전(聖戰)하에서의 흥아일본의 제2국민으로서의 마음가짐을 고양하는 것을 목표로 본 제재를 선택함

2 入澤宗壽, 『統合教科と綜合教授』, 明治圖書, 昭和16(1941), p. 95.

4. 지도요항과 연결

지도요항	연결(연락, 連絡)
1. 기원절의 유래 - 진무천황(神武天皇)의 사적(史蹟) - 기원절과 건국제 - 가시하라(檀原) 신궁	- 설화, 그림, 읽을거리 - 수신 권2 22. 기원절
2. 일본의 국체 - 만세일계의 천황, 황실의 영화 - 역대 천황의 인자함 - 충효일본의 도 - 국운의 육창	- 교육에 관한 칙어 - 수신 권2 21. 천황
3. 기원절의 의식 - 궁중에서 의식 - 학교에서 의식훈련	- 창가 기미가요 - 창가 기원절 - 창가 기원 2600년가
4. 금홍훈장 - 금홍훈장의 유래: 제정 50주년 기념 - 시국하의 장병과 공장	
5. 가정에서의 의례 - 국기 - 궁성 앞, 메이지신궁, 천조신사의 참배 - 매화의 절구, 매화	
6. 시국하에서의 결심	

5. 본시의 지도안

1) 소제재: 매화

2) 제재관: 매화는 봄 일찍 만발해 추위을 이기고 피는 품격 높은 꽃이다. 그리고 일본인이 좋아하는 꽃 중 하나다. 이 꽃이 피는 시기가 일본인의 기호에 맞는 점이 기원절에 맞추어져 기원절을 매화의 절기라고 부르게 되었던 것이다. 이 매화를 직관시켜 이과적인 지도를 함과 동시에 물적인 환경에 반응하는 태

도를 기르는 것을 목표로 본 제재를 선택했다.

3) 학습사항과 발전

(1) 매화꽃의 직관: '산술' 사실문제의 구성, 두 자리 수의 가감 연습

(2) 매화꽃의 개화 모습: 계속 관찰, 온도, 일광과 관계

(3) 매화꽃의 직관과 발표

(4) 그 외: 그림, 동시, 문장표현

4) 비고: 본시는 주로 각자의 독자학습을 기본으로 공동학습을 행한다.

〈지도안 2〉 도쿄 아사쿠사후지(浅草富士)소학교 합과학습지도안[3]

심상 3학년 합과학습지도안 지도자: 이리야 모모요(入谷百代)

1. 제재: 기원절

2. 시간배당: 2월 1일부터 2월 12일까지

3. 제재관: 기원절이라는 말의 유래와 정신을 깨우쳐, 우리들이 강인한 이 나라에 태어난 것을 감격스럽게 느낌과 동시에 조국(肇國)의 대정신에 응하기 위해 한층 책임이 중대한 것을 생각

3 위의 책, p. 37.

한다. 어린 아동에게도 이 행복을 감득시켜 진무천황의 동정은 어디까지나 인의(仁義)의 군대로 결코 정복자의 정벌이 아니었고 동방주민의 깊은 은혜로움의 현현(顯現)으로 천황이 천조의 유업을 계승해 황기의 발전과 국운의 융창을 위한 성업이었던 것을 주지시킨다. 또한 진무천황의 창업 중에서 일본의 국체, 사명, 천황을 따르며 봉공하는 신하들의 충성 등을 이야기하고 애국의 정신을 앙양하도록 한다.

4. 지도요항과 연결

지도요항	연결(연락, 連絡)
1. 기원절 - 기원절의 유래 - 학교의 축가식 - 가정의 생활	창가 기미가요 기원절 기원 2600년 수신 17. 국기
2. 진무천황의 동천(東遷)과 그 정신 - 순로(順路), 금색 솔개 - 고심(苦心) - 동천의 정신	읽기 권6 1. 진무천황
3. 가시하라 신궁	
4. 기원 2600년 - 건국, 국가, 천황, 우리들의 조상 - 신동아의 건설과 계국(啓國)의 정신 - 일본 국민인 임무 - 우리들의 각오	읽기 권6 1. 진무천황, 6. 일본무존(日本武尊), 10. 신풍, 14. 천조성 수신 22. 충군애국, 27. 좋은 일본인
5. 매화의 절구	수공, 도화, 창가, 극
6. 제종(諸宗)의 노작(勞作) - 역대표, 회화, 수공, 그 외	

5. 본시의 지도안

1) 소제재: 기원 2600년

2) 제재관: 기원 2600년! 발전적인 어운(御運)일 것이다. 건국 이래 역대 천황의 성업과 인자함은 모두 계국의 대정신의 현현이었다. 우리 조상의 충용도 역시 대대로 물려받은 진심에 의한 것이다. 금후 지나사변[중일전쟁]도 그 정신에서 출발한 것으로 동양영원의 평화와 행복을 위해 신동아건설에 전진하는 것을 이해시켜 그 이상은 높고 길은 멀고 참고 견디는 정신이 필요한 것을 그들의 학습 중에 자각시킨다.

3) 학습요항

(1) 아마테라스 오미카미(天照大神)에서 진무천황까지: 읽기 권5 25. 두 개의 구슬

(2) 건국: 읽기 권6 1. 진무천황, 6. 일본무존, 10. 신풍

(3) 천황의 성덕: 독방 권6 14. 천조성

(4) 우리들의 선조의 충용: 수신 22. 충군애국

(5) 신동아의 건설과 계국의 정신: 수신 27. 좋은 일본인

찾아보기

ㅈ

간행사

서울대학교 사범대학 역사교육과가 창립 71주년인 정유년 초에 역사교육연구총서 발간이라는 경사(慶事)를 맞이하였습니다.

우리나라는 예부터 역사를 인간의 사유와 행동을 밝혀주는 귀감으로 여겨 각종 교육기관에서 가르쳐왔지만, 역사교육이라고 하는 분야가 전문 연구영역으로 자리를 잡게 된 것은 그리 오래되지 않은 1980년대 후반, 서울대학교 사범대학 역사교육과에 역사교육전공의 석·박사학위과정이 개설되고 연구자가 배출되면서였습니다. 지금은 전국의 여러 대학과 초·중·고교의 연구자들이 왕성한 연구활동을 펼치고 있으며, 역사교육연구회가 발행하는 『역사교육』을 비롯하여 역사교육을 전문으로 하는 학회와 학술지도 많이 늘고 있습니다. 그러나 여전히 역사교육은 신진 연구분야로서 연구대상과 영역을 정립하는 과정에 있다고 할 수 있습니다. 이런 시점에서 역사교육연구총서의 발행은 역사교육연구의 발전에 크게 기여할 것입니다. 관련 연구자들이 단행본의 형태로 자신의 연구성과를 정리하여 발표함으로써 역사교육연구의 그간의 경로를 되돌아봄과 동시에 향후의 연구방향도 전망할 수 있기 때문입니다.

역사교육연구총서의 발행은 한국 역사교육학계가 지속적으로 연구결과물을 학계와 대중에게 공개하겠다는 약속을 한 것이고, 이를 어떻게 이행하는가에 따라 역사교육의 연구수준도 평가될 것입니다. 이런 의미에서 역사교육연구자들은 최근 국가와 사회의 많은 관심을 끌고 있는 역사교육이론과 현실의 쟁점 및 동향에 관해 자신의 견해와 소신을 밝힐 기회와 책임을 동시에 가지게 된 것이라 하겠습니다.

총서의 발행을 기획하고 추진해준 유용태 교수의 노고에 감사드리며, 바쁜 학술활동 중에도 기꺼이 집필을 맡은 저자와 원고의 내용을 검토하고 조언해주신 심사위원, 총서 준비단계에서 필요한 여러 실무를 담당한 간행위원들께도 감사의 마음을 전합니다. 그리고 고맙게도 어려운 여건에도 불구하고 서울대학교출판문화원은 총서의 간행을 맡아주었습니다. 역사교육연구총서의 간행이 연구자와 독자의 호응 속에 계속 이어져 우리나라 역사교육의 발전에 기여하기를 기원합니다.

2017년 1월

역사교육연구총서간행위원회 위원장

양호환

김보림

서울대학교 사범대학 역사교육과를 졸업하고 동 대학원에서 역사교육 전공으로 석사·박사 학위를 받았다. 일본 츠쿠바(筑波) 대학교 교환학생, 서울 용산고등학교 기간제 교사, 한국교육개발원 전문연구원, 총신대학교 역사교육과 조교수, 미국 컬럼비아 대학교(Columbia University) 객원교수를 거쳐 현재 충북대학교 역사교육과 교수로 재직 중이다. 주요 저서로 『한·일 역사과 교육과정 비교연구』(공저, 2010), 『전후 70주년, 한일수교 50주년』(공저, 2016) 등이 있으며, 논문으로 「일본 역사교육과정의 변화와 전망」(2019), 「대학수학능력평가 한국사 시험의 문제점과 개선방안」(2023) 등이 있다. 현재 한국 근현대 역사교육의 변천과 현대 역사교육을 주로 연구하고 있다.